《刑事法律论丛》编委会

总顾问
高铭暄　陈光中

主　任
朱孝清

副主任
张智辉

编　委
赵秉志　陈卫东　陈兴良　汪建成
樊崇义　陈忠林　龙宗智　陈泽宪

主　编
张智辉

犯罪生成模式研究

Study on the Pattern of Crime Occurrence

汪明亮 著

图书在版编目(CIP)数据

犯罪生成模式研究/汪明亮著.—北京:北京大学出版社,2007.6
(刑事法律论丛)
ISBN 978-7-301-12149-8

Ⅰ.犯… Ⅱ.汪… Ⅲ.犯罪学-研究 Ⅳ.D917

中国版本图书馆 CIP 数据核字(2007)第 071753 号

书　　　名:犯罪生成模式研究
著作责任者:汪明亮　著
责 任 编 辑:丁传斌　杨丽明　王业龙
标 准 书 号:ISBN 978-7-301-12149-8/D·1762
出 版 发 行:北京大学出版社
地　　　址:北京市海淀区成府路 205 号　100871
网　　　址:http://www.pup.cn
电　　　话:邮购部 62752015　发行部 62750672　编辑部 62752027
　　　　　　出版部 62754962
电 子 邮 箱:law@pup.pku.edu.cn
印 刷 者:三河市新世纪印务有限公司
经 销 者:新华书店
　　　　　　650 毫米×980 毫米　16 开本　16.5 印张　261 千字
　　　　　　2007 年 6 月第 1 版　2007 年 6 月第 1 次印刷
定　　　价:24.00 元

未经许可,不得以任何方式复制或抄袭本书之部分或全部内容。
版权所有,侵权必究
举报电话:010-62752024　电子邮箱:fd@pup.pku.edu.cn

凡是科学，其目的都在于发现，而凡是发现，都要或多或少地动摇既有的观念。

最常用的思维方式可能最有碍于社会现象的科学研究。

——〔法〕迪尔凯姆

序

陈兴良*

犯罪如何生成,这是犯罪学的元问题,也是长期以来困扰着人类社会的问题。因为只有正确地揭示犯罪的生成机制,才能制定科学的犯罪抗制对策。从犯罪学史上来说,对犯罪如何形成这个问题的不同回答,成为界分各种犯罪学流派的标志。其中,从人的生物学特征上揭示犯罪成因的刑事人类学派,以龙勃罗梭的天生犯罪人论而著称;从人的社会学特征上揭示犯罪成因的刑事社会学派,以菲利的犯罪饱和论与李斯特的犯罪原因论为代表。时至今日,各种揭示犯罪成因的犯罪学理论层出不穷,但没有一种理论能够全面地揭示犯罪成因。正因为如此,在犯罪学上一种综合的犯罪成因理论应运而生。笔者在《刑法的人性基础》(中国方正出版社 1996 年版)一书中,主张对于犯罪应当从宏观与微观,也就是社会与个体两个方面揭示犯罪成因,由此进一步完善与发展犯罪原因理论。笔者对犯罪学只有一些观感式的见解,并未进行深入研究。可喜的是,汪明亮博士的《犯罪生成模式研究》一书对犯罪生成的模式进行了创新性研究,成为我国在犯罪学领域的前沿性学术成果。

《犯罪生成模式研究》一书摈弃了犯罪原因这一传统的提法,代之以犯罪生成这一概念,笔者是极为赞同的。犯罪原因中的"原因"一词,既是一个日常用语,也是一个哲学概念,在理论上更是倾向于作为哲学概念加以采用的。在这种情况下,哲学上的原因理论对于犯罪学就具有某种遮蔽性,并且造成一定的理论上的混乱。例如,在哲学上,原因可以分为外因和内因,外

---

* 北京大学法学院教授,博士研究生导师,中国刑法学研究会副会长,中国犯罪学研究会副会长。

因是条件,内因是根据。那么,作为犯罪的原因,是否也包括条件与根据? 甚至可以质疑,是否存在单一的犯罪原因? 这些问题都在一定程度上影响了对犯罪原因的思考以及这种思考的科学性。相对于犯罪原因,"犯罪生成"一词更为妥帖,也更具有开放性,对于揭示犯罪的形成机制更具有重要意义。

尤其值得关注的是,汪明亮在本书中提出了犯罪生成模式的概念。这里的模式,是指一定的机制与范式,一定的类型与模型。犯罪生成是一个动态的过程,这种生成过程与机制是可以描述的。这种对犯罪形成机制的描述就形成了一定的犯罪生成模式。可以说,该书确立的犯罪生成模式这一新表述,对于深化犯罪学研究具有启迪性。尤其值得肯定的是,汪明亮博士在该书中提出了犯罪微观生成模式和犯罪宏观生成模式。前者主要从微观角度解释人为什么会犯罪,后者主要从宏观角度说明如何看待犯罪现象。汪明亮从化学反应方程式与传染病的传染机制中受到启发,提出了犯罪化学反应方程式的命题,其内容为:"带菌个体"加上"致罪因素"经过"催化剂"的作用,形成犯罪行为。这一犯罪化学反应方程式,虽然带有一定的比拟性,其科学性还有待进一步论证,但这一命题本身具有新颖性,表明了汪明亮的学术想象力。笔者历来强调,创新是学术的生命力所在,而想象力又是创新的翅膀。只有为创新插上想象力的翅膀,学术才能在广阔的理论空间展翅飞翔。年轻人最具有创新的冲动,这也是走向学术成功的必由之路。因此,笔者对于汪明亮博士的创新精神深表赞赏。如果说,汪明亮对于犯罪微观生成模式的描述具有想象力;那么,他对于犯罪宏观生成模式的描述充分体现了理性的严谨性。对于犯罪宏观生成模式,汪明亮也将其称为犯罪饱和性生成模式,其内容为:犯罪是不可避免的,但犯罪生成却不是无限制的。在一定的社会条件下,犯罪量(用犯罪率表示)是有限制的,它不可能高不封顶(无穷大),也不可能低于没有(零犯罪率)。在一定的社会条件下,犯罪率总是围绕着理想犯罪率,在最高犯罪率和最低犯罪率之间波动,处于一种相对"饱和状态"(饱和犯罪率状态)。这一犯罪宏观生成模式,显然是借鉴了菲利的犯罪饱和论,因而具有一定的说服力。记得当初笔者在读到菲利关于犯罪饱和论的论述时,思想上深受震撼。现在,汪明亮博士对犯罪饱和生成模式进行了更为深入的阐述,应自有其学术贡献包含其中。

汪明亮博士曾经在北大法学院学习,其《"严打"的理性评价》(北京大学出版社2004年版)一书,在笔者看来,就是具有学术分量的。从北大法学院博士毕业以后,汪明亮到复旦大学法学院从事刑法学的教学科研工作,并且笔耕不辍,著述颇丰。《犯罪生成模式研究》一书是汪明亮博士的最新研究成果,是他的学术拓展之作,也是他的理论创新之作。笔者相信,本书也是汪明亮博士的标志性著作,并期许着汪明亮博士将有更重要的作品问世。

陈兴良
谨识于杭州开元之江度假村开元厅刑法学年会
2006年10月10日

CONTENTS 目 录

导言 1
  一、何谓犯罪生成模式 1
  二、犯罪微观生成模式与犯罪宏观
      生成模式的关系 3
  三、本书主要内容 5

上篇 犯罪微观生成模式

第一章 犯罪微观生成模式导论 11
  一、基本观点 11
  二、相关理论 12
  三、本课题意义 17

第二章 "带菌个体" 19
  一、"带菌个体"假设:乙肝病毒携带者启示 19
  二、"带菌个体"内涵:具备犯罪人格的人 21
  三、犯罪人格量化及"带菌个体"类型 29
  四、影响"带菌个体"生成因素:
      犯罪人格之形成原因 36

第三章 "致罪因素" 67
  一、经济政策失误 67
  二、性禁忌 74
  三、政治制度弊端 92

四、信仰缺失　　99

第四章　"催化剂"　　115
　　一、特定时空因素　　116
　　二、社会控制弱化　　125
　　三、被害人因素　　140

**第五章　犯罪化学反应方程式各要素间的
　　　　　作用方式　　154**
　　一、概说　　154
　　二、危险犯罪人："带菌个体"与"致罪
　　　　因素"的相互作用　　155
　　三、现实犯罪人："催化剂"对危险
　　　　犯罪人的催化作用　　161
　　四、犯罪微观生成实证分析一：
　　　　许诺抢劫外婆案　　166
　　五、犯罪微观生成实证分析二：
　　　　广东"砍手党"犯罪之生成　　169

下篇　犯罪宏观生成模式

第六章　犯罪饱和性生成模式导论　　181
　　一、基本观点　　181
　　二、相关理论　　184
　　三、本课题意义　　186

CONTENTS 目　录

第七章　最低犯罪率　　　　　　　　　　　　**188**
　一、最低犯罪率生成模式概述　　　　　　　　188
　二、最低犯罪率生成前提：
　　　犯罪不可避免性　　　　　　　　　　　　188
　三、迪尔凯姆犯罪正常论：
　　　犯罪不可避免性的一个理论解读　　　　　190
　四、最低犯罪率不是最佳犯罪率　　　　　　　192
　五、犯罪具有一定的积极功能：
　　　最低犯罪率有其存在价值　　　　　　　　201

第八章　最高犯罪率　　　　　　　　　　　　**204**
　一、最高犯罪率生成模式概述　　　　　　　　204
　二、最高犯罪率生成前提：双重容忍度　　　　204
　三、最高犯罪率生成条件："严打"手段　　　　207
　四、最高犯罪率测算：构建"严打"
　　　指标分析体系　　　　　　　　　　　　　214

第九章　理想犯罪率　　　　　　　　　　　　**220**
　一、理想犯罪率生成模式概述　　　　　　　　220
　二、价值指标：理想犯罪率必须考虑
　　　到社会秩序保护与个人权利价值
　　　保障间的协调　　　　　　　　　　　　　221
　三、经济指标：国家控制犯罪率的效益
　　　大于控制犯罪率成本投入　　　　　　　　226

CONTENTS 目 录

第十章　饱和犯罪率　　　　　　　　　　　231
　一、饱和犯罪率及其生成模式概述　　　231
　二、社会反应对饱和犯罪率构成
　　　要素的影响　　　　　　　　　　　231
　三、饱和犯罪率的发展趋势　　　　　　237

参考文献　　　　　　　　　　　　　　　245

后记　　　　　　　　　　　　　　　　　252

导 言

一、何谓犯罪生成模式

犯罪①,一个古老而又现实的社会现象,一个人类惧怕而又不得不面对的社会现象。

从宏观上说,社会为什么会存在犯罪现象?从微观上说,人为什么会实施犯罪?古今中外理论界可谓观点纷呈,莫衷一是。

笔者在借鉴国内外犯罪学研究成果基础上,结合化学反应方程式理论与传染病学理论,提出并论证了犯罪生成模式理论。犯罪生成模式理论分为两类:犯罪微观生成模式(犯罪化学反应方程式)和犯罪宏观生成模式(犯罪饱和性生成模式)。前者主要从微观角度解释人为什么会犯罪,后者则从宏观角度说明如何看待犯罪现象。

模式,原本指某种事物的标准形式或使人可以照着做的标准样式。笔者把个体实施犯罪的过程及其表现出来的样式,以及犯罪现象生成的过程及其表现出来的样式称为犯罪生成模式。犯罪生成模式强调的是导致个体实施犯罪以及犯罪现象生成的各因素之间的作用方式、作用过程,各因素所处的地位。犯罪生成模式至少包括以下内容:导致个体实施犯罪与犯罪现象生成的因素有哪些?这些因素在犯罪生成过程中起什么作用(地位如何)?各因素之间是如何发生作用的(作用机制)?

犯罪生成模式的主要特征是:

第一,普适性。由于犯罪生成模式理论是一种高度的理论抽象,它对犯罪的研究不局限于某一角度或某一种类,因而具有普适性,可以用来解释任何社会形态下的犯罪原因及犯罪现象。众所周知,由于理论界对犯罪的研

---

① 本书所称犯罪是从犯罪学角度定义的,既包括刑法典中规定的犯罪,也包括其他"严重危害社会的行为"(参见本书第十章);同时,为了理论上的论证方便,本书所指犯罪都是针对犯罪既遂而言,不包括刑法典中的犯罪未完成形态。

究视角不同,导致观点各异,犹如"盲人摸象"。以犯罪原因研究为例,犯罪生物学理论、犯罪精神病学理论、犯罪社会学理论等等,从其研究视角考虑,都摸到了一定的"象腿"、"象牙"、"象鼻"或"象肚",但由于各理论视角过于单一,只能从局部去描述"大象"(犯罪原因),而不可能从整体上去描述"大象"。而犯罪生成模式理论则整合了各种犯罪学理论的研究成果,并在此基础上提炼出可以描述整只"大象"的犯罪学理论。

第二,层次性。根据考察对象不同,犯罪生成模式分为犯罪微观生成模式与宏观生成模式两个层次,前者解释的是个体实施犯罪的原因,后者解释的则是社会存在犯罪现象的原因以及存在方式。

第三,多元性。犯罪生成模式理论充分考虑并提炼了与犯罪生成相关的各类因素,并使它们具有独自的内涵。这些多元性的因素有:与犯罪微观生成模式相关的因素,包括"带菌个体"、"致罪因素"及"催化剂";与犯罪宏观生成模式相关的因素,包括"最低犯罪率"、"最高犯罪率"、"理想犯罪率"及"饱和犯罪率"。

第四,动态性。这里的动态性是指,犯罪生成模式理论不仅从多元角度考虑到了影响犯罪原因和犯罪现象的各方面因素,而且对这些因素之于犯罪生成产生影响的过程(即作用机制)进行了论证和分析。这是犯罪生成模式理论与以往的犯罪学上的整合理论的不同之处。犯罪生成模式理论充分论证了与犯罪生成相关的各类因素间的作用机制,始终处在一种动态过程中。这种动态性主要表现在:(1)犯罪微观生成模式:"带菌个体"与"致罪因素"相互间发生作用,使"带菌个体"产生犯罪动机,从而成为危险犯罪人。"带菌个体"与"致罪因素"相互间发生作用的方式不同,"带菌个体"所产生的犯罪动机也不相同,因而生成不同类型的危险犯罪人。危险犯罪人通过对"催化剂"各要素的感知,作出反应,在一定的条件下,就会实施犯罪行为,从而成为现实犯罪人。(2)犯罪宏观生成模式:在一定的社会条件下,犯罪率总是围绕着理想犯罪率,在最高犯罪率和最低犯罪率之间波动,处于一种相对"饱和状态"(饱和犯罪率状态),这就是犯罪饱和性生成模式。

犯罪生成模式理论的提出有着重要意义:它不仅揭示了促使个体实施犯罪与犯罪现象生成的因素,还论证了这些因素在犯罪生成过程中所起的作用以及各因素间的作用机制,使得我们可以用多元的、动态的眼光看待犯罪问题,加深犯罪学的理论研究。

把犯罪生成模式分为犯罪微观生成模式与宏观生成模式也有着重要的意义:因为犯罪的存在是有层次的,个体实施犯罪的原因和社会存在犯罪现象的原因是不同的,把犯罪生成模式分为微观和宏观,就能够较好地把个体实施犯罪的原因和社会存在犯罪现象的原因区别开来,使我们更好地把握犯罪原因和犯罪现象的区别及联系,从而理性地看待犯罪现象和科学地制订预防犯罪的刑事政策。

二、犯罪微观生成模式与犯罪宏观生成模式的关系

犯罪化学反应方程式理论能够全面地反映犯罪微观生成模式,主要表现在:(1)犯罪化学反应方程式揭示了促使个体实施犯罪的因素:"带菌个体"(人的因素)、"致罪因素"(社会因素)、"催化剂"(条件因素)。(2)犯罪化学反应方程式论证了各因素在个体实施犯罪过程中所处的地位:"带菌个体",是个体实施犯罪的前提条件,是潜在犯罪人;"致罪因素"是使"带菌个体"形成犯罪动机、成为危险犯罪人的外在因素;"催化剂"则是"催化"危险犯罪人实施犯罪行为、成为现实犯罪人的"导火线"。(3)犯罪化学反应方程式论证了各因素间的作用机制:"带菌个体"与"致罪因素"相互间发生作用,使"带菌个体"产生犯罪动机,从而成为危险犯罪人。"带菌个体"与"致罪因素"相互间发生作用的方式不同,"带菌个体"所产生的犯罪动机也不相同,因而生成不同类型的危险犯罪人。危险犯罪人通过对"催化剂"各要素的感知,作出反应,在一定的条件下,就会实施犯罪行为,从而成为现实犯罪人。

犯罪饱和性生成模式能够全面反映犯罪宏观生成模式,主要表现在:(1)犯罪饱和性生成模式揭示了犯罪现象存在的各种表现:"最低犯罪率"、"最高犯罪率"、"理想犯罪率"、"饱和犯罪率"。(2)犯罪饱和性生成模式论证了促使"最低犯罪率"、"最高犯罪率"、"理想犯罪率"及"饱和犯罪率"的生成原因及过程。(3)犯罪饱和性生成模式论证了"最低犯罪率"、"最高犯罪率"、"理想犯罪率"及"饱和犯罪率"间的变换机理。

犯罪微观生成模式(犯罪化学反应方程式)与犯罪宏观生成模式(犯罪饱和性生成模式)间存在着密切的关系:(1)犯罪微观生成模式(犯罪化学

反应方程式)与犯罪宏观生成模式(犯罪饱和性生成模式)都是用来解释犯罪存在的根据的,只不过前者强调的是个体实施犯罪的情况,而后者则是强调社会存在犯罪现象的情况;前者以微观为切入点,后者则以宏观为落脚处。(2)犯罪宏观生成模式(犯罪饱和性生成模式)的研究必须以犯罪微观生成模式(犯罪化学反应方程式)的研究为前提,犯罪微观生成模式(犯罪化学反应方程式)的研究必然得出犯罪宏观生成模式(犯罪饱和性生成模式)的结论。

犯罪微观生成模式(犯罪化学反应方程式)与犯罪宏观生成模式(犯罪饱和性生成模式)间的关系具体表现为:

第一,犯罪化学反应方程式各要素("带菌个体"、"致罪因素"及"催化剂")在任何社会都会存在,任何社会都不能消除犯罪化学反应方程式各要素及其相互间的作用方式,这就导致了犯罪的不可避免性,这是犯罪饱和性生成模式得以发生作用的前提。犯罪的不可避免性使得任何社会都存在着一个"最低犯罪率"。

第二,虽然任何社会都不能消除犯罪化学反应方程式各要素及其相互间的作用方式,但是,在一定的社会条件下,社会只能容纳一定量的犯罪率,即犯罪率有一个最高值(最高犯罪率)。之所以出现最高犯罪率,是由双重容忍度决定的。所谓双重容忍度,指的是公众对犯罪的容忍程度和政府对犯罪的容忍程度。在对待犯罪问题上,公众和政府的态度不完全一致,对公众而言,犯罪率越低越好;对政府而言,虽然主观上希望出现一个低犯罪率的"太平盛世",但实际上,由于犯罪的不可避免性和预防犯罪的成本性,使得政府又不得不理性地对待犯罪率,出于统治需要,政府会权衡各方面的利益,而容忍犯罪率在一定范围内存在。如果公众对犯罪的容忍度不足以影响政府的统治,政府不会过多地理会公众对犯罪的态度。但是,当公众对犯罪已经是忍无可忍,或者政府已经感觉到犯罪的大量存在已经威胁到统治的安全,出于公众舆论压力或者统治安全需要,政府就会不惜一切手段(直至"严打"手段)控制犯罪率,这时的犯罪率就是最高犯罪率。在这种情况下,我们就可以说,此种社会条件只能容忍这么多的犯罪率,犯罪已经达到饱和状态。

第三,任何社会都不能消除犯罪化学反应方程式各要素及其相互间的作用方式,犯罪的存在是不可避免的,但从理想角度考虑,任何社会都追求着一个抽象的理想犯罪率。在实际社会中,犯罪率一般很难停留在理想犯罪率状态,根据犯罪化学反应方程式,导致犯罪发生的因素是多元的,这种多元的因素一直处于变动之中,因而一定社会条件下的实际犯罪率也会处在不断变动之中,即围绕着理想犯罪率上下波动。当犯罪率波动到理想犯罪率以下(接近最低犯罪率)时,国家就可能会减少对犯罪的打击预防力度,犯罪率则会在一定程度上上升;当实际犯罪率高于理想犯罪率时,国家就会逐渐加大预防犯罪力度;当实际犯罪率到达最高犯罪率时,国家就会加强手段(直至"严打"手段)把犯罪率压下来。虽然理想犯罪率是一个抽象概念,难以给出一个确切的量,但还是可以通过一系列的指标进行考察。笔者认为,一定社会条件下的犯罪率如果满足了以下各项指标要求,该犯罪率就可以被看做理想犯罪率:一是容忍度指标,即理想犯罪率必须在公众与政府的容忍范围内;二是价值指标,即理想犯罪率必须考虑到社会秩序保护与个人权利保障价值间的协调;三是经济指标,即理想犯罪率必须反映经济性原则,即国家控制犯罪率的效益大于成本投入。

第四,在一定的社会条件下,犯罪率总是围绕着理想犯罪率,在最高犯罪率和最低犯罪率之间波动,处于一种相对"饱和状态",处于"饱和状态"下的犯罪率就是饱和犯罪率。根据犯罪化学反应方程式,影响犯罪生成的因素很多,包括"带菌个体"、"致罪因素"及"催化剂"因素,很显然,在一定社会条件下,饱和犯罪率的生成也受这些因素的影响。一般来说,随着社会的发展,人口逐渐增多,这就意味着"带菌个体"的数量也在不断增多,此其一;其二,随着社会的发展,社会矛盾不断增加,经济政治方面的问题日益突出,从而导致"致罪因素"增加,因而从整体上说,饱和犯罪率会呈上升趋势。

三、本书主要内容

本书分上下两篇,共十章,上篇(第一章至第五章)提出并论证了犯罪微观生成模式——犯罪化学反应方程式;下篇(第六章至第十章)则提出并论证了犯罪宏观生成模式——犯罪饱和性生成模式。

第一章"犯罪微观生成模式导论"从犯罪微观生成模式(犯罪化学反应方程式)的基本内涵、相关理论及研究意义三个方面对犯罪微观生成模式理论进行了整体论述。笔者认为:(1)"带菌个体"在"致罪因素"的作用下,产生犯罪动机,成为危险犯罪人;危险犯罪人通过对"催化剂"各要素的感知,作出反应,在一定条件下,就会实施犯罪行为,从而成为现实犯罪人。这就是犯罪化学反应方程式,即犯罪微观生成模式。(2) 国内外各种关于犯罪原因的理论,有的过于强调从宏观上论述多元原因与犯罪生成的关系,并未论述(或并未重视)各个原因在犯罪生成中的地位及相互间的作用机制;有的虽然注意到了各个犯罪原因间的作用机制,但论述尚不深入,而且没有很好地阐明各因素在个体犯罪生成中的地位。这些理论都没能揭示犯罪微观生成模式。(3) 犯罪微观生成模式理论具有重要的理论意义和实践意义。

第二章"带菌个体"对犯罪化学反应方程式的第一个要素"带菌个体"进行了全面论证。首先,笔者受传染病学中的乙肝病理论启发,提出了"带菌个体"概念,并对该概念的理论意义进行了论证。其次,对"带菌个体"的内涵进行了剖析,认为"带菌个体"就是具有犯罪人格的潜在犯罪人。最后,论证了影响"带菌个体"生成,也即犯罪人格形成的原因。这些原因是多方面的,既有人性方面的因素,也有个体素质方面的因素(如生理、心理方面的因素),还有遗传方面的因素(个体素质的遗传),也有环境方面的因素(如家庭、学校、社会方面的因素),而且个体自身素质与环境因素还会相互发生作用,共同导致犯罪人格的形成。

第三章"致罪因素"对犯罪化学反应方程式的第二个要素"致罪因素"进行了全面的分析论证。笔者认为,所谓"致罪因素",是指促使"带菌个体"形成犯罪动机,由潜在犯罪人向危险犯罪人转化的因素。"致罪因素"主要包括:经济政策失误、性禁忌、政治制度弊端、信仰缺失等方面。

第四章"催化剂"对犯罪化学反应方程式的第三个要素"催化剂"进行了全面的分析论证。笔者认为,"催化剂"指的是加快"带菌个体"和"致罪因素"相互作用的速度,从而导致犯罪发生的"导火线"。"催化剂"主要包括:特定的时空因素、社会控制弱化因素及被害人因素三个方面。"催化剂"因素在一般情况下是中性的,它们之所以起到"催化"作用,是因为"带菌个体"在相关"致罪因素"条件下,能够体验(接收)到它们传递的犯罪易于得逞的信息。对"带菌个体"而言,"催化剂"因素起到一种传递信息的作用,是一种信息载体。在一定的"致罪因素"条件下,"催化剂"促成了"带菌个体"实现犯罪行为,使"带菌个体"从犯罪的危险性转到犯罪的现实性。特定时空因素、社会控制弱化及被害人等客观条件作为信息载体,"带菌个体"作为信息受体,在一定"致罪因素"条件下,载体与受体接触,信息得以传递,便形成"催化剂",同时或即将实施犯罪行为就是"催化剂效应"。

第五章"犯罪化学反应方程式各要素间的作用方式"主要论证了犯罪化学反应方程式各因素之间的作用方式。笔者的观点是:"带菌个体"与"致罪因素"相互间发生作用,使"带菌个体"产生犯罪动机,从而成为危险犯罪人,"带菌个体"与"致罪因素"相互间发生作用的方式不同,"带菌个体"所产生的犯罪动机也不相同,因而生成不同类型的危险犯罪人;危险犯罪人通过对"催化剂"各要素的感知,作出反应,在一定的条件下,就会实施犯罪行为,从而成为现实犯罪人。

第六章"犯罪宏观生成模式导论"从犯罪宏观生成模式(犯罪饱和性生成模式)基本内涵、相关理论及研究意义三个方面对犯罪饱和性生成模式理论进行了整体论述。笔者认为:(1)犯罪是不可避免的,但犯罪生成却不是无限制的。在一定社会条件下,犯罪量(用犯罪率表示)是有限制的,它不可能高不封顶(无穷大),也不可能低于没有(零犯罪率)。在一定的社会条件下,犯罪率总是围绕着理想犯罪率,在最高犯罪率和最低犯罪率之间波动,处于一种相对"饱和状态"(饱和犯罪率状态),这就是犯罪饱和性生成模式。(2)菲利"犯罪饱和法则"是人类犯罪学史上的重要成果,但该法则也存有不足:其一,菲利只是抽象地提出了犯罪发生的三大原因,至于这些原因在犯罪产生过程中所处地位如何,这些原因又是如何相互作用才导致犯罪发生的,并没有论及;其二,对于犯罪饱和的过程是如何形成的,犯罪饱和量如何测算等,菲利也没有展开探讨。(3)犯罪饱和性生成模式理论具有重要的理论意义和实践意义。

第七章"最低犯罪率"全面论证了影响犯罪饱和性生成的第一个因素"最低犯罪率"。笔者的观点是:(1)最低犯罪率是指一定社会条件下存在的犯罪的最低量。(2)按照犯罪化学反应方程式理论,任何社会都不可能消除犯罪生成的各个要素及各要素之间的相互关系,因而犯罪是不可避免的。既然任何社会都会存在犯罪,那么,犯罪存在的最低量就是最低犯罪率。这就是最低犯罪率生成模式。(3)最低犯罪率不是最佳犯罪率。

第八章"最高犯罪率"全面论证了影响犯罪饱和性生成的第二个因素"最高犯罪率"。笔者的观点是:(1)最高犯罪率是指在一定社会条件下存在的犯罪最大量。(2)之所以出现最高犯罪率,是由双重容忍度决定的。在公众对犯罪已经是忍无可忍,或者政府已经感觉到犯罪的大量存在已经威胁到统治的安全的情况下,出于公众舆论压力或者统治安全需要,政府就会不惜一切手段把犯罪率控制住,这时的犯罪率就是最高犯罪率。(3)"严打"是控制最高犯罪率的不可或缺的手段,但不是最佳手段。

第九章"理想犯罪率"全面论证了影响犯罪饱和性生成的第三个因素"理想犯罪率"。笔者的观点是:(1)理想犯罪率是指一定社会条件下存在的最佳犯罪量。(2)衡量理想犯罪率的指标有三项:一是容忍度指标,即理想犯罪率必须在公众与政府的容忍范围内;二是价值指标,即理想犯罪率必须考虑到社会秩序保护与个人权利保障价值间的协调;三是经济指标,即理想犯罪率必须反映经济性原则,即国家控制犯罪率的效益大于成本投入。

第十章"饱和犯罪率"全面论证了犯罪饱和性生成的关键因素"饱和犯罪率"。笔者的观点是:(1)在一定社会条件下,犯罪率总是围绕着理想犯罪率,在最高犯罪率和最低犯罪率之间波动,处于一种相对"饱和状态",笔者把处于饱和状态下的犯罪率称为饱和犯罪率。(2)饱和犯罪率由两部分组成,即显形饱和犯罪率和隐形饱和犯罪率。社会反应是影响饱和犯罪率构成要素的最主要原因。(3)就宏观而言,饱和犯罪率在波动中呈上升趋势;就微观而论,不同类型犯罪饱和犯罪率的发展趋势是不一致的,有些呈上升趋势,有些则发展平稳,有些则出现下降趋势。

必须指出的是,由于笔者才疏学浅,所提出的犯罪化学反应方程式与犯罪饱和性生成模式理论还存在诸多不足,肤浅、幼稚之处尚请方家指正。另外,在本书的写作过程中,参考并引用了一些学者的相关研究成果,在此表示感谢。

上 篇

犯罪微观生成模式
—— 犯罪化学反应方程式

"带菌个体"在"致罪因素"的作用下，产生犯罪动机，成为危险犯罪人；危险犯罪人通过对"催化剂"各要素的感知，作出反应，在一定的条件下，就会实施犯罪行为，从而成为现实犯罪人。这就是犯罪化学反应方程式，即犯罪微观生成模式。

第一章 犯罪微观生成模式导论

人为什么要犯罪？犯罪生成模式是什么？笔者通过借鉴化学反应方程式和传染病学中的乙肝病理理论，提出了犯罪化学反应方程式理论，即犯罪微观生成模式理论。

一、基 本 观 点

模式，原本指某种事物的标准形式或使人可以照着做的标准样式。笔者把个体实施犯罪的过程及其表现出来的样式称为犯罪微观生成模式。犯罪微观生成模式强调的是导致个体实施犯罪的各原因之间的作用方式、作用过程以及各因素所处的地位。犯罪微观生成模式至少包括以下内容：导致个体实施犯罪的因素有哪些？这些因素在犯罪生成过程中起什么作用（地位如何）？各因素之间是如何发生作用的（作用机制）？

笔者借鉴化学反应方程式与传染病学中的乙肝病理理论，设计出犯罪化学反应方程式，该方程式能够比较全面地反映犯罪微观生成模式内容。

1. 一个化学反应方程式

犯罪化学反应方程式的主要内容是：犯罪是由多种因素相互作用的结果，其中既有人的因素，又有社会的、自然的因素，这些因素在犯罪生成过程中所起的作用是不同的。借鉴化学反应理论，以方程式的方式解释犯罪微观生成模式中各因素及其作用方式，即犯罪化学反应方程式：

$$\text{“带菌个体”} + \text{“致罪因素”} \xrightarrow{\text{“催化剂”}} \text{犯罪行为}$$

在上述方程式中，"带菌个体"和"致罪因素"是引起犯罪行为的基本"元素"，这两个"元素"在任何社会中都存在。"带菌个体"与"致罪因素"发生作用，产生犯罪动机，具有犯罪动机的"带菌个体"在"催化剂"催化作用下发生"化学"反应，从而生成犯罪。

2. "带菌个体"、"致罪因素"、"催化剂"

"带菌个体"指的是具有犯罪人格的人，也即潜在犯罪人。影响"带菌个体"生成,也即犯罪人格形成的原因是多方面的,既有人性方面的因素,又有个体素质方面的因素(如生理、心理方面的因素),还有遗传方面的因素(个体素质的遗传),也有环境方面的因素(如家庭、学校、社会方面的因素),而且个体自身素质与环境因素还会发生相互作用,共同导致犯罪人格的形成。笔者认为,人的本性(即需要)是"带菌个体"生成(也即犯罪人格形成)的前提;个体素质(生理与心理方面因素)是"带菌个体"生成之变量一;遗传(个体素质的遗传)是"带菌个体"生成之变量二;环境因素(家庭、学校、社会)是"带菌个体"生成之变量三;个体素质与环境因素相互作用是"带菌个体"生成之变量四。在这些变量中,个体素质与环境因素相互作用是"带菌个体"生成的最主要变量。

"致罪因素"是指促使"带菌个体"形成犯罪动机,由潜在犯罪人向危险犯罪人转化的因素。"致罪因素"主要包括经济政策失误、性禁忌、政治制度弊端、信仰缺失等方面。

"催化剂"是指加快"带菌个体"和"致罪因素"相互作用速度,从而导致犯罪发生的"导火线"。"催化剂"主要包括特定时空因素、社会控制疏漏以及被害人因素三个方面。

3. 犯罪化学反应方程式各要素间的作用方式

"带菌个体"与"致罪因素"相互间发生作用,使"带菌个体"产生犯罪动机,从而成为危险犯罪人。"带菌个体"与"致罪因素"相互间发生作用的方式不同,"带菌个体"所产生的犯罪动机也不同,因而生成不同类型的危险犯罪人。危险犯罪人通过对"催化剂"各要素的感知,作出各种反应,在一定的条件下,就会实施犯罪行为,从而成为现实犯罪人。

二、相 关 理 论

关于犯罪原因,古今中外学者从自己的理论观点出发,提出了对犯罪原因的种种见解,出现了形形色色的犯罪原因理论。由于犯罪原因的复杂性,迄今为止,尚无一种公认的犯罪学理论。不过,犯罪原因的多元性,已经为越来越多的人所接受。

1. 菲利的犯罪三原因论

意大利犯罪学家恩里科·菲利(Enrico Ferri)提出了犯罪三原因理论,

认为导致犯罪的原因有三类:人类学因素、自然因素和社会因素。所谓犯罪的人类学因素,是指犯罪人生理、心理及种族方面的个性特征。生理状态包括颅骨、脑主要器官、感觉反应能力和相貌等方面的异常及文身等所有生理特征。心理状况包括智力和情感等方面的异常,尤其是道德情感异常等。个人状况包括种族、年龄、性别等生物学状况和公民地位、职业、住所、社会、阶层、训练、教育等生物社会学状况。所谓犯罪的自然因素,指气候、土壤状况、昼夜的相对长度、四季平均温度和气象情况及农业状况。所谓犯罪的社会因素,是指能够促使人类生活不诚实、不完满的社会环境,包括人口密集、公共舆论、公共态度、宗教、家庭情况、酗酒情况、教育制度、工业状况、经济和政治状况,公共管理、司法、警察,一般立法情况、民事和刑事制度等。[①]

2. 整合犯罪理论

西方犯罪学整合理论是从多元角度考虑犯罪原因的,主要如:[②](1)美国犯罪学家威尔逊(James Quinn Wilson)和赫恩斯坦(Richard Julius Herrnstein)的"犯罪与人性理论"。该理论将犯罪学古典学派理论、社会学理论、生物学理论和心理学理论结合在一起,提出犯罪的社会生物学理论。该理论认为,犯罪行为的实施不仅取决于个人的人性,也取决于威慑因素;犯罪人生来就具有犯罪倾向(predisposition toward crime),但是,犯罪人是否进行犯罪,取决于他自己的决定;当犯罪人进行犯罪决策时,如果预见到犯罪将得(物质利益、朋友的奖赏等)大于失(惩罚、良心不安、别人的谴责等),就会进行犯罪。(2)美国犯罪学家杰弗利(Clarence Ray Jeffery)的"犯罪行为的科际整合理论"。该理论认为,犯罪是遗传与环境交互作用的产物,应该将生物学理论、社会学理论和心理学理论加以整合,用来解释犯罪原因。该理论的基本观点认为,犯罪是由社会学、心理学和生物学因素相互作用引起的。具体而言,整个有机体是三种基本系统的产物,即遗传学、大脑结构与功能、学习。这三种系统之间以及它们与环境之间都存在着相互作用。当个人出生时,就具有一定的生物(遗传)特征和心理学特征,这些特征不仅使个人预先具有从事某些行为的倾向,而且也会引起某些行为。这种本性(nature)与在社会环境中进行的社会化过程无关。但是,通过物理环境和人

---

① 参见马克昌主编:《近代西方刑法学说史略》,中国检察出版社 1999 年版,第 168—169 页。
② 参见吴宗宪:《西方犯罪学》,法律出版社 1999 年版,第 604—620 页。

的生物化学系统中存在的反馈机制,本性与教养(nurture)之间进行着大量的相互作用。个人与环境之间的相互作用不同,造成了人们之间的差异,使得一些人会实施犯罪行为,而另一些人不会实施犯罪行为。(3)戈特弗雷德森(Michael R. Gottfredson)与赫希(Travis Hirschi)的"犯罪的一般理论"。该理论的基本观点认为,任何犯罪都是"低的自我控制"和合适的机会相结合的产物,缺乏自我控制的人遇到适宜犯罪的机会,就可能进行犯罪行为。该理论的要点可以归纳为:① 人类生来就是为自己的利益而行动的。② 为了限制自私自利和培养自我控制,必须进行社会化和训练。③ 不恰当或不适当的儿童养育活动,会促使个人形成低水平的自我控制的特质。④ 低水平的自我控制会使个人很有可能进行短期的、追求快乐的行为。⑤ 犯罪是多种多样的自私自利行为中的一类。⑥ 增加自我控制,可以降低犯罪以及其他类似行为的可能性。

3. 伯特的犯罪多因理论

英国心理学家伯特(Sir Cyril Lodowic Burt)列举了170种以上的犯罪因素,归纳为以下15项:(1) 缺乏训练;(2) 特殊本能;(3) 一般的情绪不稳定;(4) 轻微的情绪病态;(5) 有过失或犯罪的家庭史;(6) 智能低;(7) 有害的兴趣或者嗜好;(8) 发育因素(如青春期、早熟);(9) 有低智能的家庭史;(10) 亲属关系破碎(如父亡或有继母);(11) 家庭外环境影响(如不良伙伴或不正当娱乐);(12) 有人格异常的家庭史;(13) 有身体衰弱的家庭史;(14) 贫穷及类似现象;(15) 身体衰弱。①

4. 犯罪形成原因若干公式

第一,美国犯罪学家阿伯拉哈姆逊(D. Abrabamsen)提出了犯罪行为与影响它产生的因素的关系公式:

$$C = \frac{T + S}{R}$$

在阿伯拉哈姆逊这一公式中,C 是指犯罪行为,T 代表主体的犯罪倾向,S 为外界情境和刺激诱因,R 是指主体心理上对诱因的抗拒力。也就是说,犯罪行为与犯罪主体心理上对诱因的抗拒力成反比关系,而与外界情境

---

① 参见罗大华、何为民:《犯罪心理学》,浙江教育出版社2002年版,第65页。

和刺激的诱因以及犯罪倾向成正比关系。①

第二,德国法学家梅兹格尔(E. Mezger)提出的犯罪行为公式:

$$Krt = aep \cdot ptu$$

在梅兹格尔这一公式中,Krt 是犯罪行为,a 是素质,e 是发育,p 是人格,t 是行为,u 是环境。该公式表明,犯罪行为是一个整体,它是各个因素的动力性的结合现象。②

5. 我国犯罪学理论界关于犯罪原因的研究

第一,储槐植教授的犯罪原因系统理论(主要是犯罪场理论):

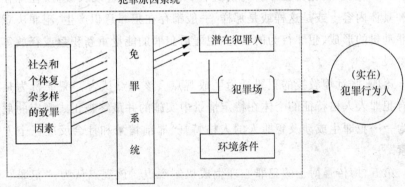

按照储教授的观点,各种"致罪因素"即可能的犯罪原因相互作用,又遇犯罪原因系统以外的"免罪系统"(社会的和个体的)的强大阻挡,彼此斗争;致罪因素如能滤过免罪系统,则产生"潜在犯罪人";潜在犯罪人与特定背景(环境条件)形成"犯罪场",从而实施犯罪行为,可能的犯罪原因便成为现实的犯罪原因,潜在犯罪人便成为实在犯罪人。③

第二,罗大华、何为民的犯罪综合动因论。该理论认为,个体犯罪原因是一个整体系统(母系统);这个整体系统由若干相互联系和相互作用着的主体内外因素(子系统)构成,形成多层次、多维度的原因网络结构;作为整体系统的个体犯罪原因,具有其各主体内外因素单独所没有的新质特性;由

---

① 参见陈绍彬:《简明犯罪心理学》,中山大学出版社 1991 年版,第 96 页。
② 参见肖剑鸣、皮艺军主编:《犯罪学引论》,警官教育出版社 1992 年版,第 244 页。
③ 参见储槐植:《刑事一体化》,法律出版社 2004 年版,第 81 页。

于各组成因素间的相互作用,个体犯罪原因处于一种动态变化之中。①

第三,杨焕宁博士的犯罪发生机理观点。该观点认为,犯罪的原因在于致罪因素的相互作用。致罪因素包括社会和个人两个方面,前者主要指社会控制犯罪能力的减弱、具体社会矛盾的增多和加剧、消极的价值观念和犯罪现象的客观存在,后者则主要指人生观缺陷、道德缺陷和性格缺陷。"犯罪发生的实际情况表明:致罪因素转化为犯罪行为的过程是一个各种致罪因素先后与犯罪人发生联系,造成主客观致罪因素相互作用的过程……其次,致罪因素转化为犯罪行为的过程是一个非匀速、量变到质变的过程……再次,致罪因素转化为犯罪行为的过程,无论在时间上或长或短,在外在表现和具体内容上或是这样或是那样,一般都存在犯罪意识产生、犯罪决意即犯罪动机的形成、犯罪行为的实施、犯罪后犯罪的能量重新积累或释放等几个阶段。"②

第四,张远煌教授的犯罪行为生成观点。该观点认为,"犯罪行为是由具有犯罪人人格特征的个体在特定情景中实施的并最终被正式判定的危害行为……犯罪生成涉及犯罪人的人格特征、罪前情景和社会反应三个方面要素"③。

第五,梅传强博士的犯罪心理生成机制观点。该观点认为,"犯罪心理的生成过程可以分为四个阶段,同时也是犯罪心理四个不同层次的表现:个体在社会化过程中,由于生物学因素与社会不良因素的相互作用,使个体没有将社会规范内化为个体意识,以至于个体在满足需要的过程中经常与社会发生冲突,导致人格出现社会性缺陷,人格缺陷即是生成犯罪心理的基础(第一层次,人格缺陷的生成);已经形成了的人格缺陷在适合的社会环境条件的刺激作用下,就可能促使行为人选择社会不认可的方式满足自己的需要,从而形成犯罪动机、犯罪目的和犯罪决意等犯罪意识(第二层次,犯罪意识的生成);犯罪意识与犯罪意志的相互作用,转化为特定的心理状态支配行为人实施犯罪行为,即为罪过心理(第三层次,罪过心理的生成);罪过心理在现实中的展开(外化)过程即是犯罪行为的实施(包括预备和实行)过

---

① 参见罗大华、何为民:《犯罪心理学》,浙江教育出版社2002年版,第91页。
② 杨焕宁:《犯罪发生机理研究》,法律出版社2001年版,第2章、第3章。
③ 张远煌:《犯罪学原理》,法律出版社2001年版,第197页。

程……"①

在上面列举的犯罪原因理论中,菲利犯罪三原因论、犯罪学整合理论以及伯特的犯罪多因理论过于强调从宏观上论述多元原因与犯罪生成的关系,并未论述(或并未重视)各个原因在犯罪生成中的地位及相互间的作用机制,因而不能很好地反应犯罪微观生成模式。所列举的犯罪形成原因若干公式及我国学者关于犯罪形成的原因理论,则主要从微观方面强调个体犯罪行为生成方式。这些理论虽然注意到了各个犯罪原因间的作用机制,但论述还不深入,而且没有很好地阐明各因素在个体犯罪生成中的地位。

三、本课题意义

在理论上,首先,可以丰富犯罪原因理论研究。犯罪原因是犯罪学研究中最为根本却又极为复杂的问题。从贝卡利亚的理性人选择说、菲利的犯罪饱和论,到龙勃罗梭的犯罪人论;从迪尔凯姆的犯罪功能论等19世纪的犯罪社会学思想理论,到作为当代社会学理论核心的美国社会结构理论、社会化过程理论、社会冲突理论等等,犯罪理论界对犯罪原因的苦苦索求,至今未果。犯罪化学反应方程式理论以全新视野,结合化学方程式理论,强调导致个体实施犯罪的各原因之间的作用方式、作用过程以及各因素所处的地位,把犯罪生成的微观原因与宏观原因分开探讨,对丰富犯罪原因理论研究无疑有着重要意义。其次,可以丰富刑法学理论研究。刑法学作为犯罪学的下游学科,其理论发展必须结合犯罪学的理论发展。犯罪化学反应方程式理论对刑法学理论发展具有重要意义。以"带菌个体"为例,根据犯罪化学反应方程式理论,"带菌个体"是指具有犯罪人格的潜在犯罪人,犯罪人格是犯罪人的固有特性,反映了犯罪人的主观恶性,因此,在刑法学理论研究中,必须考虑犯罪人格因素,甚至有必要建立人格刑法学。②

在实践上,可以为预防犯罪实践提供理论上的指导。根据犯罪化学反应方程式理论,犯罪微观生成的因素主要包括"带菌个体"、"致罪因素"及"催化剂"三个方面,在制订预防犯罪策略的时候,必须"有的放矢"、"对症

---

① 梅传强:《犯罪心理生成机制》,中国检察出版社2004年版,第2页。
② 参见张文、刘艳红、甘怡群:《人格刑法导论》,法律出版社2005年版,第65—70页。

下药"。如犯罪化学反应方程式所示,控制"带菌个体"、"致罪因素"及"催化剂"中的任何一个元素,都可以预防犯罪的发生。但是,每个因素的控制难度是不一样的。对"带菌个体"的控制难度很大。对"致罪因素"的控制则一直是人类的追求,至今还是人类面临的难题。相反,对"催化剂"的控制却相对简便可行,比如,为了减少被偷,家中可以安装结实的防盗门,等等。可见,控制犯罪的捷径是控制"催化剂"因素。

第二章 "带菌个体"

一、"带菌个体"假设：乙肝病毒携带者启示

根据犯罪生成化学反应方程式模式，即：

"带菌个体" + "致罪因素" $\xrightarrow{\text{催化剂}}$ 犯罪行为

"带菌个体"，指的是犯罪微观生成模式的主体要素，即具有犯罪倾向的人。笔者把犯罪微观生成模式主体比做"带菌个体"，主要是受传染病中的乙肝病理理论启发。在传染病学中，乙肝病毒携带者被称为"带菌个体"，"带菌个体"具有如下特点：

第一，乙肝"带菌个体"都是潜在的肝硬化（肝癌）患者，但这并不意味着每一个携带者都会患上肝硬化（肝癌），在传染病临床病例中，只有极少数的"带菌个体"才可能会发展到肝硬化（肝癌）。乙肝"带菌个体"只有在与"相关因素"（如个人的生活条件、工作条件、心理条件等）发生作用的前提下，并且在一定的时空条件（如没有及时去医院、医院条件差、医生水平差等）的催化作用下，才可能发展为肝硬化（肝癌），即：

乙肝"带菌个体" + "相关因素" $\xrightarrow{\text{催化剂}}$ 肝硬化（肝癌）

这里导致乙肝病变的"相关因素"包括"带菌个体"的生活条件、工作条件、心理条件等；这里的"催化剂"包括没有及时去医院、医院条件差、医生水平差等要素。

第二，乙肝"带菌个体"可以分为两类：一类是"遗传性带菌个体"，即通过母婴传播（母亲在怀孕期间胎内感染给婴儿或者在分娩过程中感染给婴儿）感染乙肝的个体。不过，随着医学水平的提高，乙肝"遗传性带菌个体"越来越少，现在通过给孕妇注射一定量的免疫球蛋白可以在一定程度上减少母婴感染几率，大大减少乙肝"遗传性带菌个体"，这被医学界称

为"母婴阻断"技术①。另一类是"后天性带菌个体",即行为人本来没有携带乙肝病毒,而是在与他人的交往过程中,被感染上病毒。这些感染途径主要有:血液传播、性传播等。在临床中,乙肝"带菌个体"主要是"后天性带菌个体"。

如此,犯罪化学反应方程式中的"带菌个体"也包括两类:"遗传性带菌个体"和"后天性带菌个体"。"遗传性带菌个体"是由于遗传形成的个体。染色体异常理论对遗传特征与犯罪之间的联系所作的大量研究表明,暴力犯罪人往往多为"遗传性带菌个体"。值得一提的是,"遗传性带菌个体"与"天生犯罪人"不一样,前者只是说明该个体有犯罪的倾向,并不表明这类个体一定会进行犯罪。即使在与"致罪因素"相遇的情况下,"遗传性带菌个体"也不一定会进行犯罪,只有在遇到了"致罪因素",并在"催化剂"的催化作用下,才会生成犯罪。② 而"天生犯罪人"则一定要犯罪,按龙勃罗梭的观点,天生犯罪人"只有少部分人具有,他们先天已有犯罪本性,因而注定要犯罪"③。"后天性带菌个体"并不来自于遗传,而是受后天的环境影响,经过学习模仿后,才"带菌",从而成为具有犯罪倾向的人。除了暴力性犯罪以外,绝大多数犯罪人都是"后天性带菌个体"。

把乙肝"带菌个体"引入犯罪微观生成模式理论具有重要意义。首先,把"带菌个体"作为犯罪微观生成模式的主体要素,可以使我们比较清晰地看到行为人在犯罪微观生成中的地位和作用,也即:具有犯罪倾向的人并不必然都会实施犯罪行为,只有在与相关"致罪因素"发生作用,并在一定"催化剂"的催化作用下,才会实施犯罪。其次,为预防犯罪对策选择提供理论上的支持。如犯罪化学反应方程式所示,控制"带菌个体"、"致罪因素"及"催化剂"中的任何一个元素,都可以预防犯罪的发生。但是,每个因素的控制难度是不一样的。对"遗传性带菌个体"的控制难度很大;对"后天性带菌个体"的控制也是非常困难的,因为个体在社会化过程中总会不知不觉地

---

① 根据该技术,如果孕妇是小三阳(一种乙肝病毒)携带者,其阻断率近90%;如果孕妇是大三阳(一种乙肝病毒)携带者,其阻断率近80%。
② 这就犹如乙肝病毒携带者,并不是每一个携带者都会患上肝硬化,只有"带菌个体"在与相关因素(如个人的生活条件、工作条件、心理条件等)发生作用的条件下,才可能发展为肝硬化。
③ 〔意〕朗伯罗梭:《郎伯罗梭氏犯罪学》,刘麟生译,商务印书馆1938年版,第62页。

学习到犯罪技巧(如通过电视媒体、internet、身边的犯罪人等),从而难免会养成犯罪的倾向性。对"致罪因素"的控制则一直是人类的追求,但至今还是人类面临的难题,如消除不了贫困、不能摆脱社会不公、不能彻底净化个体的灵魂等等。相反,对"催化剂"的控制相对来说却是简便可行的,比如,为了避免性犯罪,单身女子可以减少深夜单独外出;为了减少被偷,家中可以安装结实的防盗门;为了减少银行诈骗,可以加强银行的规章制度,等等。所以说,事实上很难做到"不让人去犯罪",但有可能做到"让人犯不成罪"。可见,控制"催化剂"因素是控制犯罪的捷径。

二、"带菌个体"内涵:具备犯罪人格的人

"带菌个体"是指具有犯罪倾向的人。具有犯罪倾向的人,就是具有犯罪人格的人,也即潜在犯罪人。犯罪人格是"带菌个体"的内在特性。

(一)犯罪人格概念及特征

犯罪人格(criminal personality)是犯罪心理学中的一个重要概念,学界对其定义不一,如有学者认为:"当犯罪主体的犯罪心理结构在其人格中占据主导地位,成为支配力量时,这个犯罪主体就具有犯罪人格的特征。"[①]也有学者认为,犯罪人格是指"犯罪人所特有的稳定而独特的反社会心理特征

[①] 该学者认为,犯罪心理结构主要包括七项:即(1)社会认知偏差,包括人生观、道德观、法制观念等。(2)需求偏差,包括需要和行为习惯。(3)犯罪动机,包括动机和侥幸心理。(4)心理上受到挫折和压抑所引起的不良情绪反应。(5)与犯罪相适应的能力。(6)变态人格。(7)主观意志方面的自制力。并且认为:"一般性犯罪人格与变态犯罪人格也表现出极大的差异,如犯罪行为的动机和目的,前者比较明确,后者则模糊……犯罪主体的人格与犯罪人格是既有联系又有区别的。犯罪主体的人格中有些因素或成分并不指向犯罪,它的外延较广。犯罪人格则是指指向犯罪的那部分人格特征,这部分人格特征在犯罪主体的人格中占主导地位,其外延较小。也就是说,只有当一个人的犯罪心理结构在其人格形成中逐渐发展起来,并且占据重要地位,甚至成为主导力量时,才算形成犯罪人格。一旦犯罪人格形成,犯罪的倾向性就大。……犯罪人格的恶性发展,有可能成为一种变态的犯罪人格。"陈绍彬:《简明犯罪心理学》,中山大学出版社1991年版,第105、146页。

的总称，它是一种反社会人格"①。还有学者认为，犯罪人格"是指直接导致犯罪行为生成的严重反社会且为刑事法律所否定的心理特征的总和"②。

笔者认为，以上各学者对犯罪人格所下的定义都有一定的合理性，但也存有不足，如第一种观点虽然把犯罪心理结构作为犯罪人格的内容，这固然没有错，但把变态人格也归入犯罪人格范畴，则失之过宽；第二种观点认为

---

① 该学者认为，犯罪人格具有如下特征：第一，犯罪人格本质的反社会性。犯罪人格在本质上是一种反社会人格（antisocial personality）。犯罪人格是犯罪人群体所特有的一种人格，这种人格的本质在于其反社会的特质，它是一种反社会人格，是一种在品上恶的人格。第二，犯罪人格的多因性及犯罪性。犯罪人格的形成是多种因素交互作用的结果。犯罪人格的形成与某些致罪因素的心理及行为倾向性的遗传之间存在一定关系。另一方面，犯罪人格只是一种具有犯罪性的人格。犯罪人格形成的多因性与实施犯罪行为的犯罪性表明，犯罪人格是由个人素质和环境所决定的、实施或可能实施反社会行为模式的总和。第三，犯罪人格的内外统一性。犯罪人格是犯罪人所独有的反社会倾向身心组织。这表明，犯罪人格首先是作为犯罪人的内在心理事实即反社会心理而存在的，它包括畸形的有害社会的生理、心理需求；损人利己的动机、以自我为中心的信念等。但另一方面，犯罪人格决定着行为人对外界的反应方式，并形成人的犯罪行为，犯罪行为也因此成为犯罪人格之征表。第四，犯罪人格的恒久性。犯罪人格作为一种本质上恶的、反社会的人格，其形成并非一朝一夕，而是经过了长时间的酝酿。也因此，此种人格一旦形成，大多比较稳定而且持续较长时间，其消失也非朝夕之事。第五，犯罪人格的主体归属性。犯罪人格只能为犯罪人所独有，非犯罪人是不具备犯罪人格的。据此，判断一个人是否为犯罪人，除了根据他是否实施了刑法规定的行为，是否触犯了刑事法律之外，还应看他是否具有犯罪人格。参见张文、刘艳红：《犯罪人理论的追问与重建——以犯罪人格为主线的思考》，载《中外法学》2000年第4期，第396—401页。

② 该学者进一步认为，第一，犯罪人格的形成过程和机制与一般人格相同。它们都是在遗传的生物学基础上，在社会环境中，通过与他人的交互作用而形成的。在生物学因素中，个体的高级神经活动类型、身高、体重、体型、外貌和生理成熟的早晚等影响较大；在社会因素中，父母的养育态度、亲子关系、家庭的经济和社会地位、学校教育状况、社会文化冲突、社会风气、社会价值观等影响尤为突出。第二，在一个人的人格形成过程中，需要是基础。人们在追求需要满足的过程中，必然与周围环境和客观事物发生联系，对客观事物（包括他人）有选择地进行相互作用，久而久之，就形成自己的兴趣和爱好，并在此基础上形成自己的对客观事物的态度、信念、价值观等个性倾向性；在满足需要的过程中，经常、反复出现的行为特征，就形成习惯；当行为习惯与个人的个性倾向性结合时，就表现出一个人特有的人格特征。在人格系统中，性格是核心，它决定着一个人对周围社会事物（包括他人和自己）的态度和习惯化的行为方式。性格具有稳定性、可塑性、社会性等特征，它是一个人社会经历和生活实践活动的反映与写照。由于性格是通过一个人的行为方式表现出来的，而行为的后果又必然受到社会舆论、道德，甚至法律的制约和评价，所以，性格有好坏之分。有些不良性格，如反社会性、攻击性、鲁莽、好冲动、懒惰、自我中心性、疏忽大意、缺乏责任感等，容易成为犯罪的动因；这些危险性格一旦外化成犯罪行为，即成为犯罪性格。当然，在惯犯和累犯身上所表现出来的强烈的反社会意识，腐朽的享乐观和价值观，错误的英雄观，残忍和麻木不仁的本性，以及习以为常的恶习等则是典型的犯罪人格。第三，犯罪人格形成后，虽然具有一定的稳定性，但并非一成不变，它在一定条件下会发生转化。因为个体的社会化总是伴随着人的整个一生（从出生到死亡）进行的。在教育或者社会环境的影响下，个体提高了理性认识，形成了符合社会规范的观念或态度，磨砺意志，养成了良好的行为习惯，纠正了不良习惯，也就可能由犯罪人格转化为正常人格。参见梅传强：《犯罪心理学研究的核心问题——刑事责任的心理基础》，载《现代法学》2003年第2期，第76—77页。

犯罪人格的本质是一种反社会人格,这是其合理之处,但认为犯罪人格只能是犯罪人独有,则失之过窄;与第二种观点一样,第三种观点认为犯罪人格只能"贴在已经实施了犯罪行为的人身上"[①],也失之过窄。

笔者认为,正确界定犯罪人格,需要考虑以下几方面要素:首先,犯罪人格是人格的一方面,具有人格的基本特征,即是"人的性格、气质、能力等特征的总和"[②]。其次,犯罪人格主要体现在反社会方面,具有与主流社会规范的不协调性。最后,犯罪人格是一种客观存在,并不以犯罪行为为表征。据此,笔者给犯罪人格所下的定义是:个体在社会化过程中由于受遗传及社会环境影响而形成的与主流社会规范不相符的、可能促使个体实施反社会犯罪行为的认识偏差、需求偏差及情绪偏差等心理特征的总称。犯罪人格具有如下特征:

第一,多因性。犯罪人格的形成是多种因素交互作用的结果。先天的遗传素质和生理因素是犯罪人格形成和发展的物质条件,后天的社会环境则对犯罪人格的形成起着至关重要的作用。"一定的遗传素质和环境相结合,就会不断地产生一定的心理状态,这种心理状态又和环境相互作用,最终产生欲求。……人的欲求,进而是人的行为,全都是素质和环境的必然产物。"[③]犯罪人格的形成不外乎三种途径:其一,犯罪虽然不能遗传,但犯罪人格(犯罪倾向性的心理特征)却与遗传有着一定的联系;其二,后天的社会化环境对犯罪人格的形成起着重要作用;其三,个体素质与后天环境相互作用,促使犯罪人格形成。

第二,反社会性。犯罪人格的本质在于反社会性。犯罪人格的主要内容表现为一种与主流社会规范不相符的、可能促使个体实施反社会犯罪行为的认识偏差、需求偏差及情绪偏差等心理特征,这些心理特征"对社会而言,不啻构成一种威胁,以故具有实施犯罪可能性之性格,亦称为社会危险性"[④]。

第三,犯罪性。犯罪性,指的是犯罪的倾向性。"犯罪一般理论的主要内容,是区分了犯罪(crime)和犯罪性(criminality),而他们又认为犯罪是一

---

① 梅传强:《犯罪心理生成机制》,中国检察出版社2004年版,第33页。
② 《现代汉语词典》,商务印书馆2005年版,第1144页。
③ 〔日〕西原春夫:《刑法的根基与哲学》,顾肖荣等译,法律出版社2004年版,第115页。
④ 蔡墩铭:《刑法基本理论问题研究》,汉林出版社1988年版,第236页。

种事件(event),犯罪性是一种倾向(propensity)……"①犯罪人格的犯罪倾向性说明具备犯罪人格的个体只是具备了实施犯罪的潜在可能性,而并不必然会实施犯罪。犹如乙肝"带菌个体"并不必然发展为肝癌一样,具备了犯罪人格的个体("带菌个体")只有在与相关"致罪因素"相互作用,并在一定"催化剂"的催化作用下,才能生成犯罪。所以,"带菌个体"只是潜在犯罪人。

第四,广泛性。所谓犯罪人格的广泛性,意指具备犯罪人格的个体是广泛的。只要具备了与主流社会规范不相符的、可能促使个体实施反社会犯罪行为的认识偏差、需求偏差及情绪偏差等心理特征的个体,都是"带菌个体"。"带菌个体"不以犯罪行为为表征,也就是说,并不是只有犯了罪的人才具有犯罪人格。

第五,可测性。犯罪人格的可测性,指的是可以通过一定的方法预测具有犯罪人格的人,即"带菌个体"。与可以通过抽血化验方法检测一个人是否携带乙肝病毒一样,我们也可以通过一定的方法(主要是设定一些指标方法)预测一个人是否是"带菌个体"。

第六,可变性。由于遗传或后天原因,个体具有了犯罪人格,也即成了"带菌个体"。但这并不意味着个体将一直摆脱不了犯罪人格。就像乙肝"带菌个体"可以通过各种方法由"阳"转"阴"一样,在一定条件下,"带菌个体"也是可以转变的。这种转变表现在两个方面:一是转变为非"带菌个体",即不具有了犯罪人格;二是从重度"带菌个体"转到轻度"带菌个体"。然而,犯罪人格的转变是比较困难的,因为改变一个人的个性往往是很困难的,更何况改变的是反社会个性。

第七,等级性。犯罪人格是可以预测的,根据预测的指标不同,可以把犯罪人格分为若干等级。不同等级表明犯罪人格轻重程度,依次可以将"带菌个体"分为不同的等级。不同等级的"带菌个体"实施犯罪的可能性不

---

① 犯罪的一般理论是犯罪整合理论的一种,该理论认为,犯罪性的实质或核心是自我控制水平低或者自我控制能力差。自我控制水平低的人具有这样一些特征:(1)追求欲望的直接满足。(2)用容易的或简单的方式追求欲望满足。(3)追求刺激、冒险或紧张。(4)不考虑长远利益。(5)缺乏技能或计划性。(6)不考虑别人的痛苦或烦恼。上述特质并不会必然导致犯罪。这些特质本身常常会影响个人的环境和发展,例如,它们会影响个人受教育的程度,影响个人的工作、婚姻,影响个人生活的地区和城市。因此,它们会间接地影响个人的发展和犯罪。参见吴宗宪:《西方犯罪学》,法律出版社1999年版,第618—621页。

一样。

(二) 犯罪人格主要内容

犯罪人格至少应该包括下列内容:[①]

1. 认识偏差

这里的认识偏差,即社会认知偏差。认知是个体对客观世界的能动反映。实践是个体从客观世界获得信息刺激的主要手段和基本途径,是个体的认识产生和发展的最终源泉和根本动力。但是,个体对客观世界的认识和反映,归根到底是在人的大脑中进行的,必须诉诸和表现为主体内部的心理活动。社会认知是包括感知、判断、推测和评价在内的社会心理活动,认知是人的社会行为的基础。[②]

从犯罪心理学角度考虑,如果个体对现实主流社会规范(如价值观念、道德规范、法律规范等)产生认识上的偏差,势必导致行为的偏差的可能,包括实施犯罪行为的可能。

这种认识上的偏差主要表现在:(1)对事物及其发展规律的理解和预见带有严重的片面性和表面性,与看待社会问题主流思想相左,与主流社会的价值、道德观念背道而驰。(2)对社会采取敌视态度,视法律为儿戏。(3)对社会采取轻视、蔑视态度,没有社会责任心,等等。

2. 需要偏差

个体的需求是个体行为的内在驱动力。在犯罪人格构成要素中,需求偏差处于重要地位,它是犯罪心理的倾向性,是促使个体可能实施犯罪行为的内在驱动力。需要是在一定时空条件下,个体对其存在和发展所表现出

[①] 参见罗大华等编:《犯罪心理学》,群众出版社1986年版,第58页;陈绍彬:《简明犯罪心理学》,中山大学出版社1991年版,第105—145页。

[②] 对社会认知的研究始于20世纪40年代中期,它受到行为主义者托尔曼的"中介变量"概念、格式塔心理学以及勒温的"场论"的影响。在40年代以前,尽管知觉一直是心理学中的一个重要的研究领域,但心理学家们大多局限于对物体知觉过程的研究,而相对忽略了知觉主体本身的欲望、价值、情感、人格以及其他外在的社会文化因素对知觉的影响。第二次世界大战中,一部分从事军事心理学研究的人逐渐认识到以往知觉研究的这种缺陷。1947年,美国心理学家J.S.布伦纳等最先提出了"社会知觉"的概念,强调知觉过程受社会因素的制约。进入50年代,社会认知研究无论在深度上还是广度上都更进了一步。人们围绕从社会知觉到社会印象再到社会判断这个完整的社会认知过程展开了全面的研究。参见周晓虹:《现代社会心理学》,上海人民出版社1997年版,第165—166页。

的依赖状态。正当的需要是人的本性,也是社会发展的必备条件。但是,在认识偏差基础上所产生的需要偏差则会成为犯罪人格的重要因素,是促使个体可能实施犯罪的内在动因。

需求偏差主要体现在两个方面:一是以基本生理需要为主的私欲①。作为社会个体,具有生理上的需求是正常的。但犯罪人格中的需求偏差,不是建立在符合社会主流规范要求的基础之上,而是建立在强烈的私欲基础上,是一种不合理的需求。二是以私欲为主的社会需求②。

3. 情感偏差

情感,即情绪,是与身体各部位的变化有关的身体状态,是明显的或细微的行为,它发生在特定的情境之中。③ 简言之,情感是个体对客观事物的态度体验及相应的行为反应。④ 情感由独特的主观体验、外部表现和生理唤醒三种成分组成。⑤ 主观体验(subjective experience)是个体对不同情绪和情感状态的自我感受。每种情感都有不同的主观体验,它们代表了人们的不同感受,构成了情感的心理内容。情感的外部表现(emotional expressions)是在情感和情绪状态发生时身体各部分的动作量化形式,包括面部表情、姿态表情和语调表情。生理唤醒(physical arousal)是指情感和情绪产生的生理反应。它涉及广泛的神经结构。不同情感的生理反应模式是不一样的,如满意、愉快时心跳节律正常等等。具体来说,情感又体现在喜、怒、哀、乐等诸方面。如我国古代名著《礼记》中提出的"七情"说,就是把情感具体划分为喜、怒、哀、惧、爱、恶和憨等。美国心理学家罗素则提出了环形情感分类模式,认为情感可以分为两个维度:愉快和强度。愉快又可以分为愉快和不愉快;强度又可以分为中等强度和高等强度。由此可以组合成四个类型:愉快——高等强度是高兴,愉快——中等强度是轻松,不愉快——中等强度

---

① 基于生理需要为主的需求又包括生理物质需要和生理精神需要,前者如吃喝需求,后者如追求低级精神刺激需求等。
② 如采取与主流社会规范相背的方法追求所谓的名誉、荣誉、地位等等。
③ 一般认为,情感就是情绪。但这两个概念还是有一些差别:情感一词包括一个"感"字,有感觉、感受之意,还包括一个"情"字。情感作为一个感情性反映的范畴,着重于表明情绪过程的感受方面,也就是情绪过程的主观体验方面。而情绪则着重于表明情感的过程,着重于描述情感过程的外部表现及其可测量的方面。参见〔美〕K.T.斯托曼:《情绪心理学》,安宗升、韦乔治等译,五洲出版社1987年版,第2、304页。
④ 参见彭聃龄:《普通心理学》,北京师范大学出版社2001年版,第355页。
⑤ See Izard C., Human Emotion, Plenum Press, 1977, p.66.

是厌烦,不愉快——高等强度是惊恐。① 罗素在这里所提及的愉快维度情感是正性情感,不愉快维度情感是负性情感。

情感作为一种态度体验,对个体的认知具有重要作用。② 情感态度体验,既可以由于客观现实的事物满足或者符合了自身的需要而产生肯定性、积极性反应,即所谓正性情感;也可以因客观现实的事物不能满足或符合自身的需要而产生否定性、消极性反应,即所谓负性情感。负性情感,即情感偏差。

情感偏差主要体现在,情感具有"低级性、情境性、易变性、激情性、应急性、偏执性和情感倾向性倒置"③等特征。在犯罪人格要素中,情感偏差对有些犯罪,如因挫折、压抑导致的犯罪,尤其是激情犯罪起着重要推动

---

① See R. Russell, A Circumplex Model of Affect, Journal of Personality and Social Psychology, 1980, 39: 1161—1178. 转引彭聃龄:《普通心理学》,北京师范大学出版社2001年版,第360页。

② 情感是一种非认知因素,是人所特有的一种心理过程或心理状态。人对外部事件的认知评价,是情感产生的决定性因素。情感是一个十分复杂的系统,它不仅包含十分丰富的社会内容,而且表现为复杂多样的状态。情感通过人的切身感受将人同外部世界联系起来。"切身感受"这一特点使情感成为"一种面向自身自我阐明自身并难以控制的过程"。(〔美〕诺尔曼·丹森:《情感论》,魏中军、孙安迹译,辽宁人民出版社1989年版,第18页。)情感在主体的认知活动中不是起着主要作用,而是起着能动作用。这种能动作用主要体现在情感的调节功能,即情感对于个人的认知操作活动具有组织或瓦解的效能。情感的调节功能涉及的是情感对一个人认知操作活动的效果的影响问题。这是随着现代情感心理学家把注意力越来越多地集中于情感和认知的相互关系方面以后,所揭示出来的一个最为引人注目的情感功能。以往人们对情感的偏见,也主要集中在情感对认知活动的干扰或破坏方面。他们认为,人是受理智支配的,一旦情感上升,理智便会下降,从而扰乱人的智慧活动。然而,大量的研究表明,适当的情感对人的认知过程是具有积极的组织效能的,而只有不适当的情感才会产生消极的瓦解作用,从而揭示了情感独特的、较为重要的调节功能。这一发现,不仅是对历史上把情感作为理智的对立面来认识观念的一个根本性挑战,而且标志着人类对自身情感认知上的一个重要飞跃,并从而打开非智力因素直接影响智力因素的一条重要通道。具体说,一方面,适当的情感对人的认知过程具有积极的组织效能,而不适当的情感则会产生消极的瓦解作用。这里所指的"适当"与"不适当",首先反映在情绪的极性上。一般来说,诸如快乐、兴趣、喜悦之类的正性情感有助于促进认知过程,而诸如恐惧、愤怒、悲哀之类的负性情感会抑制或干扰认知过程。情感的这种调节功能在一个人最基本的认知过程——感知觉活动中,就已有明显表现。另一方面,情感强度同样也会影响一个人的认知过程,这涉及情感对认知活动"适当"与"不适当"的另一重要方面。智能操作活动越复杂,情感唤醒水平的最佳点越偏低。这就是反映情感唤醒水平和认知操作效率之间关系的耶克斯一道森定律。根据这一定律,当我们在进行认知操作活动时,情绪强度不宜过高或过低,而应保持适中水平,并且这一适中点还应根据智能操作活动难度作相应调整,难度大的,适中点低些,难度小的,适中点高些,这样才能积极地发挥情感对智能操作过程的调节功能。总之,情感对人的认知活动的调节效能可以具体表现为:正情感有助于组织、协调认知活动的作用,而负情感则会干扰、瓦解认知活动,并且处于中等强度的正情感具有最佳的组织效能。参见苏文忠:《情感的独特功能》,http://qf.glsch.com/jxzy/qgjy/llsj/ll1.htm。

③ 康树华主编:《犯罪学通论》,北京大学出版社1996年版,第141页。

作用。

4. 犯罪能力

犯罪能力,指的是可能实施犯罪行为的自身条件,详言之,是指"影响犯罪活动的效率、保证犯罪活动顺利进行的个性心理特征"[①]。任何一种犯罪活动都离不开个体的自身条件,如暴力犯罪必须具备最低限度的冲动力,诈骗犯罪必须具备起码的智力条件等等。因而,与可能实施犯罪相适应的能力和条件,应列为犯罪人格要素。犯罪能力越高,个体实施犯罪的可能性就越大;反之,则越小。

5. 自制力

自制力是一种自我控制的意志品格,是指善于克制自己的情绪并能够有意识地调节和支配自己的思想和行动的能力。意志的自制力主要表现在两个方面:一是发动,二是抑制。前者表现为推动人去从事达到一定目的所需的行动;后者表现为制止与预定目的相矛盾的愿望和行动。在犯罪人格结构中,自制力是指个体对自己倾向于犯罪动因的抵制力。在犯罪人格要素中,自制力是控制个体可能实施犯罪的要素,犹如车辆的刹车装置。

上述犯罪人格五方面内容之间是相互联系、相互制约的,它们之间的有机统一构成了不同"带菌个体"的反社会人格结构,并在此基础上,形成"带菌个体"等级。

(三)犯罪人格作用机制

笔者认为,犯罪人格发生作用的一般机制是:由于个体存在认识偏差,从而形成需要偏差,当不适当需求不能满足时,又产生情感偏差,在个体具备了认识偏差、需要偏差、情感偏差条件下,如果具备了一定的犯罪能力,那么行为人就具备了犯罪的倾向性,具备犯罪倾向的个体由于自身的自制力不同而存在差别,自制力强的,犯罪倾向性就小;反之,犯罪倾向性就大。

---

① 陈绍彬:《简明犯罪心理学》,中山大学出版社1991年版,第139页。

三、犯罪人格量化及"带菌个体"类型

通过前文对犯罪人格内容及其作用机制的分析,笔者认为,可以对犯罪人格进行量化,并在此基础上提出"带菌个体"类型。对犯罪人格进行量化的前提是区分犯罪人格不同要素间的作用方式及其所占比例。不同个体犯罪人格要素的作用方式及所占比例是不一样的,这就决定了不同"带菌个体"实施犯罪的倾向性或可能性也不一样,这样就能区分出不同等级的"带菌个体"。

(一) 犯罪人格量化

根据犯罪人格内容及其作用机制,笔者把犯罪人格各项要素作为考察变量(其中认识偏差、需要偏差、情感偏差、犯罪能力与犯罪的可能性成正比,自制力与犯罪的可能性成反比),把各项要素在作用机制中所起作用大小作为权重系数,据此设计出如下公式:

$$C = = \frac{(X_1 f_1 + X_2 f_2 + X_3 f_3) X_4 f_4}{Xf}$$

在该公式中,C:犯罪的可能性(倾向性)程度;X_1:认识偏差;f_1:认识偏差所占比重;X_2:需要偏差;F_2:需要偏差所占比重;X_3:情感偏差;F_3:情感偏差所占比重;X_4:犯罪能力;F_4:犯罪能力所占比重;X:自制力;F:自制力所占比重。

可见,犯罪的倾向性程度与 X_1、X_2、X_3、X_4 及各项权重系数成正比,与 X 及其权重系数成反比。为了使犯罪人格量化成为可能,笔者对各项人格要素予以数量上的假设,并按照简单的数学计算,按数据确定犯罪人格的等级。需要说明的是,由于各项要素的权重系数的确定是一项重要工作,其确定方法有两两比较法、层次分析法、"德尔菲"法等。系数的确定要顾及多方面因素,需要进行大量的实证研究,限于篇幅,对各要素的系数不作具体论证,都假设为1。据此,笔者设计出如下分值表:

表 2.1　犯罪人格等级测量分值表①

序号	要素	表现	分值
1	认识偏差	极度偏差	4
		严重偏差	3
		较严重偏差	2
		轻度偏差	1
2	需要偏差	极度偏差	4
		严重偏差	3
		较严重偏差	2
		轻度偏差	1
3	情感偏差	极度偏差	4
		严重偏差	3
		较严重偏差	2
		轻度偏差	1
4	犯罪能力	极强	5
		强	4
		一般	3
		较差	2
		差	1
5	自制力	极强	5
		强	4
		一般	3
		较差	2
		差	1

根据上表，我们可以计算出犯罪人格（犯罪倾向性），也即"带菌个体"所带"菌"的最大值与最小值，即：

---

① 表中的"表现"部分，又可以设计出具体的参考指标，受本书篇幅限制，这里不再列举。

$$C_{最大} = \frac{(4+4+4)5}{1} = 60$$

$$C_{最小} = \frac{(1+1+1)1}{5} = 0.6$$

可见,犯罪人格(犯罪倾向性)的数值范围是 0.6—60,当数值为 0.6 时,"带菌个体"犯罪的可能性最小,当数值为 60 时,"带菌个体"犯罪的可能性最大。为了更好地说明"带菌个体"的犯罪倾向性程度,笔者把犯罪倾向性数值分为六级:

一级"带菌个体":C 值为 51—60

二级"带菌个体":C 值为 41—50

三级"带菌个体":C 值为 31—40

四级"带菌个体":C 值为 21—30

五级"带菌个体":C 值为 11—20

六级"带菌个体":C 值为 0.6—10

在犯罪化学反应方程式中,"带菌个体"作为潜在犯罪主体,对其进行分级有着重要意义,就像传染病学把乙肝"带菌个体"分为大三阳、小三阳,把"带菌个体"分为不同级别,一方面可以查明"带菌个体"的带"菌"(犯罪可能性)情况;[1]另一方面,也是更为重要的,可以采取积极有效措施,防止"带菌个体"与"致罪因素"发生作用,并在"催化剂"的催化作用下生成犯罪。

(二)"带菌个体"类型

前文从量的角度,确定了"带菌个体"的等级,现在需要探讨的是作为潜在犯罪主体的"带菌个体"的另一种情形,即"带菌个体"类型问题。如前文论及,"带菌个体"只是具有犯罪性,并不意味着他们都会实施犯罪,但既然

---

[1] 当然,要想查清"带菌个体"的带"菌"情况,并非易事:其一,把哪些个体作为检测对象?是强制对每个公民都进行检测,还是只对某些特殊人群进行检测?其二,如何去检测?在目前条件下,对每个公民都进行检测,由于成本过大,可行性较小,笔者认为,可以把检测对象限定在一些特殊人群,如一般违法者、犯罪人等。至于检测方法,可以分为三步:第一,收集被检测对象的有关资料:(1)查阅被检测者档案;(2)了解者被检测者的生活史;(3)与被被检测者进行交谈。第二,按照犯罪人格等级测量分值表进行打分。第三,对照"带菌个体"级别表确定级别。

每个"带菌个体"都是潜在犯罪人,那么就意味着每个"带菌个体"都有可能成为犯罪人,也就是说,"带菌个体"虽然不一定成为犯罪人,但犯罪人却一定是"带菌个体"。不过,有学者通过对犯罪人格的研究,却得出了"犯罪人格具有犯罪性,但犯罪人并不一定具有犯罪人格"①的结论。笔者认为,该种观点是不能成立的。任何类型的犯罪人都具有犯罪人格,"带菌个体"也可能发展成为不同类型的犯罪人。对此,笔者通过对"带菌个体"进行类型化研究进行论证。

1. 关于犯罪人的类型

在对"带菌个体"进行分类之前,笔者先对犯罪人的分类进行介绍归类。犯罪学开始发达之后,激起了学者对犯罪人的研究。最先从事犯罪人分类研究的是龙勃罗梭。随后有许多学者纷纷从不同立场,对犯罪人进行分类,

---

① 持该观点的学者认为,应该以犯罪人格为标准对犯罪人进行重新分类。以犯罪人格为标准,可以把犯罪人分为三类:(1) 真正犯罪人,又称典型犯罪人格之犯罪人。这是指完全具备了犯罪人格也即反社会人格的犯了罪的人。所谓"完全",是指犯罪人格的发育非常成熟,犯罪人格已成为犯罪人的代表性人格。这表现在,在人格结构比例上,犯罪人格成为行为人整个人格结构中非常显要的组成部分,占据着整个人格很大一部分比例。在程度上,犯罪人格在行为人的人格体系中比较根深蒂固、强烈、持久且难以改变。具有这种犯罪人格的人,具有比较强烈的犯罪倾向,一遇到诱因,很容易实施犯罪。有的甚至没有外在的客观因素,而是行为人内心犯罪的欲望和冲动使然。对于他们而言,走上犯罪道路虽然不能断然排除客观环境的原因,但更主要的、有时甚至完全是行为人反社会人格的结果。对于犯罪,他们并没有羞耻感;他们的规范意识钝化,操行不稳定,并被犯罪习性深深浸染。犯罪人格在他们身上已经成为一种较为恒定的状态。惯犯和多数累犯都属于此类。(2) 亚犯罪人,又称非典型犯罪人格或亚犯罪人格犯罪人。这是指在人格整体上不完全具备犯罪人格而犯了罪的人。这类犯罪人的人格基本上比较健全,犯罪人格在其整个人格中居于次要地位。他们在犯罪行为实施期间具备犯罪人格,其实施犯罪乃是行为人主动之结果。但是,在此前后犯罪人格并不占主导地位。与真正犯罪人相比,从整体上说,他们具有的犯罪人格在程度上并不强烈;在结构比例上,犯罪人格在整个人格中所占比例并不显要;在性质上,犯罪人格并没有成为犯罪人的人格中非常稳定且持久的一部分。同时,这部分犯罪人在犯罪发生之后往往有所悔悟,并较易于教育改造。通常多数偶犯、机会犯(境遇犯)、激情犯等属此类犯罪人。(3) 落法者,是指不具备犯罪人格而实施了现行刑法规定的犯罪行为,陷入刑法成为受刑罚惩处之人。"落法"即不小心落入刑法范围之意。对于这种人来说,法律之所以惩罚他,是因为其所实施的客观行为及其给社会带来的实害。此类行为人虽然看起来与前面两种人一样都触犯了刑律,但是在身心组织的表现上却相差甚远。他们实施有害社会的行为,主要是外界客观因素影响的结果,虽然也有人格的介入,但是,起作用的不是所谓犯罪人格,而是一般人格的缺陷,是客观因素与一般人格缺陷结合造成的。过失犯、防卫过当者、胁从犯等都是落法犯。参见张文、刘艳红:《犯罪人理论的追问与重建——以犯罪人格为主线的思考》,载《中外法学》2000 年第 4 期,第 396—401 页。

他们的观点可谓多种多样。① 笔者认为,鉴于犯罪现象的复杂性,对犯罪人的分类也应该采取多元标准,唯有如此,才能更好地理解犯罪,并对不同种类的犯罪人格形成作出原因上的解释。

(1)道德犯与法律犯。这是以是否违反人类基本道德情感为标准的分类。违反人类基本道德情感的犯罪为道德犯罪,实施该类犯罪的人为道德

---

① 台湾地区学者张甘妹曾对犯罪人作了如下归未:一、龙勃罗梭(Lombroso)的分类:龙氏曾由人类学的观点,将犯罪人分为五类:(一)生来犯罪人。(二)准生来犯罪人。(三)精神病犯罪人。(四)热情犯罪人(包括政治犯人)。(五)机会犯人(偶发犯人)。龙氏以前三者为真正犯罪人,后二者,则其身体、精神上与正常人无任何区别。二、菲利(Ferri)的分类:菲利将龙氏的分类由社会学的观点加以补充,将犯罪人分为四种:(一)生来犯人。(二)习惯犯人(常习犯人)。(三)机会犯人。(四)热情犯人。三、李斯特(Liszt)的分类:李氏由刑事政策的立场,以犯罪人犯罪性的强弱为标准,将其分为两大类:(一)机会犯人。(二)状态犯人。它是指犯罪性已成为固定的、继续的状态的犯罪人。其中又可以分为改善可能者与改善不可能者两类。李氏认为,对于机会犯人无须施以改善处遇,仅处以相当的威慑刑即足。对于状态犯人中的改善可能者,应施以改善的处分,对于改善不能者,则施以排害处分。四、国际刑事学会的分类:国际刑事学协会曾根据社会危险性(即改善可能性)的程度,将犯罪人分为三大类:(一)瞬间性犯罪人。(二)由其犯罪行为及生活经历,可认为因素质或教育上的缺陷,或因以后的感化上的缺陷,而适应法律规范的能力显然减退,其危险性已达不能以罚金或短期自由刑对付之程度的犯罪人。(三)已对之不能期待适应合法的社会生活的犯罪人。以上三类中,第一类称为改善可能者,第二类为改善困难者,第三类为改善不能者。五、阿沙芬堡(Aschaffenburg)的分类:阿氏依据犯罪行为的样式,将犯罪行为分为七类:(一)偶发犯人:并无犯罪的故意,仅因过失而犯罪者。例如失火犯等都属此类。(二)激情犯人:由于瞬间情绪的爆发而陷于犯罪者。例如在妻子与人通奸的现场犯杀人或伤害罪者属于此类。(三)机会犯人:受一时之诱惑而犯罪者(其感情兴奋程度显较激情犯为低,为两者的区分标准)。例如正急需用钱时,看到保险箱开着,而正无人在旁,乘机窃取金钱者;无钱买食物,饥饿难挨,顺手窃取店前食物者等都是。(四)预谋犯人:也称熟虑犯人,事前有熟虑的计划而犯罪者。例如有计划地侵入盗窃、抢劫银行的犯人,谋杀人等,其危险性较大。(五)累犯人:凡有反复犯罪行为的事实者均属之,与法律意义的累犯不同,不问有无受刑或受有罪判决,亦不问是否犯同一罪行。(六)常习犯人:也称习惯犯人,犯罪已成为习惯者,指主要因其消极的性格(如无能、懒惰成习)而反复犯罪行为养成习惯者。(七)职业犯人:以犯罪为职业者,专指具有积极的犯罪意欲,主动地选择犯罪为生活手段者。例如扒手等。此类犯人被认为多属改善不能。六、古鲁列(Cruhle)的分类:古氏依据犯罪的动机,将犯人分为五类:(一)因有犯罪倾向而犯罪者:又可以分为主动性人格与被动性人格。前者如以主动选择犯罪为业的职业犯人,后者虽无自动的犯罪意欲,但在经济上陷入困境时,即毫不犹豫地犯罪。(二)因意志薄弱而犯罪者:多数累犯属此类型。此类犯人未如倾向犯人之肯定犯罪,于每次犯罪后常自感遗憾,埋怨自己。多数为无稳定性窃盗犯、易受他人诱惑的娼妇、智能低劣者属之。(三)因热情而犯罪者:因受强烈感情的驱使而犯罪者。例如难以抑制的性冲动而犯性的暴行;因绝望而杀害家属;因嫉妒而杀害情人等。(四)因名誉或确信而犯罪者:如政治犯人。(五)因困穷而犯罪者,其大多数为机会犯人。七、多元的分类:(一)以反社会性之强弱为标准,可分为习惯犯人与偶发犯人。(二)以反社会性的固定程度为标准,可分为少年犯与成年犯。(三)以犯罪人的精神状态是否正常为标准,可分为常态犯与精神异常犯。(四)以犯罪人的价值意识是否正常为标准,可分为普通犯和确信犯。(五)以犯罪人的性别为标准,可分为男犯和女犯。参见张甘妹:《犯罪学原理》,汉林出版社1985年版,第12—16页。

犯;国家通过立法规定的属于道德犯罪范畴之外的犯罪为法律犯罪,实施该类犯罪的人为法律犯。属于道德犯的如杀人犯、强奸犯、盗窃犯等;属于法律犯的如走私犯等。①

(2) 常习犯与机会犯。这是以反社会性的强弱为标准的分类。常习犯是指已养成犯罪习惯的人,常习犯犯罪的原因主要是基于内部性格的影响,外部原因影响相对较小;机会犯是指因偶然的事实,如恐怖、挑拨、诱惑、贫困等,促成其犯罪的人。前者如累犯、惯犯、职业犯等;后者如基于饥饿难忍而盗窃等。

(3) 预谋犯与激情犯。这是以实施犯罪有无计划为标准的分类。预谋犯是指事前有熟虑的计划而犯罪的人;激情犯是指由于瞬间情绪的爆发而陷于犯罪的人。前者如有计划地侵入盗窃、抢劫银行的犯人,谋杀犯人等,其危险性较大;后者如在妻子被人强奸现场杀死强奸犯等。

(4) 主动犯与被动犯。这是以是否出于行为人的主观愿望为标准的分类。主动犯是指出于主观愿望而实施犯罪的行为人;而被动犯则是指行为人并无犯罪愿望,只是在不得已情形下实施了犯罪行为。绝大多数犯罪人都是主动犯,只有少数犯罪人才是被动犯,如胁迫犯、正当防卫过当犯、紧急避险过当犯等。

(5) 故意犯与过失犯。这是以罪过心态为标准的分类。故意犯是指在主观罪过上表现为故意的犯罪;过失犯是指在主观罪过上表现为过失的犯罪。

(6) 普通犯与确信犯。这是以犯罪人的价值意识为标准的分类。普通犯是指由于缺乏普通的社会价值意识而陷入犯罪的人;确信犯指的是因具有不同于普通的社会价值意识而实施犯罪者。确信犯因所确信的价值意识

---

① 这里道德犯与法律犯的分类借鉴了加罗法洛的自然犯罪理论。加氏认为,只有违反了怜悯和正直这两种基本利他情感的犯罪,才是真正的犯罪(即自然犯罪),法定犯罪不是真正的犯罪。真正的犯罪又可以分为两类:(1) 伤害怜悯感的犯罪,包括(a) 侵害人的生命和所有意在对人产生身体伤害的行为方式;(b) 立即造成身体和精神上痛苦的客观行为。(2) 伤害正直感的犯罪,包括(a) 对财产的暴力侵犯;(b) 不包含暴力但存在违反诚实情况的犯罪;(c) 以正式或庄严方式所作的对个人财产或民事权利的伪造。在自然犯罪的基础上,加氏把真正罪犯人分为四类:(1) 谋杀犯;(2) 暴力犯;(3) 缺乏正直感的罪犯;(4) 色情犯。并且认为,"这种以道德异常,或者也可以说以某种特殊的不道德为基础所作的分类具有明显的优点……它能直接提供合适的镇压措施的建议"。参见〔意〕加罗法洛:《犯罪学》,耿伟、王新译,中国大百科全书出版社1996年版,第126页。

不同,又可以分为政治的确信犯、宗教的确信犯和伦理的确信犯。

需要指出的是,由于上述分类是从不同角度进行的,因而难免存在交叉、重叠。①

2. 犯罪人类型的犯罪人格解读:"带菌个体"类型

无论从什么角度对犯罪人进行分类,都可以对其进行犯罪人格上的解读,也就是说,每一类犯罪人都有犯罪人格;同样,作为潜在犯罪人的"带菌个体"也有相对应的犯罪人类型,也都存在犯罪人格。

对于不同类型犯罪人(或者潜在犯罪人即"带菌个体")的犯罪人格,笔者结合犯罪人格量化公式及下列表格予以解释。在犯罪人格量化公式中,X_1(认识偏差)、X_2(需要偏差)、X_3(情感偏差)是影响犯罪人格生成的三个重要变量,它们的作用方式或在犯罪人格中所起的作用的不同是生成不同类型犯罪人(包括不同类型"带菌个体")的重要的主观原因,以表2.2示之:

表2.2 不同类型"带菌个体"犯罪人格解释表

	"带菌个体"类型	认识偏差 X_1	需要偏差 X_2	情感偏差 X_3	简要解释
1	潜在"道德犯"	X_1 中	X_2 中	X_3 中	X_1、X_2、X_3 相互作用,在犯罪人格生成过程中所起作用相当。
	潜在"法律犯"	X_1 中	X_2 中	X_3 中	X_1、X_2、X_3 相互作用,在犯罪人格生成过程中所起作用相当。
2	潜在"常习犯"	X_1 大	X_2 大	X_3 小	X_1、X_2、X_3 相互作用,X_1、X_2 在犯罪人格生成过程中所起作用大。
	潜在"机会犯"	X_1 小	X_2 小	X_3 大	X_1、X_2、X_3 相互作用,X_3 在犯罪人格生成过程中所起作用大。
3	潜在"预谋犯"	X_1 大	X_2 大	X_3 小	X_1、X_2、X_3 相互作用,在犯罪人格生成过程中 X_1、X_2 所起作用大。
	潜在"激情犯"	X_1 小	X_2 小	X_3 大	X_1、X_2、X_3 相互作用,在犯罪人格生成过程中 X_3 所起作用大。

---

① 除此之外,还可以把犯罪人分为:财产犯、风俗犯、情感犯、确信犯、功利型犯,等等。这些分类在本书的相关章节中将有所涉及。

(续表)

"带菌个体"类型		认识偏差 X1	需要偏差 X2	情感偏差 X3	简要解释
4	潜在"主动犯"	X1 大	X2 大	X3 大	X1、X2、X3 相互作用,在犯罪人格生成过程中 X1、X3 所起作用大。
	潜在"被动犯"	X1 大	X2 小	X3 小	X1、X2、X3 相互作用,在犯罪人格生成过程中 X1 所起作用大。
5	潜在"故意犯"	X1 大	X2 大	X3 中	X1、X2、X3 相互作用,在犯罪人格生成过程中 X2 所起作用大。
	潜在"过失犯"	X1 大	X2 小	X3 小	X1、X2、X3 相互作用,在犯罪人格生成过程中 X1 所起作用大。
6	潜在"普通犯"	X1 中	X2 中	X3 中	X1、X2、X3 相互作用,在犯罪人格生成过程中所起作用相当。
	潜在"确信犯"	X1 大	X2 小	X3 小	X1、X2、X3 相互作用,在犯罪人格生成过程中 X1 所起作用大。

(说明:表中 X1、X2、X3 大中小,表示在犯罪人格生成中所起作用的程度。)

四、影响"带菌个体"生成因素:犯罪人格之形成原因

影响"带菌个体"生成的因素,也即犯罪人格形成的原因是多方面的,既有人性方面的因素,又有个体素质方面的因素(如生理、心理方面的因素),还有遗传方面的因素(个体素质的遗传),也有环境方面的因素(如家庭、学校、社会方面的因素),而且个体自身素质与环境因素还会相互发生作用,共同导致犯罪人格的形成。

笔者认为,人的本性(即需要)是"带菌个体"生成(也即犯罪人格形成)的前提;个体素质(生理与心理方面因素)是"带菌个体"生成之变量一;遗传(个体素质的遗传)是"带菌个体"生成之变量二;环境因素(家庭、学校、社会)是"带菌个体"生成之变量三;个体素质与环境因素相互作用是"带菌个体"生成之变量四。在这些变量中,个体素质与环境因素相互作用是"带菌个体"生成的最主要变量。"带菌个体"生成模式可以下图表示:

第二章 "带菌个体"

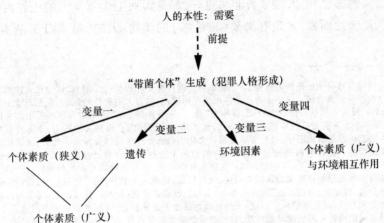

说明：本示意图表明，人的本性（需要）是"带菌个体"生成（犯罪人格形成）的前提，如果人的本性中没有需要（或欲望）的话，就不可能有"带菌个体"；个体素质（狭义）是"带菌个体"生成的一个变量，在人的本性（需要）的前提下，有些个体基于本身的特殊素质（如生理和心理方面），其本身就是带菌个体；遗传是"带菌个体"生成的第二个变量，个体受到遗传（主要是个体素质）影响，使自身具备某些特殊素质，从而成为"带菌个体"；个体素质（狭义）与遗传两变量是个体素质（广义）的两个方面，前者表明个体素质的形成源于自身的生理、心理条件，而后者表明个体素质的形成是源于遗传因素（即受祖先的个体素质基因影响）；环境因素是影响"带菌个体"生成（犯罪人格形成）的又一个变量，该变量表明，即使有些个体不存在个体素质和遗传方面的影响，但在环境因素作用下也会成为"带菌个体"；在"带菌个体"生成过程中，个体素质与环境因素相互作用是最主要的变量，这是导致"带菌个体"生成的最主要原因。

（一）人的天性（需要）："带菌个体"生成（犯罪人格形成）的前提

人的天性是什么？自古以来就是中外思想家探讨的一个课题。① 人性善

---

① 关于人的本性与犯罪生成的关系，犯罪学理论界有不少学者从犯罪本源角度进行了多角度分析：主要有：(1) 文化本性说。该理论认为，人是动物性与文化性的统一。人的动物性指的是人的肉体部分的本能，人的肉体是一个动物机体，必然具有动物的各种机能，包括饮食、性行为、自私的本能等。人的文化性，是指人的整体活动所表现出来的一种特征。这种特征集中体现在人之活动的超生物性、开放性和创造性上。人的动物性虽然使人具有性欲和自私的特性，但必须承认，同时人又具有控制性欲和反自私或利他人的倾向。也就是说，人不局限于自己的动物机体，不断用文化事物补充和扩展这个体系，不断对外开放，使环境因素转换到人的世界中。人类的健康发展就是要逐步强化人的文化性，弱化其动物性。如果某些人无视文化对动物性的限制、改造，只凭私欲行事，使其固有的动物性得以强化和发展，也就不可避免地要导致违法和犯罪。(2) 犯罪张力场论。

也好,人性恶也好,人性非善非恶也好,都是形而上学意义上的人性判断。①可见,就天性而言,人是有需要(或欲求)的动物,人的"欲求分为基本欲求

该理论借用自然科学中的张力场概念,意指区域空间存在一种相反的作用力,认为在人性的深层结构中存在着一个张力场。这一张力场具体由两极构成:一极为人动物性的原欲,在伦理学上被称为"恶";另一极为人的社会性行为特征,被称为"善"。人性中的"恶"的原动力在本质上追求快乐原则,如果一个人未能完成对其自身的社会化,也即原欲或恶性没有得到善的约束,永远停留或沉积于个人的意识或潜意识恶中,必将形成抵御社会化的力量而产生反社会倾向。然而,人之所以区别于兽类是因为人在长期的进化过程中,从总的趋向上选择了符合自己身心发展的社会性演进方式——只有维护集体利益,才能创造高一层次的社会文明,更利于种族和人类的繁衍。于是便形成了集体行为和道德规范准则的认同与内化,也可以说,这就是人性中"善"的内驱力。当然,这种维护群体利益、遵守集体行为与道德规范本身,就与原欲或快乐原则矛盾、背道而驰,需要付出艰苦卓绝的努力和奋斗,甚至是牺牲。因此,人性也就始终处于这种善、恶两极对立和纷争的痛苦之中,也即在灵与肉的折磨中不断摆动或能动,在二者的交融处经受煎熬。一旦善战胜恶便推动人类进步,一旦恶暂时战胜善便造成犯罪的泛滥。(3)本能异化论。该理论认为,人的自我自由发展才是人的本能,而人的群体生活中出现生活规范成为约束人的外在制约力量则非人的本能,而是人的本能的异化。正是人的本能与这种异化的本能力量之间的冲突导致犯罪的发生。参见李晓明:《犯罪本源论》,载《山东公安专科学校学报》2000年第2期,第41—45页。

① 在哲学发展的各个历史阶段,几乎每个哲学家都涉及人性问题。在春秋战国时期,不同的哲学派别提出了关于人性的不同观点。孟子提出"性善论",荀子提出"性恶论",告子提出"性无善无不善论"。东汉初期杰出的唯物主义哲学家王充认为,人性有善有恶,进而认为人性是可以改变的。南宋哲学家朱熹在批判各种人性论的基础上,提出了天命之性和气质之性相结合的人性论。在朱熹看来,人生来具有天命之性和气质之性。明末清初著名哲学家王夫之,以其朴素的唯物论和辩证法思想为基础研究人性,提出了一些超出前人的论点。王夫之提出了人性与环境的关系问题,他指出,离开后天的环境空谈人性,只能是随意猜测。与中国相比,西方的人性论思想出现得较晚。中世纪的欧洲,人沦为神的奴婢,文艺复兴运动以后,人们才把视线从神身上转移到人身上,开始了对人性的探讨,而系统的人性论思想的产生是资产阶级革命以后的事。近代资产阶级哲学家都把人的自然属性说成是人的本性。他们有的主张人性恶,如英国著名哲学家霍布斯认为,人作为一种"自然物体",人的"自然本性"支配着人的思想、行动,"任何人的自愿行为,目的都是为了某种对自己的好处","人对人是狼",人与人之间进行着"每一个人反对每一个人的战争"。有人主张人性善,如卢梭、爱尔维修、霍尔巴赫、费尔巴哈等。但他们对人性的看法是有区别的。卢梭把自由平等看成天赋人权,是人的本性,自由平等高于一切。爱尔维修与霍尔巴赫把人的自爱与爱人看成人的本性。费尔巴哈则认为爱人、爱同类是人的本性,是自由、平等、自我保存、共同生存的基础。卢梭指出,自私是私有制造成的人的畸形。他们主张通过改造社会来改造人的自私。20世纪以来,西方关于人性的研究又前进了一步。著名的存在主义哲学家萨特从否定上帝出发,否定了人人固有的共同人性。他认为,人生下来是空空如也,"人的存在先于人的本质",人无外乎是自己所创造出来的东西。精神分析派创始人、世界杰出的心理学家弗洛伊德把人的本性看成固定不变的欲望的总和,认为这种无意识的本能欲望常常遭受压抑,文明的发展正是以牺牲人的欲望特别是性欲望为代价的。二战后,弗洛伊德把"自卫本能"和性本能合称为"生的本能",并提出人还有一种"死的本能"即"破坏本能"。"弗洛伊德主义的马克思主义"的代表人物弗洛姆则认为,人的本性最主要的是自我创造性,就是发挥人的潜能,即自我实现。他认为,"爱"是人与人之间关系中最基础的关系,两性之间的吸引力是一切动力的基础,没有爱的人性是不存在的。美国心理学家马斯洛把人的基本需要从低到高分为生理需要、安全需要、归属与爱的需要、自尊的需要、自我实现的需要,提出人性是高级需要的人性学说,指出出类拔萃的人才是人性的代表。西方近现代哲学家、心理学家在考察人性时,大多数人的自然本性的观念。有的把人的本性说成是自私的,主张社会对人的自私本性加以限制和改造。有的反对把人的本性说成是自私的,把爱己与爱人统一起来,把人性或者说成是自由平等,或者说成是自我创造性,或者说成是高级需要,主张社会应为人性的充分发展创造条件。参见吴光辉:《试论人性的特点》,载《求索》2002年第5期,第124—125页。

和二次性欲求两类。所谓基本欲求是指像婴儿那样所表现出来的欲求,叫做生物学方面的生存欲求。即使是成年人,处在一定的状态下,或者在一定的环境中也会产生与其他任何人都一样的某种共同的欲求。食欲、性欲、睡眠欲等就是其典型代表。但是,人随着自己的成长,通过与周围环境的接触,会产生新的欲求,我们把这种欲求称为二次性欲求。人的欲求的各种形态远比其他动物多得多"①。这里的"基本欲求"指的是人的自然性需要,这里的"二次性欲求"则是指人的社会性需要。

作为人的本性的需要,具有如下特征:

第一,需要内容的无限性。人的需要具有无限性,这是人的需要与其他动物的需要的一个重大区别。人的需要"除了短暂的时间外,极少达到完全满足的状态。一个欲望满足后,另一个迅速出现并取代它的位置"②。"人是一种不断需求的动物……人几乎总是在希望什么,这是贯穿人整个一生的特点。而人因需求所引发的行动都趋于成为整体人格的一种表现形式,从中我们可以看出他的安全水平、他的自尊、他的精力、他的智力等各种情况。"③人的需要内容的无限性又体现在两个方面:一是需要内容的层次性,即需要有高低之分,当低层次需要满足后,就会产生高层次需要;④二是需要内容的多样性,即对同一种需要而言,"人有'喜新厌旧'的特点,有不断发展其内容的要求"⑤。如就"性"需要而言,人不仅有从配偶那里获得满足的欲望,还有从配偶以外的异性甚至同性那里获得满足的欲望。

第二,需要满足的社会性。人的需要虽然来源于人的所谓"自然本能",尽管人来源于动物界这一事实已经决定人永远不能完全摆脱兽性,但作为社会人,他的需要只有在社会中才能实现。⑥ 在人类社会中,人的需要的满

---

① 〔日〕西原春夫:《刑法的根基与哲学》,顾肖荣等译,法律出版社 2004 年版,第 86—87 页。
② 张爱卿:《动机论:迈向二十一世纪的动机心理学研究》,华中师范大学出版社 1999 年版,第 49 页。
③ 〔美〕马斯洛:《马斯洛人本哲学》,成明编译,九州出版社 2003 年版,第 1 页。
④ 对此,马斯洛的需要层次论作了精辟论述。
⑤ 陈忠林:《自由、人权、法治——人性的解读》,载《现代法学》2001 年第 3 期,第 17 页。
⑥ 人的需要的满足只有在社会中才能实现,人脱离了社会,其满足需要的方式则只能是纯动物性的,"狼孩"的故事很好地说明了这一点。1920 年,印度传教士辛格在勾达姆里村的一个巨大的白蚂蚁穴附近,发现狼群中有两个人形怪物:身子和人一样,头颅很大,头上的毛发蓬乱,披散到肩头和胸前。辛格将这两个"怪物"带回村里,发现他们就是两个女童,大的约 8 岁,小的约 2 岁。辛格把他们送进了当地的一个孤儿院,并给大的取名卡玛拉,给小的取名阿玛拉。她们就是"狼孩"。据记载,"狼孩"刚被发现时,用四肢行走,慢走时膝盖和手着地,快跑时则手掌、脚掌同时着地;她们

足要受社会规范的制约,人是"社会性"的动物,这是人的需要与动物需要的又一大区别。人的"任何需要都只能在社会中,在个人与他人关系中,才能得到满足。脱离了社会,人或是不能生存,或是退化为动物,除此之外,恐怕没有其他选择。人满足需要的特有方式决定了这样一个事实:即使在最合理的社会中,一个人希望按照自己方式生活的需要,也必然会受到同样希望按照自己方式生活的其他人同样需要的制约,受到社会所能提供的物质条件和文化环境的制约,受到由他人同样的需要和社会容忍度的制约,受到反映他人同样需要和社会容忍度的社会规则、社会秩序的制约"①。

第三,人的需要满足具有自为性。人以外的动物的需要满足,都是按照自然界"预先设计"好的自然规则、自然程序而自然地存在和活动的,它们的需要与生俱来。而人却恰恰相反,大自然没有预先给人完全"设计"好人的需要"指令",所以,人可以靠自己的努力、自己的行动、自己的创造满足自己的需要,从而把自己从整个自然界和动物界提升出来,成为世界上唯一靠自为而满足需要的动物。概言之,人是通过自身的努力、自己的劳动满足了自己的需要。

第四,人的需要具有可变性。人的需要不仅具有社会性,而且也具有变化性。因为人不但有生物上的遗传和进化史,而且更主要的是人有自己的文明进化史,前人的智慧、经验、文化可以代代相传,不断积累、扩大,汇成加速向前的人的历史洪流。在人的历史进展过程中,人的需要也在不断地发生变化。很难想象,现代文明人的需要与野蛮人的需要完全相同。

作为人的存在与发展的前提,需要本身并无善恶之分,它是中性的,但在人的社会化过程中,当人所追求的需要脱离了实际或追求需要的手段脱离了社会允许的范围,才可以表现出善与恶,这时的恶便成为犯罪人格的一

喜欢单独活动,白天躲藏起来,夜间潜行;目光锐利,黑暗中闪闪发光;再热也不满汗,而是像狗一样张大嘴巴喘气,借以散热降温;怕火、光和水,不让人替她们洗澡,不穿衣服,不管主人给她们穿上什么衣服,都被撕个粉碎;不吃素食而要吃肉,吃东西不用手,而是放在地上用牙齿撕开吃;每天午夜到清晨三点会像狼一样引颈长嚎;没有感情,只知道饥则觅食,饱则休息,对他人没有兴趣。不过她们很快学会了向辛格的妻子要食物和水,如同家犬一样。参见邱泽奇:《社会学是什么?》,北京大学出版社2002年版,第70—71页。"狼孩"的故事说明:由于脱离社会,一方面,"狼孩"除了最基本的"吃"、"喝"的需要外,没有人类所具有的(诸如爱、受尊重等)需要;另一方面,满足最基本的"吃"、"喝"等需要的方式也是动物性的。

① 陈忠林:《自由、人权、法治——人性的解读》,载《现代法学》2001年第3期,第17页。

项重要内容。人的需要本性转化为恶,也即成为犯罪人格的重要组成部分(需要偏差)的可能途径有:

第一,需要的内容不为社会所承认。虽然人的需要具有无限性、自为性与可变性,但同时又具有社会性,人的需要的选择必须符合社会规范的要求。这种需要的社会性首先表现为需要的内容必须符合社会规范的要求。如果个体违反社会规范,追求一种社会规范所不能容忍的需要,该需要就可能转变为需要偏差,从而促成犯罪人格中的需要偏差的生成。例如,非法剥夺他人生命的需要、非法剥夺他人健康的需要、变态性需要等等,都是社会规范所不允许的,如果社会个体在社会化过程中,由于认识偏差或受遗传等自身条件影响而产生了诸如此类的需要,就已经具备了犯罪人格中的需要偏差,从而成为潜在犯罪人,即"带菌个体"。

第二,满足需要的方式不为社会所认可。犯罪人格中需要偏差生成的最主要方式是,个体满足需要的方式不为社会所认可。即便是正当的、社会规范所允许的需要,但如果个体在实现该需要时所选择的手段不为社会规范所认可,也可能促成需要偏差的生成。例如,性需要是正当的,但满足性欲的方式必须符合社会规范的要求(婚姻的方式),如果个体在社会化过程中,由于认识偏差或受遗传等自身条件影响产生了采取社会规范不认可的方式满足性需要的想法,也就具备了犯罪人格中的需要偏差,从而成为"带菌个体"。

人是需要的动物,受社会条件限制,需要本性不可能完全得到满足。在此意义上说,我们每一个人都具有犯罪人格,都是潜在犯罪人。正如日本犯罪心理学家森武夫所说:"我们对报纸中的社会新闻——犯罪很感兴趣,很注意电视中犯罪的报道,若问这是为什么?也许有能满足对未知的好奇心及令人可怕的事,但实际上可能与存在我们内部的犯罪意识有关。"[①]

(二) 个体素质(生理与心理方面因素):"带菌个体"生成之变量一

生理、心理等方面的个体素质影响着犯罪人格的形成,是"带菌个体"生成的一个变量。个体素质对犯罪人格形成的影响主要体现在以下诸方面:

---

① 〔日〕森武夫:《犯罪心理学》,邵道生等译,知识出版社1982年版,序言。

1. 体型与犯罪人格形成

个体体型往往影响到一个人的性格,对其认知能力、意志能力等产生影响,当该影响促成犯罪人格构成要素生成时,便会导致"带菌个体"生成。

关于体型与犯罪人格的生成关系,"体格性格说"可以作出较为合理的解释。"体格性格说"由德国精神病学家柯列地马(E. Kretschmer)所倡导,柯氏根据体质学的观点,将人的体型分为肥胖型、细长型、斗士型三原则型与发育异常型之一例外型,各类型的主要特征是:①(1)肥胖型:身体带有圆味,脂肪丰富、肋骨弓缓和、腹部发育良好、四肢较躯干短、皮肤柔软光滑、颈粗而短、脸色红润、脸型成扁五角形或宽楯形、有早秃头的倾向。(2)细长形:胸肩狭薄、颈细、腹部薄而缺乏脂肪、骨组织针细、皮肤干燥而呈苍白色(缺乏血色)、四肢较躯干长、脸形呈短蛋形、长鼻。(3)斗士型:为居于肥胖型与细长型的中间型,胸廓宽厚、筋肉发达、骨组织强壮、脂肪适当、皮层紧而厚、脸形呈长蛋形。(4)发育异常型:例如四肢头较身体长(类宦官长身症)、异常的肥胖(类宦官肥胖症)、性的特征不明显、小儿型、发育不全型等。

柯列地马将人的性格也分三个类型:(1)循环性(也称回归性):感情的波动正常且自然、刺激与反应均衡、社会态度外向、现实、协调、多兴趣、谦虚、好物质、好活动或社交、心情活泼、乐观、富人情味而有适应能力。(2)分裂性(也称乖离性):感受性在敏感与迟钝间变化突然且极端而不自然、刺激与反应不能均衡、社会态度内向、怕羞、闭锁、自私、多疑、性情冷酷、残忍、缺乏社会性。(3)粘着性:精神运动速度缓慢、性格钝重、庄重、认真、固执、社会态度喜欢表现、重义理、信心深、举动粗暴豪放、有爆发性感情之激发。

柯列地马进而主张,肥胖型体型者与循环性性格、细长型体型者与分裂性性格、斗士型体型者与粘着性性格有亲和性;发育异常型体型者,则其中常发现过于社会性或过于学究气的性格。柯氏的学说获得了许多学者的支持,被用在犯罪人格的研究之中,用以说明体质学的类型与犯罪间的关系。这些关系体现在一般犯罪者及累犯方面的主要规律是:②(1)一般犯罪者:

---

① 参见张甘妹:《犯罪学原理》,汉林出版社 1985 年版,第 51—53 页。
② 同上书,第 53—56 页。

在一般犯罪人中斗士型多于肥胖型。这主要是因为,肥胖型人的性格(循环性)比较富于社交性及适应社会的能力,故犯罪者较少。斗士型人,因感情容易爆发,缺乏对行为的控制力及熟虑,故较容易陷入犯罪。另外,就犯罪种类而言,细长型体型在欺诈与盗窃中具有重要性。肥胖型则在欺诈犯中最多,此与其较富社交性、圆滑自在的性格不无关系,但在伤害罪中特少,也因其性格较能与人协调而少生冲突的缘故。在斗士型人中,身体伤害的暴力犯占压倒性多数,此与其爆发的性格有关,容易因感情的冲动而动武。此外,在凶恶犯中,斗士型居多;在非暴力的风俗犯中,发育异常型特多。(2)累犯人(习惯犯):在该类犯罪人中,细长型所占的比率最高,发育异常型次之,而肥胖型最低。这是由于肥胖型人具有循环性,有较为适应环境的能力,所以其社会复归情形较好;反之,具有分裂性气质的细长型,因其性格闭锁、顽固,虽受刑,仍难收效。

　　通过对柯列地马的"体格性格说"的分析,[①]笔者认为,体型虽然不能决定一个人是否必然犯罪,但由于不同体型的人往往具有不同的性格(体型的

[①] 除了柯列地马之外,还有许多学者也从体型上研究犯罪问题,如美国心理学家和犯罪学家威廉·赫伯特·谢尔登(Willian Herbert Sheldon)。谢氏根据人体细胞中不同胚层的发育情况,提出了"胚层——体型学说",并将该学说与人的气质和犯罪联系起来。谢氏参照柯列地马的体型划分,将人的体型分为三种基本类型:(1)内胚层体型,相当于柯列地马的肥胖型;(2)中胚层体型,相当于柯列地马的斗士型;(3)外胚层体型,相当于柯列地马的细长型。同时,在长期的人体测量和行为观察过程中,谢氏也区分出三种主要的气质类型:(1)内脏优势型;(2)身体优势型;(3)头脑优势型,并且发现,这三种气质类型分别与三种体型类型有很高的相关性。以图表示:

体型	体型特征	气质	气质特征
内胚层体型	内脏中的消化器官相当发达;有发胖的趋势;身体的各部分柔软而丰满;四肢短而呈锥形;骨骼小,皮肤光滑、柔软。	内脏优势型	身体一般舒张,属于舒适的人;喜欢温柔的享受;是"柔弱的人";但在实际上仍然是外倾型的人。
中胚层体型	身体的肌肉、骨骼和运动器官相对占优势;身躯高大;胸腔厚重;腕部和手较大;如果"瘦弱"就呈现出一个明显的矩形轮廓;如果"营养充足",就会形成一个很重的胖人。	身体优势型	精力充沛;步行、谈话、姿势果断有力;行为具有攻击性。
外胚层体型	皮肤、感觉器官、神经系统相对占优势;身体瘦弱;小脸尖鼻,毛发稀疏,躯干较小而表皮发达。	头脑优势型	气质内倾;功能性疾病、变态反应、皮肤问题、慢性疲劳、失眠较多;多噪音和使人分心的事情敏感;害怕拥挤的人群。

通过研究,谢氏发现,犯罪青少年中中胚层体型的人很多,外胚层体型的人很少;而大学生中外胚层体型的人很多,中胚层体型的人较少。参见吴宗宪:《西方犯罪学》,法律出版社1999年版,第282—284页。

差异引起了对环境压力的反应方面的差异),而性格是导致犯罪人格形成的重要因素。在此层面上说,体型与犯罪人格的形成存在着某种联系,是促使犯罪人格形成的一个因素。

除了体型之外,其他身体结构要素对犯罪人格的形成也有影响,如身体上的缺陷(盲、跛脚、残废等)也是促成犯罪人格形成的一个因素,其原因在于:"(一)体力上的理由:因身体有缺陷,行动之自由受限制,工作能力较差,在生存竞争上难与一般人为伍,以致陷于犯罪。(二)心理上之理由:因身体缺陷而受人歧视形成自卑的心理,出于犯罪之非常手段,以求补偿。"①

2. 内分泌失调与犯罪人格形成

内分泌对人的新陈代谢、生长发育等生理功能起调节作用。如果内分泌失调,就会导致人的情绪、意志以至理智发生变化,出现人格障碍,从而形成犯罪人格。

有研究指出,甲状腺亢进,会引起人的情感波动,易暴躁,甚至发生粗鲁攻击行为;性激素的过量分泌可使人性欲亢进,增强有力攻击性,削弱意志控制和道德感,容易发生性犯罪;女性在行经期间或更年期由于性激素的变化,容易焦虑、烦躁、易怒、神经紧张,情绪的波动起伏很大,使犯罪的可能性增加。②

3. 智力缺陷与犯罪人格形成

智力是影响个体社会化程度的一个重要因素。一般来说,智力缺陷并不必然导致犯罪,但是,如果个体存在智力缺陷(IQ 低),他(她)就"难以把握其行为的可能后果及理解道德规范的含义和意义。另一种情况是,如果 IQ 低(特别是语言测试方面),就意味着行为人难以适应学校生活,这会使他沮丧、进而仇恨、愤怒并实施违法行为。还有一种情况是,如果行为人不能像别人一样进行熟练的语言表达,那么他们则会倾向于采取自认为更好的方法,诸如攻击、暴力等来表达自己"③。

可见,智力缺陷不仅会影响一个人的认知能力与意志控制能力,还会影

---

① 张甘妹:《犯罪学原理》,汉林出版社 1985 年版,第 59—60 页。
② See Barnes, Harry Elmer & Negley K. Teeters, New Horizons in Criminology: The American Crime Problem, Prentice-Hall, 1946, pp.169—170. 转引自梅传强:《犯罪心理生成机制》,中国检察出版社 2004 年版,第 46 页。
③ Willian Dudley, Crime and Criminals: Opposing Viewpoints, Greenhaven Press, 1989, p.44.

响到个体的情绪体验,所有这些都有可能导致认知偏差、需求偏差、情感偏差等犯罪人格要素的形成。① 正如美国心理学家戈达德所认为的:"制造犯罪人的最好材料,就是低能。""每个低能者都是一个潜在犯罪人。"②

值得一提的是,智力缺陷是导致"带菌个体"生成的一个因素,但并不是说智力正常或智力超常的个体就不会成为"带菌个体"。实际上,有些犯罪的主体智商都很高,即只有高智力者才可能成为该类犯罪的"带菌个体"。③

---

① 关于智力缺陷与犯罪人格及犯罪行为的关系,美国著名犯罪学家约翰·列维斯·齐林在《犯罪学及刑罚学》一书中曾举如下案例(夫累得·特隆松案)予以说明:夫累得在实行谋杀的时候,他已经在波特兰住了两年,这时期内他充当了七处不同的电机司机。1914年的8月,他正是24岁,遇见一个打字员名埃马·尤尔利赫的女子,他向她求婚,经其拒绝,他就恐吓她,于是被诉诸于上峰,上峰把他斥退,并且令他离开本市,不得再纠缠尤尔利赫。11月16日,他回到波特兰,在离她家的远的街道中守候着她,当她自街车上下来的时候,他又向她求婚,她受惊之下,向自己家中奔跑,他在后面跟着,且走且向她开枪,一直追跟到她的家里,在那儿就把她杀死了。因为俄累工已经废除了死刑,所以他只受无期徒刑的处分。审理的时候,他经过两位心病医治家的查验,宣告没有病,只是智力甚低。又经过一位心理学家的查验,查出他只有九岁的智力,他的社会历史又证明了他低的智力程度。据他的母亲说,他从不能维持一个职业到两个月或三个月以上的。再依哥达德的判断,他的行为在审理的时候及审理之前,是一个低能儿的行为,譬如在警察局受查验的时候,他似乎极度恐慌,像有人在外要向他加害似的,当选择陪审员及录取供言的时候,他在椅子上将身子下垂,把深陷的眼睛瞥视着每个证人,他的嘴半张着,好似他很明白以后将遭遇着什么一样,他在一张口供单签了字,这口供单可表示出他的头脑简单,并且缺少低能儿所有的狡猾特性。……他杀死她以后,逃出门而到一条街上,把枪抛在草里,他偷了一辆车,到凡库弗,进了一家电影院有半小时,就到一家旅社,在那他过了夜,他供认他终宵未曾睡着,因为他杀死了她,神经十分错乱,次晨他走出太平洋公路,想得到报纸去看一看是否他真的把她杀死了。他说:他若是真的把她杀死了,他想回到原处,在他把她杀死的地方自杀,读了报以后,知道尤尔利赫女士是死了,但是他背着波特兰的方向而行,因为他说,他不愿意落在警察的手里,他的目的是想绕着西雅图及塔科马,而穿过其地,绕道而回。他说,他惧怕警犬追跟在他后面,而被人在中路上把他撂倒,他坚持必欲回到他杀死她的地方,在那儿他要枪杀他自己。当官员问他的时候,他说他知道杀她是不应该的,不过"我所念念不忘的,就是对于他的事情。"当问他是否知道他去取一件他所不能给予的东西是不应当的,还有他去买两支枪也是不应该的,他回答:"那时我对这事并不像现在这样看得严重。"(参见〔美〕约翰·列维斯·齐林:《犯罪学及刑罚学》,查良鉴译,中国政法大学出版社2003年版,第121—123页。)本案至少可以说明:由于智力缺陷,24岁的夫累得认知存在偏差,难以理解自己行为的性质,并在需要偏差的情况下,加上意志力不强,最终形成犯罪人格,成为"带菌个体",该"带菌个体"在与相关致罪因素发生作用(如社会对低智力人员管理不利)并在催化剂(被害人因素等)的催化作用下,最终导致杀人犯罪发生。

② 戈达德还认为,一个低能者是否真正成为犯罪人,取决于两个条件:(1)他的气质;(2)周围的环境。如果他是一个安静的、粘液质的人,冲动性非常弱,他就可能不会因为冲动而犯错误。如果他是一个神经质的人,容易兴奋和冲动,那么,他肯定会进行犯罪行为。但是,无论他的气质如何,只要他处于不良的环境之中,就有可能变成一个犯罪人。转引自吴宗宪:《西方犯罪学》,法律出版社1999年版,第257页。

③ 法定犯往往都是智力正常及高智商者,如对当今社会影响很大的电脑犯罪人,而往往只有电脑高手才能成为该类犯罪的"带菌个体"。

4. 中枢神经系统异常与犯罪人格的形成

人的神经系统分为中枢神经系统和周围神经系统两部分。神经系统是人体主要的机能调节系统,全面调节着人体内部各个器官的活动以及各种生理过程,以便适应人体内外环境的变化,维持生命活动的正常进行,在脑内产生各种反映客观世界的心理活动,其中中枢神经系统的机能对人的心理与行为的作用尤其重要。

一旦人的中枢神经系统发生异常,势必影响个体的认识能力和控制能力,而认识能力、控制能力等又是犯罪人格的重要组成因素,可见,中枢神经系统异常容易导致犯罪人格形成,是"带菌个体"生成的一个重要因素。关于中枢神经系统异常与犯罪人格形成及犯罪的关系,西方学者在实证基础上着重从以下几方面进行了研究:

第一,脑电图异常。自20世纪40年代以来进行的大量研究表明,脑电图所显示的异常的脑电波,与人的异常行为(包括犯罪行为)有关。这些研究一般都发现,25%—50%的犯罪人有脑电图异常;而对非犯罪人的研究一般发现,仅有5%—20%的人有脑电图异常;对于习惯性暴力犯罪人而言,这种差异甚至更大。简·沃拉夫卡(Jan Volavka)则对以往的研究作了这样的概括:"大多数以犯罪人作为样本的研究表明,暴力犯罪与脑电图异常有关。这些研究认为,与非犯罪人对照组相比,犯罪人的脑电图更经常地被划入异常(脑电图)的范围。这些问题还没有完全得到解决。有几项研究并没有报告犯罪人的脑电图与非犯罪人有差别。在选择样本以及界定攻击或暴力行为、脑电图异常或癫痫方面,还存在着难以解决的方法论问题。这些问题在一定程度上可以解释所报告的结果中存在的差异。每个研究者对脑电图特征(例如'异常')的界定可能是不同的;对脑电图的量化特征,例如频率,需要做更加确切地界定。如果使用电子仪器界定量化特征,那么,测量的准确性就能够增加。"[1]

第二,癫痫。癫痫可以分为外伤性癫痫与真性癫痫。前者由于过去之外伤或疾患而引起,故又称后遗性癫痫。后者主要因遗传而引起,故又称遗传性癫痫。癫痫的病因是各种原因引起的阵发性脑神经细胞过度兴奋,表现为突然发生的精神、意识、感觉或运动障碍,可以反复发作。癫痫在"犯罪

---

[1] 转引自吴宗宪:《西方犯罪学》,法律出版社1999年版,第293页。

学上有重要意义的症状,乃在发作之后或代替发作而发生之朦胧状态(twilight condition)以及无缘无故的不高兴状态"。"所谓朦胧状态,即意识之浑浊。在此状态时,其精神活动,尤其领悟及思考方面发生重大的障碍,往往不能正确地认识现在之时与地,周围与自己的关系,并更发生幻觉、妄想、兴奋、情绪不安等附加症状,因攻击或防卫反应而易出于暴行、犯杀人、伤害、放火等危险的冲动性犯罪。""癫痫患者,除上述发作性异常之外,其本来性格往往具有易怒、顽固而不通融、认真、感情易爆发等特性(被称为癫痫性性格)。因此,其所犯之罪主要为暴力犯罪、性犯罪或放火罪等。"①

第三,脑损伤。脑损伤的原因很复杂,既有物理因素的作用,也有化学因素或药物的作用。脑损伤会影响一个人的人格,②在一定程度上会导致犯罪行为的发生。脑损伤可能引起不良行为和犯罪行为的几种途径有:"(1)脑损伤增加了对酒精效力的感受性;(2)削弱了认知和社会技能;(3)引起头疼和易激惹性,这两种状态又会增加暴力行为发作的可能性;(4)损害大脑的额叶和颞叶,增加焦虑、愤怒和敌意。"③

5. 人格障碍与犯罪人格的形成

人格障碍有广狭两种含义。广义的人格障碍泛指一切心理障碍,是各种精神症状或精神疾病的代名词。这里的障碍特指狭义,是指介于精神疾病与正常人格之间的一种行为特征。人格障碍的主要变态心理学特征表现为:人格的发展过程不成熟和畸形,并在结构上明显偏离正常,从而导致个体以适应不良的方式持久地对待周围事物和作出极度的情感反应。这些行为倾向构成了对自己、他人和社会都不允许的或不得体的行为方式。人格障碍有多种类型,如偏执型、分裂型、自爱恋型、回避型等。④

---

① 张甘妹:《犯罪学原理》,汉林出版社1985年版,第64页。
② 有一个著名的病例可以说明脑损伤所带来的人格变化:"在1948年9月1日美国佛蒙特州的一个小镇附近修筑路基时,工头盖奇在施工的过程中铁杵从他的左眼下边穿入,从额顶穿出。据为他治疗的医生报告,从此之后盖奇的人格发生了变化。在受伤之前,他有本领又能干,是一位和善可爱的人,现在盖奇动静无常,无礼,有时爱说最粗俗的下流话(他以往没有这种习惯),对伙伴很少尊重,不能容忍约束或劝告,如果违反了他的愿望的话,时而极端顽固却又反复无常而犹豫不决;他为将来的工作设计了许多方案,但由于其他似乎更为切实可行的方案而很快又都放弃了……他完全变了,因此他的朋友和熟人说他不再是盖奇了。"转引自黄希庭:《人格心理学》,浙江教育出版社2002年版,第22页。
③ 吴宗宪:《西方犯罪学》,法律出版社1999年版,第296页。
④ 参见张远煌:《犯罪学原理》,法律出版社2001年版,第219页。

在人格障碍中,与犯罪相关的是反社会型人格障碍。反社会型人格障碍者除了具有一般人格障碍的共同特征外,还具有一系列的具体特征,主要包括:"(1)迷人的外表和中等或中等以上的智力水平。(2)没有妄想及其他的思维障碍。(3)没有焦虑或者其他'神经症'症状;有较强的保持平衡和镇定的能力,有较强的口头表达能力。(4)不可相信,不顾及义务;没有责任感,在琐事和很重要的事情上都是如此。(5)不真实、不忠诚。(6)没有悔过或自责的心理。(7)进行缺乏适当动机和计划性的反社会行为,反社会行为似乎是从某种莫名其妙的冲动中产生的。(8)病理性自我中心倾向和绝对的自私自利;不能真诚地爱和依恋别人。(9)判断力差,不能从过去的经验中吸取教训。(10)通常缺乏深刻的、持久的情绪。(11)缺乏真正的洞察力,不能像别人那样看待自己。(12)不感激别人的体谅、善意的信任。(13)在饮酒之后,甚至在没有饮酒时,表现出古怪而令人讨厌的行为——粗俗、野蛮,心情不断变化,恶作剧。(14)没有过真正企图自杀的历史。(15)性生活轻浮、混乱,与本人不相称。(16)没有生活计划,不能过有秩序的生活,没有长远的打算。"①

笔者认为,由于具备反社会人格的个体已经具备了犯罪人格的各项构成因素,其认识存在偏差,需要存在偏差,情感存在偏差,加之控制能力也差,因而是"带菌个体"。

(三)遗传(个体素质遗传):"带菌个体"生成之变量二

如前文所论,生理、心理等方面的个体素质影响着犯罪人格形成,是"带菌个体"生成的一个变量。而个体素质的生成有很大一部分原因是来自于遗传,在此意义上说,遗传也是"带菌个体"生成的一个变量。

事实证明,"犯罪是不会遗传的,犯罪是个人身体和智力的特质以及影响那种人格的环境合并起来而产生的一种社会现象,至于人格的一部分,就是生物方面由祖先遗传下来的结果。犯罪不是生物性质的单位,但是那有产生犯罪的天然特质却有遗传的可能。"②可见,影响犯罪人格生成的个体

---

① 吴宗宪:《西方犯罪学》,法律出版社1999年版,第368页。
② 〔美〕约翰·列维斯·齐林:《犯罪学及刑罚学》,查良鉴译,中国政法大学出版社2003年版,第163页。

素质是可以遗传的,①遗传是"带菌个体"生成的一个变量。不过,该变量也属于广义的个体素质范畴(笔者把纯粹的个体素质变量称为狭义个体素质变量,把由遗传带来的个体素质变量与狭义个体素质变量一起统称为广义的个体素质变量)。

影响犯罪人格形成的个体素质是可以遗传的,②对此,西方犯罪学家作了大量的实证研究,主要有:

1. 犯罪家族研究:个体素质(犯罪性)存在遗传

其中最著名的是美国社会学家和犯罪学家达格德尔(Richard Louis Dugdale)对朱克家族的研究。③ 达格德尔在对朱克家族等大量的个案资料进行研究后,得出了这样的结论:"犯罪人在心理方面和生理方面都比一般人低劣。这个结论不仅适用于个别犯罪人,而且也适用于作为一个阶层的犯罪人……低劣是血统和训练的结果。"④达格德尔承认,心理和生理素质低劣可以遗传,这是导致犯罪产生的一个重要原因,但并不是唯一原因,犯罪的生成是低劣的个体素质与环境(训练)因素相互作用的结果。因而,在达格德尔眼里,遗传只能造就潜在犯罪人(即"带菌个体"),而不是犯罪人。"每个年龄的人都会进行犯罪,但并不等于每个人都会成为犯罪人。每种犯罪都是本能和训练的结果,是个人因素与社会因素共同作用的结果。"⑤

从犯罪家族研究可以发现,虽然没有人相信存在"犯罪的基因",但是"有两种素质在某种程度上作为遗传的因子促成了犯罪行为的发生。这就是智力和个性。大量的研究都表明,这些基因遗传得越多,那么他们彼此间

---

① 个体素质是可以遗传的,说明遗传的只能是"带菌个体",即潜在犯罪人,而犯罪行为本身是不可以遗传的。在此意义上说,龙勃罗梭的天生犯罪人理论是不科学的。龙氏把那些具有"隔代遗传"的人称为天生犯罪人,这些人与野蛮人一样"缺少羞耻感、荣誉感和同情心"。(Frank P. Williams III, Marilyn D. McShane, Criminology Theory: Selected Classic Readings, Anderson Publishing Co., 1993.)这些天生犯罪人将会"必然地、不可抗拒地"陷入犯罪。

② 也有学者把可以遗传的对犯罪人格形成有影响的个体素质称为"遗传负因",主要包括"血清中之精神病、精神病质人格、智能不足、饮酒嗜癖、犯罪、自杀"等。参见张甘妹:《犯罪学原理》,汉林出版社1985年版,第87页。

③ 参见〔美〕约翰·列维斯·齐林:《犯罪学及刑罚学》,查良鉴译,中国政法大学出版社2003年版,第166页。

④ Stephen Schafer, Theories in Criminology: Past and Present Philosophies of the Crime Problem, Random House, 1969, pp. 144—145.

⑤ Ibid., p. 145.

在智力和个性方面也就越相似"①。

2. 孪生子研究与养子女研究:论证遗传的方法

犯罪家族研究在一定程度上说明了个体素质存在遗传的可能性,但是由于犯罪家族本身的环境因素比较特殊,对于犯罪家族的后裔实施犯罪究竟是由于遗传的个体素质还是由于所处的环境造成,并不能很好地区分。甚至有人认为,具备影响犯罪人格生成的个人素质(如智力缺陷)的人之所以犯罪,并不是因为个人素质的存在(或受到遗传),而是因为该素质决定了他们所处的社会地位——比较低的社会经济地位,这种环境因素才是导致他们犯罪的原因。即所谓"较低的社会经济地位,而非较低的智力因素促成了犯罪"②。孪生子研究与养子女研究则在某种程度上证明了个体素质的遗传对犯罪生成所起的作用,是"生物学因素对犯罪影响的最有利的证据"③。

孪生子(twins)又分为同卵孪生子(identical twins)和异卵孪生子(fraternal twins),前者是由一个受孕的卵子分裂而成的,两个孪生子被认为具有相同的遗传素质;后者是两个卵子和两个精子分别受孕的结果,两个孪生子在遗传素质方面具有较大的差异,他们之间的关系与一般的兄弟姐妹之间的关系相同。同卵孪生子之间有遗传上的相似性,他们的行为表现具有较多的相似性和较高的一致性;而异卵孪生子之间由于遗传上的差异性,他们的行为表现具有较大的差异性和较低的一致性。基于此,"不止1500对孪生子已经在美国、斯堪地那维亚国家、日本、联邦德国以及英国等其他地区被进行研究,各地的研究结果几乎一致。同卵孪生子实施同种犯罪记录的可能性要比异卵孪生子大得多。例如,丹麦犯罪学家卡尔(Karl O. Christiansen)根据1881—1910年丹麦某一地区的警察局、法院和监狱的有关孪生子的犯罪记录进行研究,卡尔发现,一个同卵孪生子有犯罪记录,他(她)的同卵孪生子也有犯罪记录的可能性是异卵孪生子的两倍多。"④各国犯罪学家对孪生

---

① Willian Dudley, Crime and Criminals: Opposing Viewpoints, Greenhaven Press, 1989, p.43.
② Ibid.
③ Ibid., p.41.
④ Ibid.

子的研究从某种程度上证明了犯罪性的遗传性。①

养子女(adoptee)是指在出生后被别人领养而与养父母生活在一起的人。由于"多数的养子女在出生时就被收养,不知道他们的生父母。这样,至少是在性格形成期,他们并不知道自己是被收养的。如此,就能够从环境影响研究中区分出遗传因素来"②。也就是说,如果养子女的犯罪情况与其生父母相似或者有很高的一致性,那么,就说明遗传对犯罪的影响大于环境对犯罪的影响;如果养子女的犯罪情况与其养父母相似或有很高的一致性,那么,就说明环境对犯罪的影响大于遗传对环境的影响。丹麦学者梅德尼克(Mednick)和他的助手通过对丹麦登记在册的72000名养子女进行研究后表示:"我们不能忽视基因因素对犯罪行为的影响。"③虽然环境因素在犯罪形成过程中会起到一定的作用,但是梅德尼克依然强调基因因素与犯罪有联系。

3. 性染色体异常研究:一种特殊的遗传

依上文所论,个体素质(犯罪性)在某种程度上可以遗传,这是遗传这一变量在"带菌个体"生成中的主要表现形式;除此之外,还有一种特殊的遗传形式——性染色体异常,这也是导致"带菌个体"生成的一种方式。

染色体异常与犯罪行为之间的关系是犯罪学研究的一个课题,主要体

---

① 有学者对这些研究成果进行了总结,见图:

孪生子种类研究者	一卵性孪生子				二卵性孪生子			
	组数	一直(双方犯罪)	不一致(一方犯罪)	一致(百分比)	组数	一致	不一致	一致(百分比)
Lange(德国)	13	10	3	76.9	17	2	15	11.8
Le Gras(荷兰)	4	4	0	100.0	5	0	5	0.0
Rosanoff(美国)	37	25	12	67.6	28	5	23	17.9
Stumpfl(德国)	18	11	7	61.1	19	7	12	36.8
Kranz(德国)	31	20	11	64.5	43	23	20	53.5
Borgstrom(芬兰)	4	3	1	75.0	5	2	3	40.0
吉益(日本)	28	14	14	50.0	18	0	18	0.0
总计	135	87	48	64.4	135	39	96	28.9

(参见:张甘妹:《犯罪学原理》,汉林出版社1985年版,第92页。)

② Sue Titus Reid, Crime and Criminology, Harcourt Brace Jovanovich, Inc., 1991, p.128.

③ Ibid.

现在对 XYY 性染色体异常方面。在正常情况下,男人每一个细胞核内有 22 对常染色体和 XY 性染色体;女人每一个细胞核内有 22 对常染色体和 XX 性染色体。一个人从父母那里获得 22 对常染色体,从母亲那里获得 X 染色体,若再从父亲那里获得 Y 染色体组成 XY 便为男性;反之,如果从父亲那里获得的是 X 染色体组成 XX 则为女性。XYY 则为多出一个 Y 性染色体的异常男性。"性染色体异常首次被发现是在 1961 年,但直到 20 世纪 60 年代中期苏格兰研究人员发表相关文章时才被重视,苏格兰研究人员通过对 197 名居民的研究,发现有一定数量的人都是 XYY。"①"后来的研究证实 XYY 男性比没有性染色体异常的女性更容易成为罪犯……研究者宣布,比其他的公民相比,XYY 男性更加内向和自私,并且具有同性恋和暴力倾向。"②

(四) 环境因素(家庭、学校、社会):"带菌个体"生成之变量三

虽然个体素质(广义)是导致"带菌个体"生成的重要变量,但犯罪人格的重要构成要素是认识偏差、需要偏差及犯罪能力,这些要素的形成往往是个体在社会化过程中形成的,是受环境因素(如家庭、学校、社会等因素)作用的结果。环境因素是"带菌个体"生成的一个重要变量。

个体在社会化过程中,不可避免地受到家庭、学校、邻里关系等社会因素的影响,假如个体与这些社会化机构之间的交往是积极的,那么他们将逐步地积累知识,充分发展自己的社会性,把主流社会规范(价值观念、法律道德等)、生活技能等内化为自己的行为准则和个人能力,适应社会规范的要求,形成良好的人格;相反,假如个体经历了不良的社会化过程(如家庭关系紧张、交友不慎、教育缺失等),那么这种不良社会化将影响个体良好人格的形成,而可能形成反社会的犯罪人格。"人类行为的形成不仅取决于早期生活中所发生的事情,还要受制于整个生命进程中的社会结构、社会

---

① P. A. Jacobs et al, Aggressive Behavior, Mental Subnormality, and the XYY Male, Nature 208 (December 1965):1351. Cited from Sue Titus Reid, Crime and Criminology, Harcourt Brace Jovanovich, Inc., 1991, p.129.

② T. R. Sarbin and J. E. Miller, Demonism Revisited:The XYY Chromosomal Anomaly, Issues in Criminology 5(1970): 195—207. Cited from Sue Titus Reid, Crime and Criminology, Harcourt Brace Jovanovich, Inc., 1991, p.129.

因素间的相互作用以及它们对个体生活机遇的影响。"①笔者认为,西方犯罪学中的"社会学习理论"能够解释环境因素对"带菌个体"生成的影响,此类环境因素主要有家庭、学校、邻里、朋友、社区、职业、媒体等社会化机构。

1. 犯罪"社会学习理论"(social learning theory)的解释

犯罪"社会学习理论"源于法国著名社会学家塔尔德的犯罪模仿论,②其主要观点是:个体的犯罪行为是在社会生活中通过实施或者观察犯罪行为而学习获得的;人们是否实施犯罪行为,深受社会环境中的有关因素的制约。

(1)班杜拉的社会学习理论。美国学者艾伯特·班杜拉(Albert Bandura)是近代社会学习理论的奠基人,其社会学习理论的主要内容是:③第一,暴力行为的获得。人类并非天生地拥有暴力行为的能力,人的攻击行为是通过他们的生活经验而后天习得的。尽管生理的特性可能使一个人先验地拥有暴力的倾向,但是一个人的暴力行为最终是由社会环境因素决定的。生物因素主要影响攻击行为的协调和学习的速度、能力等,而攻击行为的特

---

① Dale Dannefer, Adult Development and Social Theory: A Paradigmatic Reappraisal, American Sociological Review 49: 106,1984.

② 加布里埃尔·塔尔德(Gbbriel Tarde,1843—1904)是犯罪模仿论的创始人,其理论的主要观点是:(1)模仿规律。该观点认为,犯罪以及其他任何社会现象都是模仿的产物,模仿存在三种规律。一是距离规律,该规律的基本含义是,人们之间按其接触的密切程度进行模仿。在人群或者城市中,人们之间的接触密切,生活充满了活力和刺激,因而,人们之间的模仿最容易发生,变化也最为频繁。这种现象被称为"时尚"。二是方向规律,该规律的基本含义是,低劣者模仿优越者。人们之间的模仿并不是无限制地随意发生的,而是存在方向性,即社会经济地位低下的人往往模仿社会经济地位优越的人。三是插入规律,该规律的基本含义是当两种相互排斥的时尚相遇时,一种新的时尚会取代另一种时尚。参见吴宗宪:《西方犯罪学》,法律出版社1999年版,第226—228页。(2)犯罪的社会原因。该观点认为,社会变动对犯罪的性质、犯罪行为的方式和犯罪人口成分有着深刻的影响。各种社会因素与现存的犯罪类型都有一定的关系,某些社会因素特别容易引起犯罪行为。这些因素包括,作为犯罪活动滋生地的城市的发展、工业化社会带来的更大的物质利益和可以避开可怕的刑罚的机会等等。参见邱国梁:《犯罪学》,上海社会科学院出版社1989年版,第72页。

③ See Larry J. Siegel, Criminology: Theories, Patterns, and Typologies, West Publishing Company, 1995, pp.153—157. 转引自张小虎:《转型期中国社会犯罪原因探析》,北京师范大学出版社2002年版,第105—106页。

定方式、表现周期、发生情境和特殊目标等均取决于社会学习。① 第二,暴力行为的激发。激发暴力行为的各种缘由大致包括言辞的奚落与侮辱、攻击的技术、生活条件的恶化。

（2）萨瑟兰的差异交往理论。美国犯罪学家埃德温·哈丁·萨瑟兰（Edwin Hardin Sutherland）被称为"美国犯罪学之父"②,他提出的差异交往

---

① 暴力行为的学习方式有两种：一是观察学习。行为主义理论将强化视为学习的原因和必要的伴随物,而班杜拉则认为,观察别人行为后所受到的强化,可以代替亲身经历的强化,从而引起学习。在现代社会,观察学习的途径主要有三种：(1)家庭示范：主要是指父母之间相互攻击性的言语和态度,这是观察学习最重要的途径。家庭研究显示,倾向于运用攻击行为解决问题的儿童,他们的父母在处理人际关系的时候也具有类似的倾向。儿童通过模仿成人的暴力行为而学习攻击,这些暴力行为模式将顽固地出现在其后的社会交往中。例如,一个耳濡目染父亲殴打母亲却不受惩罚的男孩,长大以后也可能变成类似的丈夫。(2)亚文化环境示范：暴力学习的第二个途径由犯罪亚文化环境的经验提供。许多犯罪亚文化宣扬暴力的色彩,奖励少年犯亚文化群中那些最好斗、最敢斗的成员。在那些充满了攻击行为的范例和攻击性行为受到高度评价的环境中,攻击行为发生的频率最高。生活在暴力行为司空见惯地区的人,比那些居住在低犯罪率、强调主流社会规范地区的人,更有可能实施暴力行为。(3)大众传播媒体示范：大众传播媒体提供了暴力学习的第三条途径。大众传播媒体暴力示范,包括广播、电视、电影、报刊、书籍等表现出的攻击行为方式。电影、电视常常生动地描绘了暴力的画面,并且剧中的暴力被说成是一种可以接受的行为,它甚至反映了一种英雄气概,那些娴熟于暴力的英雄从未受到法律或社会的制裁。由此,人们将自觉或不自觉地接受暴力的价值观和行为规范,用于处理日常事务或人际关系。大卫·菲利普研究发现,每当重量级拳击锦标赛之后,杀人犯罪率总会随即明显地上升。二是自我强化。它是指个体根据内在的行为标准和对环境强化的预期,进行自我称赞或自我责备,以调节自己行为的一个复杂的认知过程。自我强化表明,不仅环境因素影响个体的行为取向,而且行为本身的结果也会通过个体的评价而对行为取向发生影响。作为暴力行为的自我强化,个体通过自身对暴力行为及其结果的直接经验,获得暴力行为的模式。如果个体通过暴力行为的实施而体验到一种奖励性的后果,他再次实施该行为并进而习得该暴力行为模式的可能性就很大；反之,倘若个体的暴力行为带来的是消极的体验,则其再实行这种行为的可能性就很小。同时,暴力行为的自我强化并不是被动的、机械的,而是一个通过认识控制对所获得的经验进行积极的心理消化,将有关暴力、攻击的价值观念内化为自己的行为准则的过程。自我强化也是个体有意识、有目的的行为。个体对行为结果的价值判断,影响着其对生活经验学习的取向。参见张小虎：《转型期中国社会犯罪原因探析》,北京师范大学出版社2002年版,第105—106页。

② 萨瑟兰的犯罪学贡献除了提出差异交往理论外,还在职业盗窃和白领犯罪研究方面作出了巨大贡献。为了研究职业犯罪,他与一个从事盗窃活动达二十多年之久的奇克·康韦尔交朋友,采访、记录并分析了他的盗窃生涯,于1937年出版了《职业盗窃犯》一书,认为职业盗贼以盗窃为职业,并有自己的一套行为准则、行为方式、职业技能等,对以后的同类研究产生了巨大影响。1939年,他当选为美国社会学会会长,演说时首次提出了白领犯罪问题,1949年出版了《白领犯罪》专著,对白领犯罪进行了全面、深入的研究。他调查了美国最大的70家工商公司的经济犯罪问题,从而确证所有这些大公司都有违反贸易法、竞争法、专利以及版权和商标法、大规模诈骗以及类似的犯罪行为,而且他所调查的公司中再犯的达90%。白领犯罪概念的提出,是犯罪学史上的里程碑。他把传统犯罪只研究个人,特别是将处于社会底层的人作为研究对象,改变为研究富有的、握有权力的中上层人士以及由他们操纵的公司所进行的犯罪,引起了犯罪学研究方向上的重大变化。白领犯罪已成为今天任何一本犯罪学教科书都论述的重要问题。基于萨瑟兰对犯罪学的巨大贡献,他被尊称为"美国犯罪学之父"。参见康树华：《犯罪学——历史·现状·未来》,群众出版社1998年版,第250—251页。

理论的基本观点是：① 犯罪是习得的。这表明，犯罪并非诸如遗传等结果，犹如一个没有受过机械训练的人不会从事机械发明一样，一个没有受过犯罪训练的人也不会实施犯罪行为。② 犯罪行为是在交往过程中通过与他人的相互作用而习得的。这种交往在许多方面是言语性的，但是也包括"手势交往"。③ 对犯罪行为学习的主要部分发生在亲密人的群体中。也就是说，非个人的交往媒介，如电影、报纸等，在犯罪行为的产生中所起的作用相对并不重要。④ 犯罪行为的学习主要包括两项内容：一是犯罪的技术，这种技术有时非常复杂，有时非常简单；二是动机、内趋力、合理化和态度的特定方向。⑤ 动机和内趋力的特定方向，是从赞许的或不赞许的法典解释中习得的。在一些社会中，一个人周围的人把法典定性为值得赞许的规则，而在另一些社会中，他周围的人将违反法典定性为值得赞许的行为。在美国社会，这些定性几乎总是混合在一起的，因而经常存在着有关法典的文化冲突。⑥ 一个人之所以变成违法者，是因为赞成破坏法典的解释超过了不赞成破坏法典的解释。这便是差异交往的原理。它既涉及犯罪的交往，也涉及非犯罪的交往，并且与这些相互对抗的力量相关。一些人成为犯罪人，是因为他们与犯罪榜样相交往，同时也是因为他们与非犯罪榜样相隔离。任何人都不可避免地要同化于周围的文化，除非存在有其他榜样的冲突；一个南方人不会发"r"的音，因为其他南方人也不发"r"的音。这种不同交往的观点意味着，就犯罪而言，中性交往对犯罪行为的产生几乎没有影响或没有任何影响。在此意义上，个人的经历大多是中性的，这种行为对犯罪行为没有任何消极或积极影响，除非他与关系到法典的交往有关。这种中性行为特别重要，特别是在它占据儿童的时间的情况下，因为儿童在从事中性行为的期间不会与犯罪行为接触。⑦ 差异交往可能在出现"频率"、"持续时间"、"优先性"与"强度"方面有所不同。这意味着与犯罪行为的交往和与非犯罪行为的交往在这些方面是不同的。"频率"和"持久性"作为差异交往的方式是明显的，没有必要作解释。童年早期所形成的合法行为可能持续一生，同样，童年早期所形成的违法行为也可能持续一生。从这个意义上说，"优先性"被假定是很重要的。但这种倾向性并没有得到足够的证实，优先性的重要性似乎主要在于它的选择影响方面。"强度"，没有被精确测定，但是这与差异交往相联系的情感反应相关。在对一个人的犯罪行为进行精确的描述时，应当用数量的形式说明这些差别交往的方式，并且取得一个数学比率。现在还没有取得这种公式,该种公式的取得是特别困难的。⑧ 通过与犯罪或非犯罪榜样的交往学习犯罪行为的过程,包含了在其他学习中所有的全部机制。即指,学习犯罪行为不仅仅限于模仿过程。比如一个受到引诱犯罪的人,通过交往而学习犯罪行为,一般不把这个过程说成是模仿。⑨ 尽管犯罪行为是一般需要和价值的表现,但却不能用那些一般需要和价值来解释,因为非犯罪行为也是同样的需要和价值的表现。窃贼通常是为了金钱而行窃,但是诚实的劳动者也同样是为了金钱而劳动。许多学者试图用那些一般的冲动和价值,诸如享乐原则、谋求社会地位、金钱动机或者挫折,来解释犯罪行为,这已经被证明并且将继续是徒劳的,因为他们对合法行为的解释与他们对犯罪行为的解释完全一样。这些冲动和价值犹如呼吸,尽管呼吸对任何行为都是必需的,但是它并不能将犯罪行为与非犯罪行为区别开来。①

(3) 伯吉斯和艾克斯的差异交往强化理论。美国社会学家伯吉斯(Robert Lee Burgess)和艾克斯(Ronald Akes)对萨瑟兰的差异交往理论进行了修正,提出了差异交往强化理论,将萨瑟兰的九个命题归纳为七个命题,主要观点是:① 犯罪行为的习得遵循的是操作性条件反射原理(operant conditioning)。② 犯罪行为既可以在具有强化作用的或辨别性的非社会情境中习得,也可以在社会互动中习得,在后种情形下,他人的行为对犯罪行为具有强化或辨别作用。③ 对犯罪行为学习的主要内容,发生在组成或控制个人的主要强化源(resource of reinforcement)。④ 犯罪行为的学习包括专门技术、态度和逃避程序,这些学习是有效的、可得到的强化物与既存强化可能性之间的一种作用机制。⑤ 所习得的犯罪行为的具体种类和发生频率,是有效的、可得到的强化物与已经强化的涉及犯罪或非犯罪行为方向的规范、规则及解释之间的一种作用机制。⑥ 在不同强化过程中,当犯罪行为的价值强化超过非犯罪行为价值的强化时,个体犯罪的可能性增大。⑦ 犯罪行为的强度,是它受到强化的数量、频率和可能性的一种直接作用机制。犯罪行为交往的形式也是非常重要的,它会对强化源、强化数量以及

---

① See Frank P. Williams III, Marilyn D. McShane, Criminology Theory: Selected Classic Readings, Anderson Publishing Co., 1993, pp.56—58.

强化的过程产生影响。①

2. 家庭环境的影响

家庭是指以婚姻、血缘关系为纽带形成的群体及其相互生活的场所。家庭是人类发展历史中一种重要的基本的社会现象,也是社会组成的最基本的细胞。家庭的结构和功能对于个人的社会化、人格的形成及行为方式的养成,有着重要的影响。正常、健康家庭的成员一般都能形成一种健康的人格和养成一种符合主流社会规范的行为方式。② 相反,不正常、不健康的家庭与犯罪人格的形成必然存在或多或少的联系。正如美国著名犯罪学家格鲁克夫妇通过实证研究所观察到的:"那些滥用恐吓惩罚、缺乏监管、父母子女关系紧张的家庭最有可能促使青少年犯罪。"③

不正常、不健康家庭因素对"带菌个体"生成的影响主要表现在:

一是缺损家庭对"带菌个体"生成的影响。所谓缺损家庭,是指因死亡、离婚、分居、遗弃或入狱等原因,缺损父母之一方或双方的家庭。父母的精

---

① See Frank P. Williams III, Marilyn D. McShane, Criminology Theory: Selected Classic Readings, Anderson Publishing Co., 1993, pp. 63—64.

② 正常、健康的家庭具有下列三个作用,使其子女在身体及精神方面获得适当的发展,即:(1)供给衣食住等基本生活需要,也就是给予儿童经济的安定。尚无谋生能力的儿童,须在父母的保护之下,获得生存上所需之营养,在家庭里的这种给予,并非为了何等利害关系或功利的打算,而是因为他是自己的子女。易言之,系基于血亲关系的纯爱的供给,家庭如欠缺此机能,即因生活不能安定,儿童身体、精神各方面正常发育亦将受到影响。(2)培育正常的人格与情绪。家庭中父母对子女充足的爱情,可使儿童之性格及情绪获得正常的发育。喜、怒、哀、乐、憎恨、同情等情绪反应之正常性,须有爱的环境以培育之,尤在尚未能自己独立之幼儿时期,本能的具有爱与被人爱的需要,爱他人同时为他人所爱之互爱关系,在无形中可培养儿童活泼、天真、可爱、顺从等良好性格。最纯洁而伟大的互爱关系,莫过于家庭中父母子女间之爱,故若儿童在幼小时,失去能真正爱己者,或所爱的对象,则其互爱本能不能获得满足,从而失去安全感,情绪之正常发育受到阻碍,容易形成固执、反抗、猜疑、孤僻等病态(异常)的性格。(3)训练生活习惯及基本社会性,也就是给予儿童社会化之训练。家庭为一小型社会,儿童在家庭中与父母、兄弟、姐妹,过着共同生活,在此共同生活中,学习顺从一般社习惯及与他人共同相处之道,例如,他人权利、财产之尊重,是非之辨别,礼貌,谦让,宽恕,忍耐等基本做人道理。人若在家庭中未经过适当的社会化训练,将来踏入社会后,就不能顺利地适应社会而容易陷入犯罪。正常、健康家庭一般具有以下特点:家庭成员间关系融洽,夫妻互敬、尊老爱幼;有较好的物质基础,没有太多的生活压力;有较好的精神生活,始终处于一种积极向上的氛围中。这里的精神生活包括家庭成员之间的思想和情感交流、家庭娱乐,人生观、价值观、道德观、审美观以及法律观念的家庭养成与融合等。在正常、健康家庭环境下,家庭成员的关系一直处于良性发展中,没有不良因素的诱惑。因而,生活在这种类型家庭背景下的成员一般不会形成犯罪人格。值得一提的是,正常、健康家庭不等于富裕家庭,富裕家庭体现的物质财富的富足,并不意味着家庭成员关系的协调和家庭精神生活的丰富。在现实生活中,有些家庭的确非常富有,但家庭成员间却存在着隔阂,矛盾重重,家庭气氛紧张,在这种环境下,是很难塑造良好的、健康的人格的。不少家境很好的人最终走上犯罪道路便是很好的例证。参见张甘妹:《犯罪学原理》,汉林出版社1985年版,第193—194页。

③ Robert J. Sampson, John H. Laub, Crime in the Making: Pathways and Turning Points through Life, Harvard University, 1995, p. 36.

神与物质的爱,是儿童身心正常发育所不可缺少的条件。如果儿童自幼生活在缺损家庭中,就会影响其性格的发育,使之缺乏爱心和责任心,不正当欲望强烈,多孤僻、忧郁、自卑,易形成犯罪人格,①成为"带菌个体"。②

二是不良家庭对"带菌个体"生成的影响。所谓不良家庭,指的是虽然双亲依然俱在,但家中有其他缺陷,不能使儿童受到健全的训育的家庭。主要包括:(1)犯罪或不道德的家庭。在该家庭环境中,容易使儿童的道德心麻木,缺乏罪恶感。(2)感情不和睦家庭。无论是父母之间不和,还是父母与子女之间感情不融洽,都会使儿童在无形中养成与社会不适应的性格。③(3)教育不当的家庭。④ 教育不当给家庭成员,特别是青少年带来的影响是深远的。不正当教育使得家庭成员在家的"港湾"中迷失了方向,扭曲了人格;不正当家庭教育可能使家庭成员的关系变得生疏,一旦青少年与父母疏

---

① 在缺损家庭,因其所缺损的原因不同,影响儿童不法行为的程度也有所不同。一般认为,不法少年出于因死亡而缺损的家庭的比率小,而出于因遗弃、离婚或分居等原因而缺损的家庭比率较大。考虑其原因,后一种缺损家庭,在缺损以前已有不睦、不道德、无规律等因素,以致促成离婚。故在其环境中生长的儿童,较因自然不可抗力的死亡而缺损者易趋向于不良自不难推测。参见张甘妹:《犯罪学原理》,汉林出版社1985年版,第198—199页。

② 有关资料显示:1899年7月1日至1909年6月30日间,送往芝加哥少年法院的儿童罪犯有34.1%来自反常的家庭,其中有母亲或父亲已死的,或父母双亡的,或父母别居的,或父母已经离婚的,或父亲或母亲遗弃家庭的,或父母双方遗弃家庭的,或父母中有一人在监狱的,或父母两人都在监狱的。参见〔美〕约翰·列维斯·齐林:《犯罪学及刑罚学》,查良鉴译,中国政法大学出版社2003年版,第212页。

③ 家庭不和睦,易导致少年形成犯罪人格。2002年黑龙江某市发生的中学生杀死母亲便是一典型案例:中学生于波(化名)的母亲案发两年前下岗,心情一直不好,全家人靠于波的父亲蹬三轮养家糊口,生活艰难。在这种状态下,父母间总是吵闹,于波心里苦闷,感觉家里没意思,就经常外出,回家晚了,母亲不是打就是骂。这样的家庭环境改变了于波的性格,他变得孤独、暴躁、厌恶家庭……终于有一天,与母亲发生矛盾后,于波一气之下砍了母亲三十多刀。杀死母亲之后,他竟若无其事地走进"网吧",沉迷于网上。参见杜立:《未成年被害人研究应引起重视》,载《犯罪学论丛》(第2卷),中国检察出版社2004年版,第57页。

④ 一是家庭教育方法不当。教育方法是决定和影响家庭教育成效的一个重要因素。教育方法不当一般发生在有缺陷的家庭中,即在经济条件极差的家庭里,父母为生计所迫,没有精力教育子女,子女缺乏得到良好家庭教育的机会;在专制型或粗暴型的家庭里,父母高高在上,对子女不讲任何民主,子女只能在重压下学习,经常处于压抑状态;在溺爱型的家庭里,家长则易于对并不完全明白事理的子女无原则地一味迁就,放任自流。二是家庭教育内容不当。家庭教育应注重给子女传输文化知识,培养子女的道德情操。现实生活中,有些家长,由于自身素质低(文化水平不高或道德素养差),难以给子女进行正当的教育和指引。他们往往把社会上一些"流行"的观念作为教育子女的"素材",比如,不少父母经常向子女灌输"金钱至上"的观念等等。三是家庭教育缺乏权威。教育的作用表现为教育者的言行能对被教育者产生一定的影响,所以,教育者必须具备一定的权威,否则被教育者就不会或不愿接受影响。导致家庭教育缺乏权威的因素很多,比如家长的文化水平有限,性格怯弱,或者自己本身便有劣迹等。

远,他就不能学会或感受到道德准则,就不能发展起适当的良心或超我。①

三是贫困家庭对"带菌个体"生成的影响。贫困家庭对犯罪人格形成的影响主要表现在:(1)父母为了生计不得不外出工作,对儿童无法管教,使之在外游荡,与不良分子结识。②(2)家庭贫困,难以受到充分的学校教育。(3)住房过于拥挤,一方面可能会使儿童"撞上"父母的性生活,从而使其养成不良的性需求;另一方面,则由于屋内凌乱、污秽等环境,有碍儿童高尚情操的培养。③

总之,家庭环境是影响犯罪人格的一个重要因素。个体素质不良的人,如生活在不良的家庭里,必然会成为"带菌个体";而个体素质优良的人,如生活在不良家庭里,也有可能形成犯罪人格。

3. 学校教育的影响

学校是个体所接触的仅次于家庭的社会环境,学校教育是个体社会化的重要途径。学校作为专门实施教育的场所,其教育具有专门、系统、广泛、深入等特点。这些特点决定了学校对个体长远的成长和发展的影响是全方位的。学校的这种作用是通过知识的传授、道德的说教、行为习惯的养成、教师的言传身教和学校环境的熏陶等各种因素综合系统的影响而实现的。学校环境总的来说对犯罪人格的形成具有预防作用,它能净化人的精神,陶冶人的情操。但学校环境中也存在一些消极因素,这些消极因素很可能成为影响"带菌个体"生成的因素。即便如此,我们也不能认为"学校教育和犯罪间具有必然联系"④。影响"带菌个体"生成的学校环境中的消极因素主要有:

---

① 相关调查表明,我国未成年人犯罪的主要原因在于家庭教育的失误。如我国中央综治办和全国青少年研究中心在全国范围内进行的闲散未成年人犯罪调查,通过对两千余名未成年犯和一千余名普通未成年人的比较显示,忽视思想道德教育是未成年犯家庭教育的最大失误。参见李薇薇、李亚杰:《关注未成年人:失足少年家庭教育的最大失误》,http://news.xinhuanet.com/news-center/2004-05/26/content_1491233.htm。

② 正如西方犯罪学家所说,社会经济不利因素会给父母带来潜在的不利影响,这就很可能增加父母的困难并且使良好的家庭教育受挫。贫穷和不利条件通过影响父母对子女的抚养而最终影响到犯罪的生成。See Robert J. Sampson, John H. Laub, Crime in the Making: Pathways and Turning Points through Life, Harvard University, 1995, p.19.

③ 值得一提的是,过于贫困的家庭容易使儿童形成犯罪人格,过于富裕的家庭也有可能使儿童形成犯罪人格。这是因为在金钱无忧的富裕家庭,儿童过惯了为所欲为的豪华任性生活,因此缺乏控制欲望的训练以及忽视自身的努力,一旦遇到挫折,意志力减弱,极易走上犯罪道路。

④ 康树华主编:《犯罪学通论》,北京大学出版社1992年版,第461页。

一是不称职教师对"带菌个体"生成的影响。教师被称为"人类灵魂的工程师",教师的职能是"传道、授业、解惑"。但在实际生活中,并非所有的教师都称得上"人类灵魂的工程师",也并非所有的教师都可以"传道、授业、解惑"。相反,不少教师不仅业务素质差,而且道德素质更差。教师业务素质差,至多意味着培养不出对社会有用的人才;而道德素质差,则不仅培养不出对社会有用的人才,而且很可能培养出对社会有害的"害虫"("带菌个体")。可见,道德素质差的教师更为可怕。

二是扭曲的人际关系对"带菌个体"生成的影响。这里的人际关系是指学校群体成员在学习、交往过程中形成的相互关系。它主要包括学生与学生间的关系,学生与教师间的关系以及基于此而形成的家长与教师和学校的关系等。根据犯罪"社会学习理论",犯罪行为是学习得来的,而这种习得主要发生在具有亲密关系的群体中。虽然一个人对犯罪的习得不仅发生在学校,而且也发生在学校之外的社会交往中,但值得肯定的是,由于学生(特别是中小学学生)正处在世界观的形成阶段,模仿能力特别强,扭曲的人际关系对他们产生的影响可想而知。①

---

① 这种扭曲关系主要表现在:(1)扭曲的学生与学生关系。同学关系往往被认为是最纯洁的人际关系之一。因为这种关系的形成不以人的意志选择为转移,个体间的生活、学习都具有相同的属性,且相互间没有太多的利害冲突,因而容易建立相互的理解、信任和友谊。一般来说,学生在学校学习,与社会接触较少,也就难以被社会上的不良习气感染。因此,学生与学生间在一般情况下也就不会相互传播诸如犯罪人格方面的不良信息。但也有例外,如随着我国市场经济的建立和发展,学生的家庭背景也在不断发生变化。一些素质较差的"暴发户",虽然在生意上、经济上取得了成功,但由于自身的素质所限,忽视了对子女的教育,或对子女进行了不正当的教育。于是,不少"暴发户"的子女过早地染上了"铜臭味","金钱至上、金钱万能"的资产阶级腐朽思想在他们的心中烙下了深深的痕印。而这些已染上"铜臭味"的学生在与其他学生的相互"理解、信任、友谊"过程中,带来的负面效应是可想而知的。(2)扭曲的学生与教师关系。师生关系是人类最美好、最圣洁的关系之一。扭曲的师生关系对学生产生的不良影响,主要体现在不称职教师与学生的关系方面。(3)扭曲的家长与教师和学校的关系。家长与教师和学校间的关系是基于学生、子女健康成长的共同目标,在相互支持、相互理解及相互配合的情况下建立起来的。这种关系的建立和发展有利于调动学校和家庭双方的合力对学生进行全面的教育。应该说,家长与教师和学校的良好关系的确立,对推动学生的全面教育和发展有着极其重要的意义。可一旦家长与教师和学校的关系发生扭曲,其作用则可能会走向反面。在现实生活中,扭曲的家长与教师和学校的关系主要表现在:一是家长为了自己的子女能在学校得到更好的关怀和教育,便想方设法向教师和学校有关人员进行物质、感情上的投资,进行"教育贿赂",而有不少教师和有关人员也都能"笑纳","成交"之后,家长的子女也确实能获得实惠,比如得到老师的特别宠爱、当上班干、获得各种荣誉奖励等等;二是教师和学校不正确地利用家长的职权、金钱条件,为教师和学校牟利。家长与教师和学校的这种扭曲关系的发展,给学生造成的消极影响是深远的,它对学生的是非观、正义观等起到扭曲的作用。具体表现有:人都是自私的,人与人之间都是相互利用的,世界上并不存在什么圣洁的关系;金钱是万能的,有钱便能办很多的事;权力也是非常重要的,有了权力也就有了一切等等。而所有这些都对犯罪人格的形成起到了一个思想启蒙的作用。

三是不良学校风气对"带菌个体"生成的影响。学校风气被誉为学校的精神,它是一个学校办学水平的综合反映。一个好的校风是一个学校最宝贵的精神财富。因此,优良的校风的建立不仅意义重大,而且确非一日之功所能为。校风包括的要素很多,诸如校领导的工作作风、教师的工作作风、校员工的工作作风、学生的学风、学校的学习环境等等。由于学校的主体是学生,他们与社会的联系相对较少且不甚关键和密切,因此,相对而言,校风的形成具有一定的独立性,并且一个学校的校风一旦形成还会具有相对的稳定性。① 不良风气对学生的影响是深远的、深层次的。如果一个学生在不良的校风下成长,其心灵深处受到的污染是难以计算的。可以说,在不良风气下,学校不仅不能成为培养人才的摇篮,反而会成为培养某些"带菌个体"的天堂。

四是教育制度的欠缺对"带菌个体"生成的影响。教育制度的欠缺,主要表现在学校过于强调知识的传授,而忽视道德的教化。② 学校教育应该是知识传授与道德教化并重,如果只强调一方面,特别是只强调知识传授而忽视道德教化,则都会带来不良后果。龙勃罗梭曾说:"知识并不使人道德,反而使其为更巧妙狡猾的犯罪";甚至说:"对于许多累犯,授以科学教育如同使其进入犯罪学校。"阿沙芬堡强调德育在教育上的重要性时说:"教育者,德化之谓也,倘忽略德育而进行智育等于不学驾驶技术而开汽车。教育应

---

① 不良校风主要体现在:(1)学校领导缺乏正气,工作马马虎虎,没有责任感。更为严重的是把社会上的一些歪风邪气带进学校的工作中。比如有的校领导利用职权大肆收受贿赂、侵占贪污学校公共财物;有的校领导为了所谓的学校利益(同时更是为了自己的利益)而大用欺骗手段,诸如为了多让学生考上大学而让学生集体作弊,为了使学校评为先进而行贿、作假等。(2)教师工作态度极差,缺乏事业心、责任感,根本不具备"为人师表"的条件。比如有的教师平时把大量时间和精力放在第二职业上,上课则经常迟到早退;有的教师把"生意"做到了校园里、甚至课堂上,如有的教师在课堂上推销商品等;有的教师,特别是班主任老师向学生及其家长"索取财物",并以此作为让学生当班干、得优秀的条件;有的教师在课堂上大肆鼓吹"金钱至上"等腐朽思想等。(3)学校缺乏良好的学习氛围,学生中没有形成积极向上的学习热情。比如学校不重视对学生的引导教育,除了课堂以外,对学生则听之任之;学生间缺乏在学习成绩上的攀比,而是把大量精力用在吃、穿、玩的攀比之上;大量的商业机构侵入校园的周边地区,各种游戏厅、书报摊、录像厅等不一而足。
② 也有人指出,如果家庭的道德教育没有跟上,那么学校的道德教育也将是无济于事,"在普通情形之中,学校对于道德方面的力量是几乎等于零。……况且,我们所希望改革道德品性的也不依赖学校教育。对于儿童发生影响的唯一教育,是由行为榜样得来的。如果儿童在他自己的家里看见邪恶与犯罪的榜样,一切学校的良好教育就将失去功效"。〔美〕约翰·列维斯·齐林:《犯罪学及刑罚学》,查良鉴译,中国政法大学出版社2003年版,第224页。

该以德育即人格与性格之陶冶为终局目的。"①台湾地区忠信学校校长高震东主张:德育是一切教育的根本,智育没有德育做基础,智育就是犯罪的帮凶;体育没有德育做基础,体育就是暴力的前卫;群育没有德育做基础,群育就是社会动乱的根源;美育没有德育做基础,美育就是腐化的催化剂。可见,德育在学校教育中非常重要,如果学校教育只重视这种智育而忽视德育,则可能会一方面培养学生的犯罪能力,另一方面又促成其反社会人格形成。②

4. 其他环境因素的影响

除了家庭、学校环境对犯罪人格的形成产生影响外,其他环境因素也对犯罪人格的形成产生影响。

第一,邻里环境对"带菌个体"生成的影响。邻里是以天然的地域上的临近和人员的交往频繁而形成的基本社会单位。一般说来,当邻里关系和睦,主流社会规范能得到邻里成员普遍遵守时,则有利于强化置身其中的个体(特别是青少年)形成健康的人格,或者限制甚至消除其人格中的不良因素。反之,当邻里关系不良,尤其是自觉遵守主流社会规范的意识在邻里成员中普遍较为淡漠时,处于这种不良环境的个体(特别是青少年)就很可能逐渐吸收和内化非主导价值准则和不良生活方式,并随着与邻里不良成员的频繁接触,其人格中的不良因素日趋强化,③直至形成犯罪人格。

第二,职业环境对"带菌个体"生成的影响。在现代社会,职业环境是个体全面实现社会化的重要场所。在正常情况下,各种职业环境总体上能够代表主流社会意识。遵守主流社会规范,对个体的全面社会化起着重要作用。但是我们也不能否认职业环境中的某些不良因素会对个体带来不良影

---

① 转引自张甘妹:《犯罪学原理》,汉林出版社 1985 年版,第 212 页。

② 目前,我国教育制度方面出现的问题已引起有识之士的关注。笔者认为,有一点非常值得深思:重理轻文,缺乏人文教育。人文是什么?我们可以暂时接受一个非常粗略的分法,就是"文"、"史"、"哲"三个大方向。人文教育就是向学生灌输文、史、哲思想。在我国市场经济过程中,市场经济讲究"实惠",倡导残酷的竞争,在市场经济的现实面前,如何把握自己,如何才能作到"不损人而利己"?是靠远大的共产主义理想?还是靠基本的社会良知?在社会主义初级阶段,由于物质文明还没有发展到与共产主义理想相一致的程度,要求每个社会成员都具备远大的共产主义理想是不可能的,更是不现实的,这已经被实践所证实。许多长期接受共产主义教育并信奉马克思主义的党和国家高级干部在市场经济的大潮中纷纷"落马",最终走上"不归路",便是很好的例证。所以,剩下的只能是靠社会良知。社会良知并非天生具有的,它靠的是人文教化的长期培育并代际相传而得的。对社会良知的培养不是靠空唱利他主义的高调进行说教式教育,而是大力倡导人文教育。

③ 参见张远煌:《犯罪学原理》,法律出版社 2001 年版,第 230 页。

响,并在某种程度上促成个体的犯罪人格形成。这些不良因素主要是职业管理层的不良示范作用,如果职业管理层的行为模式与主流社会规范背道而驰,必定会对单位职员产生"强化"效应,久而久之,管理层的行为模式便会内化为单位职员的行为趋向的榜样。在这种背景之下,如果职员的个体素质不能抵御榜样的力量,就很可能会形成犯罪人格。

第三,业余生活环境对"带菌个体"生成的影响。业余生活环境是个体融入社会的一种重要方式,对个体社会化过程起着重要作用。个体业余生活往往以"群体"的方式出现,"物以类聚,人以群分",业余交往中的伙伴之间的影响对犯罪人格的形成很重要。当业余生活团体的价值观念与主流社会相一致时,业余生活环境就会对个体社会化起正面作用,并且能够抵御不良人格的形成;反之,当业余生活团体的价值观念与主流社会不一致时,则有可能形成所谓的"亚文化"①,亚文化是导致个体犯罪人格生成的一个重要因素。大量的研究发现,朋友的违法犯罪和青少年自己的违法犯罪之间有很大的联系。②

第四,强制性环境对"带菌个体"生成的影响。所谓强制性环境,是指行为人在刑事诉讼中因拘留、逮捕等强制性措施的适用和被宣判剥夺自由刑后所经历的环境,如监狱、拘留所以及其他强制场所。③ 虽然接触此类环境的只是少数个体,但该环境对犯罪人格的形成(特别是强化)起着重要作用。强制性环境之所以对犯罪人格的形成(特别是强化)起着重要作用,主要是该类环境所带来的负面效应所引起的。事实证明,监狱、拘留所等强制性场所,并不能很好地改造罪犯或嫌疑人,相反,却容易导致"带菌个体"之间、

---

① 美国犯罪学家艾伯特·科恩(Albert K. Cohen)在其著作《少年犯罪人:帮伙亚文化》中提出了"帮伙亚文化理论"。该理论的主要观点是:美国社会下层阶级的少年犯罪行为实际上是对中产阶级文化规范与价值观念的抗争。由于下层阶级的少年经历不利的社会和家庭环境,缺乏主流文化所要求取得社会、经济成功的基本技巧(包括教育训练、语言社交技巧、延迟满足等),因而体验着一种地位挫折,由此许多下层阶级的少年联合在一起,逐步形成了与主体文化相冲突的亚文化。亚文化是主体文化的颠覆,在亚文化看来,少年犯罪行为是正确的,而这恰恰是因为以主体文化规范为标准它是错误的。参见张小虎:《转型期中国社会犯罪原因探析》,北京师范大学出版社2002年版,第93—94页。

② See Johnson, Richard E., Juvenile Delinquency and its Origins: An Integrated Theretical Approach, Cambridge University Press, 1979.

③ 参见张远煌:《犯罪学原理》,法律出版社2001年版,第234页。

"带菌个体"与非带菌个体之间的交叉感染。① 就前者而言,对犯罪人格起着强化作用(犯罪人格从低级别转向高级别);对后者则起着生成作用(犯罪人格从无到有)。一方面,在刑事诉讼过程中,受证据规则的限制,一些人被抓之后,在看守所呆了一段时间,很可能由于事实不清或证据不足而被释放。即便如此,这些被释放者(有的是有罪但证据不足者,有的根本就没有犯罪)在看守所这个特殊场所,还是学到了很多东西。其中就包括对犯罪行为的学习,因而有人把看守所称为"短期犯罪研讨班"。② 另一方面,研究表明,监狱实际上很难实现改造功能,相反,"监狱在减少、控制、预防犯罪方面所起的作用微乎其微。在美国各地各种各样的监狱里的不可思议的累犯率,使得美国监狱的阻止犯罪和改造罪犯的功能丧失殆尽,罪犯关押的时间越长,他成为累犯的可能性就越大"③。"有情况表明,判处6个月以上刑期的罪犯,其成为累犯的可能性将显著增加。并可能加大其再犯之罪的严重性。"④"我国现在的监狱劳动,是用极少量的奖金来约束服刑人的身体……其实际用意不过是避免和防止犯人逃跑而已。在这种情况下,要想使犯罪人得以改善和更生,那是根本不可能的。现在,已坐过监狱的人中,约有2/3的人又成为再犯者,重新回到了监狱。"⑤因此把监狱描绘成"犯罪工厂"和"犯罪学校"是毫不夸张的。台湾文化大学法律系廖正豪教授,在考察监狱后认为,只有6%的累犯恶性大,屡教不改,对其理应再多判一些刑期,使其多留一些时间在狱中,从而少在社会上祸害;其余94%是初犯、轻犯、过失犯、从犯等,对其理应再从轻,尽可能少投入监狱,以免使其进一步学坏。服刑者在狱中学好的少,学坏的多,出狱后大多又犯更大的罪。可见,无论是"短期犯罪研讨班"还是"犯罪学校",都会在某种程度上导致犯罪人格的强化或

---

① 一般而言,进入强制性环境的都是"带菌个体",但也不排除非带菌个体的存在,由于各种原因,错抓、错判实属难免。

② 对此,北京丰台区检察院曾在2001年11月上旬,对丰台看守所97名少年犯进行了一次专门的问卷调查。其中,有92人希望司法机关能够尽快审理自己的案件。一位14岁涉嫌故意杀人犯罪的少年冯某这样写道:"我希望司法机关尽快审理我的案件,案子越慢我越不安。"有51人认为,被关押在看守所"很容易学坏",占52.6%。这种在羁押期间造成的"二次污染",不仅会进一步毒害未成年人的心灵,而且给教育、挽救未成年人的工作带来严重影响。

③ D. Stanley Eitzen, Doug A. Timmer, Criminology, John Wiley & Sons, Inc., 1985, p.571.

④ McCarthy, C., Conscientious Hard-Line Judge (Hard on Preveiling Myths), Des Moines Register (November 5):10a. Cited from D. Stanley Eitzen, Doug A. Timmer, Criminology, John Wiley & Sons, Inc., 1985, p.571.

⑤ 〔日〕菊田幸一:《犯罪学》,海沫等译,群众出版社1989年版,第316页。

生成。

第五,媒体环境对"带菌个体"生成的影响。书刊、杂志、电影、电视、光盘、Internet 网络等媒体对传播主流文化,提高社会的娱乐水平起到重要作用,也是现代社会个体社会化的重要途径。然而,各种媒体在给社会带来大量福祉的同时,也带来了一些不良后果,其中最为典型的就是不良媒体的传播,给社会造成了大量的"精神污染",这些污染成为犯罪人格形成的一个重要因素。① 媒体环境对"带菌个体"产生影响方面有很多实验。"有报告指出,孩子从电视上看到暴力电影后,夜里睡觉时会说胡话、做噩梦,另有报告指出,即使以猫为主人公的漫画电影中也能诱发孩子的攻击行为,而且仅仅看了 10 分钟,过了 6 个月后仍与一般孩子有差异。有的将大学生作为实验对象,发现攻击性影片可以增加攻击性反应,这种攻击性不一定对眼前直接原因的人,而且对从前认为讨厌的人或者对有敌对情绪的人也会引起攻击性……即使对于普通成年人,也会由于宣传之类而受到粗暴和居心不良等影响……其他,有不少人由于看了电视和报纸报道的犯罪手法而导致模仿犯罪的情况。"②

(五)个体素质与环境因素相互作用:"带菌个体"生成之变量四

如前文所述,个体素质(广义)与环境因素是导致"带菌个体"生成的重要变量,有些类型的潜在犯罪人("带菌个体"),如暴力犯、激情犯等,往往

---

① 据《兰州晨报》2005 年 12 月 8 日报道:2005 年 12 月 5 日晚,兰州市 110 指挥中心的报警电话急促响起:"是 110 吗? 刚才我在天水路火车站附近的一家招待所里遭到了几名小伙子的侮辱和轮奸,求求你们快来救救我吧!"经查,报警者是名叫刘娇(化名)的女子。据刘娇反映,她在天水路一舞吧从事伴舞工作,12 月 5 日晚,两个十七八岁的小伙在舞吧请她跳舞,对方谎称刚到兰州十分寂寞,想请她到外面吃饭。刘娇不从,没想到两小伙露出狰狞面目,其中一人掏出匕首逼她出门,并威胁她不许出声。迫于对方的淫威,刘娇只好从命,二人把刘娇挟持到附近一家招待所的客房。刘娇刚进门,发现里面还有四个小伙。几个小伙对她一番挑逗后,逼她脱掉衣服,并强行与她发生性关系。小伙们发泄完兽欲后,把她推出房门,威胁她不许报警,否则要杀死她及其家人。接报后,110 指挥中心立即指令辖区的城关公安分局团结新村派出所民警行动,解救受害的刘娇并缉拿案犯。几名当班民警星夜出击,将案发招待所包围后,其中两名民警直捣发生罪恶的客房。服务员打开房门,全副武装的民警冲进房间,当即将三人抓获,后来,办案民警又抓获了另外一名犯罪嫌疑人。经过突审,民警发现四名犯罪嫌疑人都是青少年,三人是兰州市人,一人是嘉峪关人,年龄最大的不过 18 岁,最小的只有 16 岁,四人承认了从舞吧胁迫刘娇到招待所并与其发生性关系的犯罪事实。令办案民警哭笑不得的是,四人都声称不知道自己的行为是犯罪行为,作案手段是从电影电视上学来的。

② 〔日〕森武夫:《犯罪心理学》,邵道生等译,知识出版社 1982 年版,第 101—102 页。

是个体素质影响的结果,也就是说,只要具备了某些特定的个体素质,个体就可以形成犯罪人格,成为"带菌个体";有些类型的"带菌个体",则是环境因素作用的结果,这主要针对那些具备优良个体素质的个体而言,他们的个体素质并不足以形成犯罪人格,其犯罪人格的形成主要是在社会化过程中,受环境因素作用而实现的;然而,更多类型的"带菌个体"则是受个体素质与环境因素的相互交叉影响才形成的。

第三章 "致罪因素"

所谓"致罪因素",是指促使"带菌个体"形成犯罪动机,由潜在犯罪人向危险犯罪人转化的因素。在"致罪因素"与"带菌个体"的相互作用下,"带菌个体"成为危险犯罪人,一旦遇到"催化剂"因素,则会实施犯罪行为,从而成为现实犯罪人。详言之,纯粹"带菌个体"只是潜在犯罪人,如果不受"致罪因素"影响,是不会转化为危险犯罪人的。只有在"致罪因素"的作用下,潜在犯罪人才可能形成犯罪动机,从而成为危险犯罪人。同时,危险犯罪人也并不一定就能实施犯罪行为,他还必须遇到一定"催化剂"因素,才可能实施犯罪。

笔者认为,"致罪因素"主要包括:经济政策失误、性禁忌、政治制度弊端、信仰缺失等方面。

一、经济政策失误

经济政策失误是一项重要"致罪因素",这主要体现在财产犯、情感犯的生成方面。经济政策是国家政策的重要表现。经济政策主要体现在就业政策、分配政策等方面。由于国家在就业政策和分配政策等方面的失误,使得"带菌个体"的需求(包括合理与不合理的)得不到满足,从而形成犯罪动机,成为危险犯罪人。具体说,由于就业政策失误,会不可避免地带来两个结果:一是失业,二是贫穷。另外,由于分配政策的失误,会带来分配不公。失业、贫穷、分配不公是经济政策失误"致罪因素"中的具体"致罪因素"。

(一)经济政策失误"致罪因素"作用方式

首先,失业"致罪因素"所发挥的作用。一个人若勤于工作,则陷入犯罪的危险较少,但一旦失去工作,其犯罪危险系数就会增加。根据学者的调查,一般认为,"犯罪者中之约 40% 左右,在少年犯中则约一半以上为在其犯罪时无一定职业者"①。失业促使"带菌个体"转化为危险犯罪人,也即形成犯罪动机,主要是由于:失业会在某种程度上导致行为人自尊心得不到满足、道德感丧失,形成报复社会的动机。工作本身可以预防犯罪,"工作的安定造成道德"②。一个人如果有一份安定的工作,工作的需要得到满足,他就会遵守主流社会规范。即便是潜在犯罪人("带菌个体"),也可能会因为有了工作而一直处在潜在犯罪状态,不会形成犯罪动机,当然也就不会成为危险犯罪人。相反,如果没有了职业,一个人的自尊心得不到满足,他就可能产生反社会情绪,没有道德感,从而演变为"带菌个体"。更为严重的是,如果失业者本身就是"带菌个体",那么他就会在自尊心不能得到满足和寻求职业不断受到挫折的双重压力下,形成犯罪动机,通过犯罪的手段追求心灵的补偿。可见,失业是导致情感型犯罪发生的一个重要"致罪因素"。

其次,贫困"致罪因素"所发挥的作用。追求物质享受是人类的基本需求,也是人类得以发展的动力条件。贫困本身并不一定会产生犯罪,但贫困却是"带菌个体"形成的一个环境因素,也是促使"带菌个体"形成犯罪动机(主要是财产犯罪)的一个重要因素,即"致罪因素"。此处着重分析后一种情况。贫困是如何导致"带菌个体"形成犯罪动机的?答案很简单:对于那些已经形成需求偏差(物质需求)的"带菌个体"而言,他们一旦由于贫困而不能通过正当渠道满足物质需求,就会形成通过犯罪的手段满足该需求的动机,从而着手准备实施盗窃、抢劫、诈骗等财产性犯罪。

马克思主义者一直认为,贫困是资本主义社会产生犯罪的一个重要原因。他们认为,在资本主义社会,"产生违反公共生活规则的极端行为的根本社会原因是群众受剥削和群众贫困"③。在资本积累过程中,广大工人时刻处于失业和半失业的威胁之中,随时随地都可能因失业而失去生活来源,等待着他们的只有贫困。"当无产者穷到完全不能满足最迫切的生活需要,穷到要饭和饿肚子的时候,蔑视一切社会秩序的倾向也就愈来愈增长了。"④他们对生活没有任何兴趣,几乎一点享受都得不到,从而觉得法律的

---

① 张甘妹:《犯罪学原理》,汉林出版社1985年版,第226页。
② 〔美〕约翰·列维斯·齐林:《犯罪学及刑罚学》,查良鉴译,中国政法大学出版社2003年版,第201页。
③ 《列宁选集》(第3卷),人民出版社1995年版,第193页。
④ 《马克思恩格斯全集》(第2卷),人民出版社1957年版,第400—401页。

同。在美国社会中,最重要的文化目标是获得财富。人们通常把积累起来的财富看成个人的价值观,并且给那些有大量财富的人以很高的声望和社会地位。二是规定手段。任何社会的文化都以规范、制度等形式规定了实现目标的手段。所有的人都应该利用这样的手段去达到目标。当社会成员接受文化上确定的传统目标,并且用制度性手段去达到目标时,就不会产生紧张及越轨行为(包括犯罪行为)。但是,当个人无法利用制度性手段实现目标,或者对传统目标不感兴趣时,就会在传统目标与制度性手段之间产生失调现象或不平衡状态,这就是失范。在这种状态下,个人会体验到心理压力或失范性紧张,从而采取一些社会适应方式缓解压力或紧张。[①]

失范带来的紧张主要发生在下层阶级身上,个人缓解紧张而采取的适应社会的方式如下表所示:[②]

适应方式	文化目标	制度性手段
Conformity(遵守)	+	+
Innovation(创新)	+	-
Ritualism(形式主义)	-	+
Retreatism(退却主义)	-	-
Rebellion(造反)	+/-	+/-

表中"+"表示接受;"-"表示排斥;"+/-"表示拒绝传统的文化目标和实现目标的手段,代之以新的目标和手段。详而言之:(1) Conformity(遵守):个人赞同文化目标,同时也拥有获取目标的适当方法。(2) Innovation(创新):个人赞同社会目标,但并不是通过或者无法通过合法的方法去实现这些目标。在所有的适应方式中,创新与犯罪行为的联系最为密切。(3) Ritualism(形式主义):个人拒绝传统的文化目标,却同时接受合法的方法。(4) Retreatism(退却主义):既排斥传统文化目标,也否定合法方法。(5) Rebellion(造反):拒绝传统的文化目标和实现目标的手段,代之以新的目标和手段。

可见,在上述五种适应方式中,采取 Innovation(创新)、Retreatism(退却

---

① 参见吴宗宪:《西方犯罪学》,法律出版社1999年版,第459—460页。
② See Robert Merton, Social Structure and Anomie, In Glencoe Ⅲ., Social Theory and Social Structure, Free Press, 1957.

主义)和 Rebellion(造反)的方式容易导致犯罪行为。

2. 相对剥夺理论(relative deprivation theory)

相对剥夺理论由美国社会学家朱迪斯·布劳(Judith Blau)和彼得·布劳(Peter Blau)提出。① 相对剥夺理论的基本观点是:贫富悬殊造成的相对剥夺感和社会不公感,会导致愤怒情绪和犯罪行为。②

详而言之,下层阶级成员由于他们的种族和阶级地位,不能通过合法方法取得自己所期望的财富,同时他们又居住于富人也定居其间的城市的一些地区,亲眼目睹了富人的富有,由此最终形成了不公平和不满意感。他们感到被剥夺,从而不信任这个造就了社会不公和阻塞了他们合法的发展机会的社会。经常的沮丧,产生了处于压抑状态的攻击、敌意,导致了一种失范和愤怒的状态,相对被剥夺者正义性地感到愤怒,终于以暴力和犯罪的方式爆发,以释放他们的敌意。日益凝聚的社会不公平感与收入不平等直接相关,并且在那些穷人与富人生活密切邻近的社区中形成。③

3. 小结

无论是失范理论,还是相对剥夺理论都在一定程度上说明了经济政策失误是犯罪生成的一个重要"致罪因素",由于经济政策失误,使得贫困阶层难以通过合法途径实现满足财富欲望的目标,从而容易产生相对被剥夺感,在此情形下,一旦贫困阶层的"带菌个体"有了相对被剥夺感,就会形成犯罪动机,转变为危险犯罪人。

(三) 流动人口财产犯罪与暴力犯罪:经济政策失误"致罪因素"的一个实证分析

随着我国人口流动的进一步加剧,流动人口犯罪问题日益突出,已经成为社会广为关注的问题。流动人口犯罪不仅危害严重,而且涉及面广,据相关数据统计,流动人口犯罪在整个刑事犯罪中所占比例越来越大,有统计表明:北京流动人口犯罪占 40%—50%,上海占 70%—80%,广州为 70%—

---

① 1982 年,朱迪斯·布劳(Judith Blau)和彼得·布劳(Peter Blau)发表了《不平等代价:大城市结构与暴力犯罪》(The Cost of Inequality:Metropolitan and Violent Crime)论文,将默顿的失范理论与社会解组理论进行整合,并在此基础上提出并论述了相对剥夺理论。
② 参见吴宗宪:《西方犯罪学》,法律出版社 1999 年版,第 470 页。
③ 参见张小虎:《转型期中国社会犯罪原因探析》,北京师范大学出版社 2002 年版,第 88—89 页。

80%，深圳达97%。① 流动人口犯罪主要以财产犯罪为主，②其次为暴力犯罪和性犯罪。笔者认为，按照犯罪化学反应方程式，对流动人口财产犯罪与暴力犯罪（至于流动人口性犯罪，下文将从性禁忌角度，以民工为对象予以分析）而言，经济政策失误是一个重要的"致罪因素"。

对流动人口财产犯罪与暴力犯罪而言，经济政策失误也表现为失业、贫穷、分配不公等方面。

以贫困和失业为例，有学者通过实证研究得出如下结论："建国以来，虽然我国确立了以公有制为基础的社会主义制度，但由于各种人祸天灾，贫穷并没有随着社会制度的改变而远去。改革开放以来，中国的经济成就举世瞩目，但在广大的农村仍有近3000万人处于绝对贫困的境地。这些人中的很大一部分迫于生计，纷纷外出打工，流入了城市。通过大量调阅案犯的档案及对罪犯的直接采访，我们发现，外来流动人口的犯罪中，因家里太穷而犯罪的占33%，因外出打工找不到工作，生活无出路而犯罪的占35%，因好逸恶劳而犯罪的占17%，因其他原因而犯罪的占15%。另外，根据监狱管理人员的介绍，在监狱的'大账'（罪犯在收监时，所有钱物都要上交，登记造册，集中保管，称大账）中，外来流动人口罪犯的钱物平均价值不及本地罪犯的十分之一，有许多外来流动人员在被捕时，身无分文。因此，无论其他的犯罪是否由贫困引起，我们坚信，贫困是外来流动人口犯罪最主要的内在动因。"③

也有学者以基尼系数为视角，从分配不公角度论证流动人口犯罪原因。如有学者通过比较基尼系数与犯罪案件的变化关系后得出结论："通过计算结果我们可以发现，流动人口作案相对集中的几类犯罪案件与基尼系数之间呈高度正比关系。我国城乡居民收入的基尼系数由1981年的0.278上升到2000年的0.417，抢劫案件、盗窃案件、诈骗案件总数也随基尼系数的增加而分别从1981年的22266、743105、18665增大到2000年的309818、

---

① 参见肖金军：《流动人口犯罪研究综述》，载《江苏公安专科学校学报》2001年第4期，第52—59页。

② 据上海市媒体报道的相关案件统计，盗窃、抢劫、诈骗、制假、贩卖假币等经济动机犯罪占62.7%，其中盗窃、销赃占24.3%，高居榜首；诈骗、敲诈占13.8%；制假、售假、贩卖假币占13.3%；抢劫占11.3%。参见郑永红：《基尼系数与流动人口犯罪》，载《湖北警官学院学报》2004年第1期，第48页。

③ 方建中：《流动人口犯罪实证研究》，载《求索》2003年第6期，第133页。

2373696、152614,由此可见,基尼系数愈大,流动人口从事犯罪活动特别是侵财性犯罪活动的可能性就愈大。"①所以,基尼系数愈大,社会分配就愈不公,人们的相对被剥夺感愈强,从事犯罪活动的可能性就愈大。"我国地域广袤,情况千差万别。一方面在我国西部地区尚有6000万群众没有脱贫,扶贫工作也成了本世纪末的最大难题之一,另一方面我国东部和沿海地区却早已达到小康水平。如果我们拿富裕地区的居民和贫穷地区的居民作对比,其间的差距是很大的。但问题是,这些相差悬殊的人群并不住在一个城市,生活在同一社区,相对丧失感并不是那么强烈。但当贫困地区的人群流向大城市后,一下子接触到城市中的高收入、高消费、高福利,他们的相对丧失感是很强的。这就可以部分解释三种现象:第一,为什么犯罪集中发生在城市?第二,为什么城市中犯罪成员大多是从农村流向城市的流动人口?第三,为什么流动人口犯罪中侵财性犯罪突出?这主要是因为工业化社会的城市环境使许多人看到自己的生活水平低于其他城市居民而感到被剥夺,而人们企图用非法的手段使他们所感受的剥夺得到补偿……相对丧失论是中国流动人口犯罪的一种可能解释。"②

二、性 禁 忌

性需求是人类的基本需要,也是人类得以存在和发展的前提。虽然在人类早期,原始人处于杂交状态,其性欲之满足非常容易,因而就不存在"非法"(乃至犯罪方法)满足性欲问题。然而,自从人类家庭制度形成以来,出现了各种各样的性禁忌,并以此约束人类的性行为。性禁忌至少带来以下不利后果:一是导致性压抑;二是使人类的"喜新厌旧"的性欲望得不到满足;三是性禁忌在某种程度上催生了非法的性交易市场。性禁忌所带来的三种结果促使具备性犯罪的"带菌个体"形成犯罪动机,从而成为危险犯罪人。所以说,性禁忌是引发性犯罪,以及与性相关犯罪的一个重要"致罪因素"。

---

① 郑永红:《基尼系数与流动人口犯罪》,载《湖北警官学院学报》2004年第1期,第49页。
② 麻泽芝、丁泽芸:《相对丧失论——中国流动人口犯罪的一种可能解释》,载《法学研究》1999年第6期,第134页。

（一）性文化的两个极端：从性崇拜到性禁忌

在人类早期，先民处于杂交状态，性是自由的，没有禁忌可言。对于现代人来说，两性生殖器的相互接触——性交——生殖是紧密联系的，但是，对于原始初民来说，在一个很长的历史时期内，还不能把这三者联系在一起，而对三者都充满了神秘感。他们对生殖、性交存在神秘感，同时由于生殖器和生殖、性交有密切联系，也对生殖器产生神秘感，这样，就出现了生殖崇拜、性交崇拜与生殖器崇拜。这三者是紧密联系在一起的，构成了性崇拜的主要内容。

一是生殖器崇拜：我国多处发现数千年前人们加以供奉的男女生殖器象征物。公元前3至公元前2世纪古希腊人曾制作和供奉硕大的男性生殖器石雕。据考证，古代叙利亚妇女把木雕男性性器佩带在身上作为护身符。古犹太人立誓时一手向天，一手握性器以示庄重；他们素有割礼的习惯，往往将割礼同祭上帝的仪式一起举行，通常是在割礼之后将割下的包皮再用于祭上帝。古印度民间有祭祝加兰女神的习俗，祭祀时以一裸体女人为代表，其性器官接受祭祀的瞻仰膜拜。叙利亚民间有"子宫节"，每逢节日，也举行类似的木杠插于田间，以此作为神物，祈求田地肥沃，庄稼茂盛。二是性交崇拜：原始人相信性交具有很大的魔力，可以安慰或超度亡灵。印第安人某部落处死一个外族俘虏之前，要派一个本族女子和他性交，认为这样才能使死者的灵魂不来报复。后来的某些宗教也继承了这种观念。例如有的佛教教派认为，性交是最高精神境界，通过它才能不生不灭。在中国古代，人们常以性交图作为"护书"或"避火图"以辟邪，保佑家宅平安。世界上有不少原始民族都以性交作为舞蹈的主要内容，一以祭神，二以狂欢。日本直到近代所流行的狂欢节，就是性交崇拜的最好证明。日本丰后国日田郡夜明村，在每年8月15日的盂兰盆节上，全体男女举行拔河比赛，同时凡少女不论是谁都必须和男子性交，否则就会被作为残废者对待，影响婚姻大事。伊予国上浮郡国渡村每年阴历二月初卯日举行新田八幡宫例祭。这天夜里全村妇女都要戴着白手帕，到郊外自由地与任何一个男子性交。古希腊人、罗马人都有类似的性风俗。① 三是生殖崇拜:生殖崇拜即对妇女分娩的崇拜。原始人由于不懂得人类生殖的原因,见到从妇女腹中能生出一个新的生命,总认为其中有一种神奇的力量,同时由于当时社会生产力极端低下,人就是生产力的全部,人口的多少、体质的强弱决定氏族或部落的兴衰,所以人们对妇女分娩十分重视,当有妇女分娩时都要举行隆重的祝祷仪式,要到野外去分娩,认为这可以使土地肥沃。如果妇女因分娩而死,那么就要对死者举行英雄的葬礼。古代许多民族都有生殖之神,在古希腊和罗马是匹里亚柏斯,其神像的最大特点是阳物雄伟异常;中国古代的生殖之神则多为女性,如送子观音、送子娘娘等。古代许多民族还有许多供奉的生殖偶像,除了明显地表露出阴茎或阴户外,更强调和夸张有利于生殖的身体部位和体态,如肥厚的腹部与臀部,或者表现怀孕和生殖时的体态。这种生殖偶像还常在古墓中发现,古人相信它们能辟邪并保佑后代兴旺。

性崇拜是早期人类文化普遍存在的一种最基本的文化事实,是人类反省自身的一种把握自己存在的文化方式,同原始宗教一样,它构成了人类存在成为可能的前提。在古代先民那里,性欲只意味着创造的激情和力量,并不带有淫秽色彩,他们"用性器的形象作为创造力的象征,是自然的,没有任何色情的意思"②。然而,随着社会的发展,先民逐渐发现对性的过度崇拜会带来许多不利。如在两性交往的过程中逐渐摸清了两性交媾与自然选择规律之间存在着一定关系。那就是:近亲交配者,其生不蕃。于是性禁忌文化开始产生。性禁忌(sex taboo),是指人类对自身性行为的一种戒律,包括在特定的时间、场合、对象之间禁止发生的性关系。早期的性禁忌包括:乱伦禁忌、月经禁忌、狩猎禁忌、处女禁忌等。乱伦禁忌(incest taboo)是指禁止有血缘关系的人发生性关系,是人类最古老、也最重要的性禁忌。月经禁忌(menstruation taboo),是认为月经危险和不洁的一种禁忌,因为古人无法理解月经的现象,而流血常常意味着死亡,是不吉利的象征。古人躲避危险

---

① 如在希腊的斯卡门德尔河一带,新娘要到河中当众洗澡,按传统高呼:"斯卡门德尔神啊,拿去我的贞操吧!"这时,由一个男青年扮演河神,真的前来与她性交。四天之后,新婚夫妻来到爱神阿芙洛狄特的神庙中,举行正式结婚仪式。新娘要从出席者中找出那个扮神的男青年,并向众人宣告:"那就是斯卡门德尔神,我把贞操给了他。"在其他地区婚礼仪式上,每个男宾客都可以与前来参加仪式的未婚女性性交。参见潘绥铭:《性的社会史》,河南人民出版社1998年版,第200页。

② O.A.魏勒:《性崇拜》,史频译,中国文联出版公司1988年版,第210页。

最好的办法是远离危险,因此禁止和月经期的妇女性交甚至接触,就演变成了月经禁忌。① 狩猎禁忌(sexual taboo in hunting)即在狩猎过程中禁止性交。② 处女禁忌(virgin taboo),古人将和处女性交当做极具危险的一种性交,主要原因也是初次性交会出血,古人认为不吉利,甚至认为会暴卒。所以后来将与处女性交演变成初夜权,开始的行使者又责无旁贷地落在亲人,如父亲兄弟身上。自性禁忌文化产生以后,人类性自由开始受到限制,性欲的满足变得不再是"随心所欲"。

(二) 乱伦禁忌:性禁忌典型

乱伦禁忌是最典型,也是最严厉的性禁忌。所谓乱伦禁忌,就是禁止亲属之间发生性关系的文化准则。乱伦禁忌的核心内容是:"禁止双亲与后代,同代或同兄弟姐妹之间的性关系。近代社会普遍接受了这一乱伦禁忌,并把核心家庭中无血缘关系的尊亲与子女之间的性关系也包括在内。"③

在性崇拜时期,近亲之间的性行为并不被认为是"乱伦"。乱伦禁忌是性禁忌文化的重要内容,是社会生产力发展到一定阶段的产物。对于乱伦禁忌文化现象产生的原因,各国学者众说纷纭,理论繁多:(1)本能论。把乱伦禁忌看做一种生物的本能。如英国学者韦斯特马克曾经提出:"禁止族内婚的根本原因,似乎是因为从孩提时代起就非常密切地生活在一起的人相互之间明显缺乏情欲,从而一想到这种行为,便会产生一种强烈的反感情

---

① 法国社会学家爱弥尔·涂尔干较为详细地论述了月经禁忌(不仅涉及性关系,还涉及日常生活的所有细节),他写道:"当青春期的最初迹象开始出现的时候……年轻的女孩子不能与氏族的其他成员相往来,甚至也不能接触其他成员所用的东西。人们把她尽可能严密地隔离起来。她不能碰触其他男人踩过的土地,也不能让阳光照射到她……但是,并不是只有在青春期,女人才遭到这种排斥而远离男人的。只要每个月又出现了相同的表现的时候,同样的现象就会发生……无论在哪儿,性交往都是被严格禁止的……"〔法〕爱弥尔·涂尔干:《乱伦禁忌及其起源》,汲喆等译,上海人民出版社 2003 年版,第 43—45 页。
② 除狩猎活动以外的其他生产活动的性禁忌,例如,老挝锡丰盐场工人在工作地点是绝对禁止性交的;非洲肯尼亚人在酿蜜酒时需要男女同住一室,但严禁性交,否则酒不能喝;南非的巴帕地部落建房时,也禁止性交。
③ 庞兴华:《性变态犯罪及其对策》,警官教育出版社 1999 年版,第 335 页。

绪。"①美国人类学家洛伊也曾认为,乱伦禁忌的普遍存在,是因为人类对近亲结合存在着天生的反感。②(2)遗传退化论。该说认为,近亲性交繁殖会造成生理上的退化,于是乱伦受到限制和禁止。如苏联学者谢苗诺夫认为:"群与群之间的杂交在异常短暂的时间内清除了过去长期近亲交配所造成的一切有害苦果。不同集体的成员间发生性交关系的结果是,出生率的急剧增长和生命力强、身体健壮、繁殖力旺盛的后代大量出现。集体内部的性交关系与不同集团成员的性交关系之对比,其结果竟如此地令人惊异,以致再也不能忽视它了。"③(3)社会进化论。该说认为,乱伦的规定,能够使一个群落通过与其他群落的联姻避免自我孤立、自我封闭。如英国社会学家爱德华·泰勒认为:"族外婚能使一个发展中的部落,通过与其分散的氏族的长期联姻而保持自身的紧密团结,能使它战胜任何一个小型的孤立无助的族内婚群体。这种现象在世界历史上曾经屡次出现,这样,原始部落的人们在他们的头脑中必定直接面临着一个简单而实际的抉择:或进行族外婚,或被彻底根绝。"④(4)生态学理论。该学说以生态学假说解释乱伦禁忌的产生。如美国学者玛丽安·斯莱特认为:"人类社会早期社会技术简陋,生活条件差,人的寿命很短。而父女、母子之间的年龄差距很大,父母在他们的孩子性成熟前就已死去,所以不可能发生乱伦。待人类技术改进,寿命延长,乱伦发生的生态条件具备了,但人类的家庭模式已经形成了族外婚的惯制,所以乱伦禁忌就作为一种公认的规范,而延续下来。"⑤(5)家庭破裂论。该学说从乱伦禁忌的功能解释它存在的原因。如功能派创始人马林诺夫斯基认为:"性冲动,总的来说是一种非常不安定的社会分裂力量。不对性冲动进行一场革命性的变革,它是不能被先前业已存在的情感所接受的。因此,性兴趣与任何家属关系——无论是父母的还是兄弟姐妹之间的关系——都是不相容的……如果允许情欲侵入家庭范围,那么,它不仅会造成

---

① 转引自〔美〕怀特:《文化科学——人和文明的研究》,曹锦清等译,浙江人民出版社1988年版,第295页。
② 参见楚云:《乱伦与禁忌》,上海文艺出版社2002年版,第146页。
③ 〔苏〕谢苗诺夫:《婚姻和家庭的起源》,蔡俊生译,中国社会科学出版社1983年版,第173页。
④ 转引自楚云:《乱伦与禁忌》,上海文艺出版社2002年版,第150页。
⑤ 〔美〕尤金等:《文化人类学基础》,李富强译,中国民间文艺出版社1987年版,第107—108页。

嫉妒和竞争因素,并致使家庭解体,而且也会搅乱最重要的亲属关系纽带,而亲属关系乃是全部社会关系赖以进一步发展的基础……一个允许乱伦的社会内连一个稳定的家庭都产生不出来;亲属关系的最稳固的基础(家庭)因此而丧失殆尽,在一个原始共同体中,这意味着社会秩序的瓦解。"①

可以说,关于乱伦禁忌的解释可谓仁智各见。然而,由于乱伦涉及的因素太多,我们不可能以一个单一的理论作出令人满意的解答。正如美国人类学家林顿所总结的:"人们对构成这类婚姻限制——技术上称为乱伦规则——之基础的原因只有十分残缺的理解。由于这些规则遍及全球,所以,假定它们的原因到处存在,这似乎万无一失,但生物学上的因素可以立刻加以排除。近亲繁殖并不一定有害……对乱伦规则所作的从纯社会方面的一切解释也不令人满意,因为这些规则采取的方式很不一致……看来还涉及某些心理因素,但用这些因素解释乱伦规则制度化的原因不够有力,缺乏一致性……乱伦规则可能是所有这些因素综合造成的……"②

(三)婚姻形态的演变:性禁忌的发展

性禁忌的发展水平及程度体现在婚姻形态的演变方面。一般认为,婚姻的本质就是对人的性活动的限制,是人类文明的表现,"社会对性的作用只是单方面地绝对地管束与约束,管制得越多,表明社会越进步"③。弗洛伊德认为,人类的性文明史就是人被压抑的历史。本能与文明是对立的,性的发展史是一个从自由到压抑的过程。"人体从头到脚皆已顺着美的方向发展,唯独性器本身例外,它仍保持其兽性的形象;所以不论在今日、在往昔,爱欲的本质一向总是兽性的。要想改变情欲的本能委实是太艰难了……文明在这方面的成就总不能不以牺牲相当程度的快乐来换取。"④可见,婚姻的产生与发展意味着性禁忌的发展,即人类的性历史一步步从自由

---

① 转引自〔美〕怀特:《文化科学——人和文明的研究》,曹锦清等译,浙江人民出版社1988年版,第310页。
② 同上书,第296页。
③ 潘绥铭:《性的社会史》,河南人民出版社1998年版,第112—113页。
④ 〔奥〕弗洛伊德:《爱情心理学》,林克明译,作家出版社1988年版,第143页。

走向不自由。①

性禁忌的发展水平及程度体现在婚姻形态的演变方面,婚姻制度的演变受社会生产力的影响。一般认为,婚姻形态主要经历了群婚制、对偶婚制、一夫一妻制等阶段。② 各种婚姻类型总是与一定的生产力发展水平相适应。

群婚制是最原始的婚姻形式。原始社会早期,生产力发展水平低下,人类征服、改造自然的能力很弱。险恶的生存环境决定了单个原始人不能离开集体而独立生活,大家同吃、同住、同劳动,共同抵御野兽的侵袭,共享劳动果实。在原始群体中,男女成员在两性关系上没有任何限制,当时既无现代意义上的婚姻,也无现代意义上的家庭,大家群居在一起,没有夫妻、父母子女、兄弟姐妹之分。后人将这一时期称为群婚制。随着生产力的缓慢发展,认识能力的提高,原始人在两性交往的过程中逐渐摸清了两性交媾与自然选择规律之间存在着一定关系。而两性婚姻禁例的形成和发展,又使得原始群婚制逐渐演变成两种不同的形式:血缘婚和亚血缘婚。血缘婚是群婚制的低级形式。它是指同辈分男女之间可以互为夫妻,它排斥了不同辈分的男女之间的两性关系,不同辈分的男女之间,禁止通婚。血缘婚是人类两性关系史上的一次重大变革,它使人类结束了漫无节制的两性杂交状况,开始了人类婚姻家庭的新纪元。亚血缘婚是群婚制的高级形式。与血缘婚相比,亚血缘婚在人类婚制上又前进了一步。亚血缘婚是在同辈男女互为夫妻的基础上,排除了兄弟姐妹间的通婚。这是人类对自然选择规律的进一步认识。

---

① 也有学者认为,婚姻的出现,农业文明的到来,不仅不是对性自由的限制,而是人类的一次"性解放",在更大程度上促进了人类的性自由。其主要理由是:第一,人们选择自己的性交对象的范围,不是缩小了,而是扩大了。因为在原始社会的族内群交阶段,每个男女可供选择的性交对象有限,只有7—12人;而进入族外婚制后,每个男女的选择对象就会扩大。第二,人们选择性交对象时所受的戒律限制,不是更多了,而是更少了。因为进入农业社会后,财产制婚姻赋予夫妻随时随地性交的权利,而避免了原始社会仅通过性崇拜仪式与性开放节期满足性欲的限制。在此背景下,夫妻之间的性交次数,无论从单位时间看,还是从双方生命的全过程看,都远远多于原始时期群内性交或族外性交中的男女。第三,进入农业社会以后,人类的性活动内容不是更单调了,而是更丰富了。主要是因为原始时期仅仅偶然出现于性开放节期中的性技巧、性信息表达方式、性感受方式等,在农业社会中都成为人们日常生活的一个重要组成部分,又由人们加以更进一步的艺术加工,并且在社会上传播交流。第四,农业社会中"性的载体"的计算单位比原始时期更加缩小。因为在婚姻社会,把男女个体都归属于较小的社会单位——婚姻与家庭,而不是原来的整个群体或社会。个人的性权利和性意愿空前地扩大,并受到社会前所未有的承认和尊重。参见潘绥铭:《性的社会史》,河南人民出版社1998年版,第113—120页。

② 参见代春萍:《试论社会因素对婚姻家庭的作用》,载《安徽警官职业学院学报》2003年第2期,第69—70页。

原始社会晚期出现了对偶婚制,它是指成对的男女在一定时期内保持着相对稳定的婚姻关系,组成一个比较松散的家庭。由于生产力的发展,劳动工具的改进和广泛使用,使得劳动可以脱离群体而成为单个人的生活,它为对偶制的形成提供了物质条件。另外,人类婚姻禁例的不断增加,使得人们选择配偶的范围越来越小,这样成双成对的对偶婚就逐渐代替群婚而形成了一种新的婚姻形式。对偶婚制是群婚制向一夫一妻制的过渡形式。

一夫一妻制是随着原始社会的崩溃和私有制的确立而产生的。所谓一夫一妻制,是指一男一女结为夫妻的婚姻形式。原始社会末期,生产力进一步发展,金属工具的广泛使用,种植业和养殖业技术的推广,使得以家庭或个体为单位的劳动愈来愈成为主流。个体劳动显现出男子体能上的优势和在劳动生产中的主导地位,也使他们成为社会财富的主要获得者和占有者。母系氏族为父系氏族代替后,子女由母方氏族的成员变成父方氏族的成员,妻子到丈夫的氏族中生活,子女按父方计算世系并可继承父亲的遗产。于是便逐渐地在氏族组织内部形成了以男子为中心,以私有制为基础的"一夫一妻制"的个体家庭。所以,一夫一妻制的产生是生产力发展和私有财产确立的必然结果。一夫一妻制代替群婚制和对偶婚制是人类历史上的一个伟大进步,是人类文明时代开始的标志之一,并且始终是人类文明时代婚姻家庭的基本形式。

(四)性禁忌致罪机理

从性崇拜到性禁忌是人类文明进步的表现,也是社会生产力发展的必然要求。然而,世界上并不存在一种完美无缺的规则或制度,性禁忌也是如此。性禁忌为什么,又是如何成为性犯罪,以及与性相关犯罪的"致罪因素"的?笔者试从四方面予以解释:

1. 性禁忌导致性压抑

性禁忌使一部分人的性欲得不到满足,使之产生性压抑。性压抑会产生巨大的破坏力,正如卢梭所言:"在激动人心的各种情欲中,使男女需要异性的那种情欲,是最炽热也是最激烈的。这种可怕的情欲能使人不顾一切危险,冲破一切障碍。当它达到疯狂程度的时候,仿佛足以毁灭人类……"[1]性压抑

---

① 〔法〕卢梭:《论人类不平等的起源和基础》,李常山译,商务印书馆1982年版,第103—104页。

主要表现在以下诸方面:

第一,无条件婚配者的性欲不能得到满足。在群婚杂交时期,先民们的性欲满足不成问题。然而随着对偶婚制,特别是一夫一妻制的出现,性禁忌开始使一部分人的性欲难以得到满足。在对偶婚制下,"副妻"与"从夫"往往不能满足性欲,特别是在一夫一妻婚制下,更使得一部分人(特别是男性)的性欲不能实现,这是因为在一夫一妻婚制下,娶妻往往必须具备一定的经济条件(财产婚),①此其一;其二,除了经济条件之外,男女婚配往往还需要具备一定的外貌及健康条件,一部分没有经济条件又没有外貌、健康条件者往往成为无条件婚配者。由于无婚配者不具备婚配的条件,其性欲自然不能合法地得到满足。

第二,婚姻制度对年龄的限制规定,使未满婚龄人的性欲得不到满足。青年男女一旦发育成熟,就会产生性欲。然而,受各国的政治、经济、文化等影响,青年男女往往都必须达到一定的年龄段才可以结婚,才可以合法地满足"性欲"。于是,就存在一个青春期(发育至结婚之前)的性压抑问题。婚龄越大,性压抑的时间就越长。② 最新调查表明,我国多数高校研究生存在

---

① 如中国古代长期实行的婚姻成立条件"六礼"制,足以表明没有一定的经济基础是难以取到妻子的。"六礼"依次为:(1)纳采(男方请媒人向女方送礼炮求婚);(2)问名(男方请媒人问女子名字、生辰,卜于宗庙,请示吉凶);(3)纳吉(卜得吉兆后即定婚姻);(4)纳征(男方使人送聘礼到女方);(5)请期(商请女方择定婚期);(6)亲迎(男方奉父命亲去女家迎接)。

② 青春期正处在性的萌发和成熟过程中,体内性激素分泌突然增加,由此引起的生理感受和心理体验都十分显著,其程度远较性成熟后的正常情况为甚。心理卫生学的研究表明,欲求得不到满足,就会使人失去心理平衡;而如果不能通过别的途径达到心理平衡,就可能导致压抑。在一般情况下,青少年可以通过学习、工作、文体活动、社交途径等使自己的性生理能量得到正当的释放,从而减弱、转移性的生理冲击力,使之宣泄、代偿和升华,并逐渐恢复自己的心理平衡。但是,这种恢复心理平衡的能力有很大的个体差异。这样,不同的人便会有不同的性压抑,有的甚至是比较严重的性压抑。作为个体对待自己性欲的传统的、最普遍的反应方式,作为性欲不能满足而又无法解脱的结果,性压抑的程度也有着性别差异。我国学者马建青等(1989年)的研究表明,男性青少年的性压抑比女性青少年更为严重。造成这一现象的原因,主要有以下五个方面:其一,男子性欲最旺盛时期大约是18—20岁,而女子则在30岁左右。换言之,当女子处于性欲高峰时,已经通过结婚获得性满足,而男子则不能。其二,从有性要求到结婚之间的时间跨度,男子要比女子更长。若男子的结婚年龄为26岁,女子为24岁,男子有性要求的年龄为18岁,女子为18岁,则男子的这种时间跨度为8年,而女子为6年。其三,在引起性反应方面,男子大多易被视觉刺激引起性欲望,而女子多被触觉刺激引起性冲动。在性的视觉刺激因素不断增多的今天,男子比女子更容易唤起性冲动,从而会更多地感受到性挫折。其四,男子的性成熟虽比女子晚一些,但成熟过程比女子剧烈。如所谓青年性欲亢进,多是男子的特征。反之,女子的性成熟过程较为缓慢、渐进。其五,男子在性反应方面比女子更强些,更具有冲动性。马建青等对福建、浙江等省大学生的调查证明了这一点。据他们调查,男性大学生有压抑感的占62.4%,女性大学生则为33.6%,有显著性差异。http://218.63.248.165/Resource/Book/Edu/JYLL/TS013097/0006_ts013097.htm.

性饥渴。而青春期性压抑是引发青少年犯罪的一个重要致罪因素。

第三,夫妻异地分居,使双方的性欲得不到满足。在人口流动不频繁时期,夫妻往往能够日夜厮守,不存在性欲得不到满足问题。然而,随着人口流动(特指夫妻一方因工作、学习而流动情形)的不断加剧,夫妻分居日益增多,夫妻双方性欲不能满足者也随之增多。可以说,人口流动加剧,夫妻不能相聚,是性压抑产生的一个重要原因。

第四,丧偶或配偶有病等夫妻性不和谐者的性欲得不到满足。丧偶或配偶有病(如性冷淡或其他影响性生活的疾病)者,其夫妻关系就"性"而言"名存实亡",这也是导致性压抑的一个原因。

医学研究发现,性压抑会对人体健康带来危害,例如,"对夫妻而言,长时间不过性生活,大脑便会抑制性欲,在性心理上投下阴影,可致性功能抑制和障碍,性快感丧失。专家对长期性压抑的人进行检查,发现这些人机体抗病能力下降,白血球减少,并出现性格改变,如性情抑郁、垂头丧气、委曲求全,或对事业失去信心,对工作不负责任,遇事不冷静,动辄发火等。这些表现是性淤积造成的,医学上称为性淤积综合症。这种情况一旦发生,男性由于精液的淤积可致充血性前列腺炎。这时男性如偶尔进行一次性交,常会感到会阴部不适或射精疼痛,甚至发生血精。女性长期不过性生活可致阴道废用性萎缩,分泌物减少或'干燥',抗病能力下降,日久可致病菌从阴道乘虚侵入引起阴道炎、子宫内膜炎、附件炎。有的女性如在阴道'干燥'时偶尔进行一次性交,常可致性交痛、阴道痉挛、出血,并对性交有反感。"①"学生中过分的性压抑易使学生注意力不集中,总是把思绪停留在与性有关的方面。特别是一些成绩优秀的女生,一旦性压抑过分,成绩很快就垮下去。学生中的问题,有相当一部分是与性有关的……家庭中因性生活不和谐导致的过分性压抑很容易导致婚外情。可以说,在婚外情中至少有三分之一的人是由于性不和谐、性需要没有得到满足而发生的。"②"长期的性压抑,对人的生理心理发展和工作学习皆会产生消极影响,直至损害心身健康。如热恋中的情人在遭到挫折时,将出现烦恼、忧伤、焦虑、猜疑、厌恶、颓唐等不良情绪,很可能发生一种'爱情综合症',表现为精神萎靡,四肢无力,

---

① 《性压抑不利健康》,http://www.xie-tong.com/05/lx/002/xjy/200502/2245.html。
② 朱美云:《过分性压抑会导致什么问题》,http://zhumy.nease.net/wz/sikao/xinyayi.htm。

不思饮食,严重者可心跳、心慌、胸闷、气喘。研究还发现,丧失配偶,易增加患病率,容易衰老,容易早逝。感情越深者,影响越大。巴黎夏科教授和维也纳罗巴克教授研究证明,大量精神病患者的患病诱因在于:在某种条件的性压抑下,人的正常的性满足欲望被剥夺了。我国心理咨询门诊中的资料也说明,由于婚姻问题或性生活不满足而产生的矛盾和心理冲突,可以出现种种神经官能症的症状,如睡眠障碍、神经衰弱、焦虑状态、抑郁情绪等表现。此外,性压抑还可导致性变态,如同性恋、窥阴癖、露阴癖等。犯有这种毛病的人,有相当数量者承认,之所以如此做,主要是在强烈的性欲望得不到满足的情况下做出的蠢事。中国古代房中养生对性生活与身心健康的关系,亦有大量科学的论述。如《素女经》中说:'素女曰:阴阳不交,则生痛淤之疾,故幽、闲(指阉人、闲人)、怨(怨女)、旷(旷夫)多病而不寿',这里的多病不寿,即指长期没有或得不到性满足的人。《千金要方》亦云:'男不可无女,女不可无男,无女则意动则神劳,神劳则损寿'。以上观点都反对禁欲,男女依存,正常的性生活是人类天性之需,是生理和生活情趣上不可缺少的。如果人为的抑制这种功能,会带来许多疾病,这种观点与现代医学及心理学的研究是一致的。正常的性生活可以协调体内的各种生理机能,促进性激素的正常分泌,而且是健康心理需要。"[①]

更为严重的是,过分的性压抑会导致一些人在某种情况下失去理智而犯罪,一些强奸犯就是因为过分性压抑而犯罪的。老年人中因性压抑的人也不少,这些老年人有时候会把性能量转化到一些他们认为最容易转移的无知的小女孩身上,实施奸淫幼女行为。过分性压抑会使一些人精神失常。许多精神病人的病因都是与性直接或者间接相关的。正因为如此,精神病医生弗洛伊德认为,精神疾病都是本能长期被压抑的结果。过分的性压抑会使一些人行为反常。家庭中的一些暴力行为、青少年的某些攻击行为、女性的有些自杀行为等,都与性苦闷、性失落、性自卑有关。可以说,性压抑是导致强奸犯罪、家庭暴力犯罪、自杀犯罪(犯罪学上的犯罪)等的重要"致罪

---

① 《性压抑是影响身心健康的重要因素》,http://www.cintcm.com/lanmu/zhongyi_yangsheng/yangsheng_xingbaojian/xingbaojian_xingyayi.htm.

第三章 "致罪因素"

因素"。①

为了进一步说明性压抑与犯罪生成的关系,笔者以我国民工的性压抑为视角对此作进一步展开分析:

卫生部公布的数字显示,我国80%的外来农民工都处于性饥渴状态,已婚或成年民工的正常性生活得不到满足,部分人因此患上性压抑,导致精力不够集中、充沛,甚至身体素质下降,产生一些相关疾病。据调查,50%以上的农民工依靠性幻想、看黄色录像或色情书刊、嫖娼等方法自己解决问题。这样不但收不到好的效果,反而因为防护措施不够容易感染性病或导致其他悲剧。②民工性压抑会带来一系列的不良后果,如:(1)性功能障碍:长时间不过性生活可能会导致性功能障碍,如勃起功能障碍、早泄、性欲低下、性交疼痛等。对一个正常的男性来说,性生活的间隔时间越长,就越容易出现早泄。(2)性心理问题:大多数农民工都是背井离乡,独自出来闯天下。他们面临着巨大的生存压力和心理压力,并且无人可以倾诉。据统计,外来人口中由于种种原因而患上抑郁、焦虑、恐惧、怀疑等心理障碍的就诊患者人数呈逐年上升趋势。③这些心理障碍会在很大程度上影响正常的性功能。(3)生育问题:性生活频率直接影响受孕几率。正常的夫妇如不采取任何

---

① 曹乃谦根据真实的人和事,发表了小说《到黑夜想你没办法》,该小说由诺贝尔文学奖评委马悦然先生翻译成瑞典文,并被马悦然先生认为有希望获得诺贝尔文学奖。该小说写尽了三四十年前"文革"中雁北农村的贫穷,以及当地民众遭受饥饿和性欲煎熬的灾难。其中就真实地反映了由于性压抑所带来的恶果:小说里叙述的事是发生在"文革"期间的1973年和1974年。故事里的人物多半是一些可怜的年轻或者中年的光棍。除了渴望吃饱以外,他们都有强烈的性需求。但贫穷的光棍到哪儿去找买一个女人所需要的两千块钱呢? 买不起女人,年轻光棍按捺不住冲动,只好骑奸母羊,或者去打母驴的主意。小说中的愣二为了性欲的压迫有时都发疯了,他母亲就让她丈夫到离村比较远的煤矿去跟他们的女儿要钱。丈夫过了几天回家的时候,愣二好了。曹乃谦作品的一个特点是让读者读出言外之意。贫苦青年玉茭甚至羡慕"不要脸的蚊子"能够随意叮咬雌性牲畜,终于,意识混乱时,他强奸了母亲,后来被绑在门板上饿死。参见马金瑜:《曹乃谦——到黑夜想你没办法》,载《南方人物周刊》第20期,2006年8月11日。

② 2004年11月29日《京华时报》报道,11月27日晚,在北京顺义区白辛庄村的一家小录像厅内,五六十名正在看黄碟的民工突遇警方检查。民工撞倒小屋的石棉瓦墙逃离时,有二十余人慌乱中跌进深达六米的化粪池。事后,建筑公司从化粪池里打捞出两名民工尸体。

③ 根据2006年5月11日《重庆晨报》的调查,性压抑成为农民工精神疾病的重要诱因;重庆市精神卫生中心收治的患者中,农民工占20%。甚至出现"民工见女人脱衣突发疯"悲剧。据报道,小李是农民工,在外省一建筑工地上班。2006年5月6日,小李过节一直在加班,爱人不在一起。发病当晚,小李是和一个女人在一起。据他的工友说,当时,小李看到那个女人脱衣服,然后突然就疯了,要砍要杀的,大家只好把小李给绑了起来。据医生介绍,这属于性压抑诱发的精神疾病。由于小李长期没有正常性生活,看到女人脱衣心理上兴奋,同时又意识到这是违法行为,感觉对不起家人,各种情绪掺合到一起,诱发小李发病。

避孕措施,婚后一年的受孕率为90%左右;流动人口由于性生活频率极低,怀孕时间也会有所延长。(4)避孕问题:不规律的性生活不仅影响受孕,也会影响避孕。对已生育的夫妇而言,可考虑药物、工具、手术等避孕方法;尚未生育的夫妇最好选择避孕套、探亲避孕药物等,不要用安全期避孕和紧急避孕法。另外,很多流动人口对避孕知识一无所知,甚至有人错误地认为,性交后喝凉茶可避孕、口服避孕药会引起终身不育。这些情形无疑会对他们的身体造成潜在危害。(5)婚姻问题:家庭是维系夫妻关系的纽带,事实证明,这条"纽带"一旦发生质的变化,就可能带来无法弥补的后果,婚姻也就失去了存在的价值。流动人口生理及心理上的空虚常常造成他们的婚外情,影响家庭的和睦与稳固。而婚外情所导致的婚姻危机很难挽救,离婚率占总数的70%左右。更为严重的是,民工性压抑还会带来性犯罪问题:有报告表明,流动人口众多是导致我国性犯罪增加的重要原因之一。北京市海淀区检察院披露过这样一组数据:该院对2001年至2003年办理的强奸案进行统计后发现,有65件是来京务工的农民工所为,占案件总数的58.6%,并且呈逐年递增的势头。

总之,性欲是人类的本能,是天性,在成年男子(也包括妇女)正常性欲得不到满足,也即社会不能为他们提供满足性欲的合法途径的情况下,则可能会形成性压抑。长期的性压抑会产生如下心理:(1)萎靡不振,情绪低落心理;(2)暴力寻求性满足(如强奸等)心理;(3)进行嫖娼心理;(4)长期压抑,形成性变态心理;(5)寻找其他发泄途径,如从事破坏、暴力行为心理,等等。一旦形成(2)(3)(4)(5)心理,就意味着性欲得不到满足者已经从潜在的犯罪人("带菌个体")转化为危险犯罪人。在此情形下,性压抑成为一项重要的"致罪因素"。

2. 性禁忌使人类的"喜新厌旧"的性欲望得不到满足

性禁忌使人类的"喜新厌旧"的性欲望得不到满足。人类的需要具有无限性,对性的需求也是如此。追求与配偶之外的异性间的性行为是每一个正常人都具有的心理状态,正如美国学者罗伯特·西蒙所说:"特别是在强奸案例中,坏人干的正是好人梦想干的事。人们普遍都存在强奸的幻想。研究不断表明,许多'正常的'、没有任何性侵犯行为历史的男人都会被成人强奸撩动起来。有一项研究对94个男人在手淫或性交时的性幻想进行了调查,其中33%是在幻想强奸女人。"①绝大多数的人由于不具备"带菌个体"条件,因而能够对"喜新厌旧"的性欲望进行抑制,但对于那些已经成为"带菌个体"的行为人而言,性禁忌却成了引发他们实施犯罪(如强奸犯罪、卖淫嫖娼方面的犯罪、重婚犯罪等),满足"喜新厌旧"性欲望的"致罪因素"。

3. 性禁忌在某种程度上催生了非法的性交易市场

性禁忌在某种程度上催生了非法的性交易市场。性禁忌使得一部分人的性欲望不能得到满足,使得人类的"喜新厌旧"的性欲望得不到满足,这就势必形成一个庞大的性需求市场,有需求就有供应(在市场经济条件下更是如此),性需求不可避免地带来了性供应,从而非法的性交易市场形成。性交易市场的存在是诸多淫媒犯罪(如组织卖淫、强迫卖淫、引诱卖淫等犯罪)的"致罪因素"。除此之外,性禁忌还在某种程度上催生了与淫媒犯罪相关的犯罪,如拐卖妇女犯罪、收买被拐卖的妇女犯罪的发生等。

4. 促成其他与性犯罪相关犯罪的发生

除前述三种情形之外,性禁忌还是间接引发其他与性犯罪相关犯罪的"致罪因素",这些相关犯罪主要有:在强奸过程中,对被害人进行伤害或杀害的;强奸之后为了灭口而杀害被害人的;对妨碍其满足非法性行为者进行杀害、伤害的;由于性欲得不到满足而对配偶进行虐待等家庭暴力的;为了通过非法途径(如嫖娼、包二奶等)满足性欲而实施财产犯罪、职务犯罪(如贪污贿赂等);操纵淫媒犯罪的黑社会组织犯罪、腐败犯罪等等。

可以说,性禁忌几乎可以成为绝大多数犯罪的"致罪因素"。在此意义上说,"万恶淫为首"之古训及弗洛伊德的"泛性论"之精神分析,都有其合理性。

(五)结论及建议

通过上文分析可以发现,性欲是人之天性,在此意义上说,人人都可能

---

① 西蒙博士认为,好男人与好女人在行为上也绝不是完美无缺的。我们既不是尽善尽美,也非十恶不赦。我们在不同程度上都是善恶两者的结合体。因而,坏男人与坏女人所干的只是好男人与好女人想干的事情。〔美〕罗伯特·西蒙:《好人·坏人:透视人性的阴暗面》,韩斌等译,新华出版社2001年版,第3页。

是性犯罪的"带菌个体"。性禁忌限制甚至剥夺了一部分人的性欲,从而成为性犯罪及与性犯罪相关犯罪的"致罪因素"。一方面,人类不可能没有性欲(此乃天性,否则人类行将灭亡);另一方面,人类也不可能废除性禁忌(性禁忌乃文明进化之标志)。在此意义上说,性犯罪及与性犯罪相关犯罪有其存在的合理性。因此,消灭性犯罪及与性犯罪相关犯罪是不必要的,也是不可能的。我们所要做的与所能做的,是在充分认识此类犯罪的"致罪因素"的基础上,提出切实可行之对策①,把该类犯罪控制在社会所能容忍的最小范围之内。

控制性犯罪及与性犯罪相关犯罪的"致罪因素"是一项复杂的系统工程,限于篇幅,笔者结合性禁忌的致罪机理,从我国实际出发,仅就民工、青少年犯罪及淫媒犯罪的预防对策进行一些尝试性分析。

1. 预防民工基于性压抑而实施犯罪之策略

首先,要在全社会树立起尊重民工的意识。民工在我国的现代化进程中起着举足轻重的作用,可以说,"没有民工就没有中国的现代化。在某种意义上,今天的城市,离开了民工甚至无法运转"②。然而,我们对如此重要的民工群体却缺少关注和关心,"民工是一个庞大但沉默的群体,除了在年底的讨薪与春运时在报纸电视上集体亮亮相外,他们平时偶尔会在小报的社会新闻中露露脸,供人双目放光,让人摇头叹息。很多报纸宁肯拿出大量版面去追踪一个遥远的三流明星的丑闻,却对身边的民工们的悲欢离合视而不见;电视里永远是几个男人拖着辫子发着嗲演皇帝戏,没有人想到去拍拍孙志刚的故事、周岱兰的故事"③。我们平时热衷于谴责民工所实施的性犯罪及其他相关犯罪行为,却不去关注民工的生存现状和实施犯罪的"致罪因素"。更为严重的是,民工的人格尊严得不到尊重。我们往往由于一些民工的违法犯罪行为,就否定民工群体,并把他们"妖魔化",如在北京、上海等大城市的一些现代化小区里,经常出现这样的文字:"春节将至,民工回乡,

---

① 这些对策只能是针对"致罪因素",而不可能针对"带菌个体"。因为消灭人的性欲是不可能的,也就是说,消灭此类犯罪的"带菌个体"是不可能的。
② 肖春飞等:《我的民工兄弟》,复旦大学出版社2005年版,第5页。
③ 同上书,第283—284页。

希望广大居民提高警惕,加强防盗意识。"[1]还有人建议在公共汽车上设立"民工专区",以减少民工对其他乘车者带来的不便。[2] 甚至有大学在门口打出了"严禁民工入内,违者罚款10元"的牌子。由于得不到社会的关注和关心,更由于受到社会的歧视和得不到尊重,民工中的一些"带菌个体",在性禁忌的"致罪因素"作用下,不能理性地化解性压抑,从而产生了性犯罪及其他相关犯罪的犯罪动机,并在一定的"催化剂"作用下实施了性犯罪及其他相关犯罪。

其次,要采取各项措施,切实关心民工,把性禁忌等"致罪因素"对民工们的影响降到最小。笔者认为,这些措施主要包括:(1) 为民工们寻求满足性需求的途径,以缓解性压抑。其中最为重要的就是为民工们提供夫妻相聚的机会。如采取带薪探亲制度、在一定范围内为民工的家属解决工作、为民工配偶提供"鸳鸯房"等。另外,对那些确实没有办法与配偶团聚者,舆论对其偶尔进行的"找小姐"行为,要因势利导,提高其道德自律能力。(2) 为民工们创造健康的生活及娱乐条件,化解其性压抑。例如,在打工者聚集的地方,居委会、派出所、文化部门等等应该和用工单位一起关心民工生活,多组织他们参加有益活动,尽量使他们的业余生活丰富健康,从而使其转移性

---

[1] 有一篇短文《民工的电动车》很能反映民工受到的歧视:春节的时候,单位搞联欢活动,我竟然中了一等奖,奖品是一辆电动自行车。因为我已经买了私家车,妻子上下班也是由我接送,所以这辆电动车放在楼下怕被偷,放在家里又占地方,居然就成了鸡肋。前些日子,乡下的表弟进城来打工。于是妻子作了个顺水人情,将电动车送给了他。表弟兴高采烈地将车骑走了。没几天,表弟又来我家,说要车子的发票:"我每天从工地回来,身上穿着脏兮兮的衣服,一看就是个民工,走在路上都没人看我。可是自打骑了这电动车后,回头率明显高了,我还以为是这车吸引人呢。昨晚我才明白是怎么回事,有人说我偷了一辆电动车……"原来如此,我赶紧找出发票给他,并叮嘱他要自信,不就是一辆电动车吗,难道民工就买不起吗?表弟点点头,拿着发票走了。又过了一个星期,我出差刚回南京就接到一个电话,是派出所打来的。说抓住一个偷电动车的民工,那人硬说车子不是偷的,而是我送的,还拿出了发票,所以请我去派出所核实一下情况。我匆匆赶往派出所,果然,表弟低着头坐在椅子上。通过我的说明,这才真相大白。走出派出所,表弟默不作声。快到我家门口了,他才小声地对我说:"表哥,你还是帮我换辆旧自行车吧,这玩意儿我骑不惯。"参见《读报参考》2006年第3期,第2页。

[2] 2002年,一位陈姓青岛市民向当地报纸写信,提议在公共汽车上设立"民工专区",其内容是:"作为北京2008年奥运会的伙伴城市,青岛的市民素质稳步提高,其着装越来越干净。而与此同时,在青岛打工的民工却素质低,不讲卫生,衣服上沾满油污,乘公交车时经常碰到市民身上,引起市民的厌恶,时间久了,双方的隔阂越来越深。最简单的解决办法是在公交车上隔出小块区域专门供民工使用,这样可以减少市民对民工的厌恶感,消除双方的隔阂和矛盾。"肖春飞等著:《我的民工兄弟》,复旦大学出版社2005年版,第29—30页。

压抑带来的烦恼,把性禁忌等"致罪因素"对民工们的影响降到最小。①

2. 预防青少年基于性压抑而实施犯罪之策略

权威数据表明,目前我国青少年犯罪中30%是性犯罪。性问题已成为青少年犯罪的主要动机,仅次于为了钱和义气而犯罪。暴力抢劫、盗窃、故意伤害、性犯罪已成为未成年人犯罪的主要方面。如何预防青少年实施性犯罪?笔者认为,当务之急是减少性禁忌"致罪因素",化解或转移青少年的性压抑。(1)化解性压抑。性欲难以发泄时,当事者使其转化为另外一种积极的、建设性的欲望,即使其在创造性的活动中得以发泄,这就是性升华。性升华是化解性压抑的有效途径。性心理卫生学的研究表明,性欲转化为其他欲望或被其他欲望替代不但是可能的,而且是确实可行的。歌德在遭受失恋痛苦、不堪压抑企图自杀之际,终于抑制了这种轻率的行为,以自己破灭的爱情为素材,写出了世界著名的《少年维特之烦恼》就是一例。性升华可使青少年的性欲转化为进取的动力,成为工作热情和创造性的源泉,它可以把满足性心理需求和社会公众利益最大限度地统一起来,因而不失为解除性压抑的最佳方法。(2)转移性压抑。所谓转移性压抑,是指通过学习、工作、文体活动、男女交往等多种合理的途径,使其生理能量得到正当的释放和有效的转移。转移之所以有利于解除性压抑,主要有以下两个方面的原因:其一,性心理卫生学的研究表明,一般日常生活压力与性驱力呈负相关性。生活压力越重,性驱力越低。所以,给青少年以适当的学习、工作等压力,对于避免性压抑的不良影响是有利的。其二,对异性的爱慕和向往是青少年性心理的正常表现,两性交往其实也是满足性欲望的一种方式,交往双方可以从中减缓性紧张。两性交往也有利于彼此了解自己之外的"另一半",有利于消除性神秘感,有利于相互取长补短。

3. 预防淫媒犯罪之策略

性禁忌导致一部分人的性欲和一部分人的追求多名性伙伴的欲望得不

---

① 上海市一些镇和街道,社区修建供农民工集中居住的民工公寓,政府规划、社区投资、市场运作,有单身房间,也有成户居住,配有医疗室、阅览室等。例如,上海市普陀区桃浦镇最大的民营企业新奇生公司,在2003年建立了上海第一个新经济组织的民兵营,共有三百多民工参加,他们全部以部队编制住在宿舍里,各个宿舍窗明几净,被子叠得整整齐齐。公司还修建了一个民兵活动室,里面有各种各样的国防教育读物和其他报刊书籍,每天晚上六点到九点向民工开放,十分热闹。每星期一都要举行升国旗仪式,让民兵接受爱国主义教育;业余时间,还要把民兵组织起来,让民工学习科学文化知识和专业技能。参见肖春飞等著:《我的民工兄弟》,复旦大学出版社2005年版,第167—168页。

到满足,社会上存在着大量的性需求者,在此情形下,受市场"供需"法则影响,以提供非法性服务的淫媒犯罪应运而生。由于国家对淫媒犯罪进行打压,又引发了与淫媒犯罪相关的其他类型犯罪的发生,其中最为重要的是控制淫媒犯罪的有组织犯罪[①]、腐败犯罪,以及针对性工作者的犯罪,如杀害、强奸、抢劫卖淫女等。[②]

可以说,由于性禁忌,淫媒犯罪不可避免。国家对淫媒犯罪采取打压措施,又引发大量与淫媒犯罪相关犯罪的发生。如何预防淫媒犯罪,又如何预防与淫媒犯罪相关犯罪的发生,笔者认为,最可行的措施应该是对淫媒犯罪非犯罪化。这不仅可以彻底解决难以消灭的淫媒犯罪本身,更为重要的是,可以预防与淫媒犯罪相关的犯罪。

由于性禁忌"致罪因素"的存在,从客观上消灭淫媒犯罪已不可能,但从法律上使淫媒犯罪非犯罪化,不仅是可能的,而且是必要的,这是预防性犯罪,以及与性犯罪相关的犯罪的重要手段。详而言之,首先,淫媒犯罪非犯罪化可以起到"社会安全阀"的作用。因为"从根本上讲,娼妓业,尤其是公共娼妓业,既不单是道德问题,也不仅是上层特权社会的腐化问题,而是人的性能量无方向盲动与社会经济发展所提供的可能途径之间的交互作用的结果,是性交机会在何种范围内(家内还是社会),以何种方式(隐蔽还是公开)买卖交易的结果。各民族历史上曾以种种方式镇压妓女,但都禁而不绝,或死而复生,就在于社会可以使大多数人的性交不是买卖,却无法堵死通过买卖来实现性交之路"[③]。人类的性需求是不可抑制的,社会必须为性压抑者提供"疏导"的途径,否则,"若从人类中消除妓女,你将以淫欲玷污一切"。"若没有下水道,宫殿将堆满垃圾臭水;从世界上消除妓女,会使鸡奸充斥于世。"[④]其次,淫媒犯罪非犯罪化可以使与淫媒相关犯罪失去存在的基础。淫媒犯罪作为一类高风险、高回报的犯罪,大多受到黑恶势力和权

---

① 淫媒犯罪往往都受黑社会的控制,黑社会组织所实施犯罪的一个重要内容,就是控制淫媒业。

② 由于性工作者(主要是卖淫女)处于警察的打压之下,他们没有合法的身份,被强奸、骚扰、绑架甚至杀害难以随时得到警方的保护。以我国为例,卖淫女被侵害案件时有发生,笔者以"卖淫女被杀"为关键词在百度引擎检索,很快出现近八万条关于卖淫女被杀的记录。

③ 潘绥铭:《性的社会史》,河南人民出版社1998年版,第317页。

④ Tannahill, Sex in History, Scarborough House, 1981, p.264.转引自潘绥铭:《性的社会史》,河南人民出版社1998年版,第314页。

势部门的操纵。淫媒犯罪一旦非犯罪化,其从业风险与回报率都大大降低,从而使黑恶势力和权势部门失去介入该行业的可能性和必要性,此其一;其二,淫媒犯罪一旦非犯罪化,淫媒从业人员就能够在安全的工作环境下工作,他们所有的交易可以完全正常进行,如果受到人身的侵犯,就可以像普通公民一样受到警方的保护,从而避免针对他们的犯罪的发生。

三、政治制度弊端

政治制度是一个国家、社会存在和发展的重要条件,不同的政治制度对社会的发展起着不同程度的推进作用。政治制度是统治者治理国家的重要手段,政治制度不可避免地存在着弊端,这些弊端是导致腐败犯罪、政治犯罪等相关犯罪的重要因素,即"致罪因素"。详言之,政治制度弊端之所以成为"致罪因素",主要是因为:(1)由于权力寻租,腐败不可避免,引发腐败效应。具体说,权力寻租导致腐败,一旦国家惩罚不力,会促使"带菌个体"纷纷仿效。(2)腐败不止,又会使其他社会成员心理失衡,引起那些潜在报复社会的"带菌个体"产生犯罪动机,成为危险犯罪人。(3)当腐败发展到一定程度时,社会上的潜在政治犯就会产生犯罪动机,从而成为实施政治犯罪的危险犯罪人。

(一)权力寻租:腐败效应

1. 寻租理论概述

寻租理论是美国经济学家克鲁格(A. O. Krueger)于1974年在《寻租社会的政治经济学》一文中最先提出的。但美国另一位经济学家塔洛克(G. Tullock)认为,早在1967年他就在《关于税,垄断和偷窃的福利成本》一文中论证了有关寻租现象的问题。此外,塔洛克作为寻租理论的创始人之一,详细探讨和分析了寻租成本与收益,寻租的政治市场,有效寻租、护租、创租和抽租以及减少寻租的措施,从而构成了独具特色而又具有启发意义的寻租理论。另一位寻租理论创立者布坎南还因对寻租理论的贡献获1986年度的诺贝尔经济学奖。

所谓"租",原本是指土地作为一种生产要素投入而应该获得的报酬;广义层次上的"经济租"是用来表示长期内某种产品或劳务的需求提高,而供给量由于种种原因(如政府干预、行政管制等人为限制)难以增加,导致该商品供求差额扩大,从而形成差价收入或要素收入。只要存在这种差价收入所引起的超额利润,就会出现寻租行为。广义而言,寻租行为是指人类社会中非生产性的追求经济利益的活动,或者说是指那种维护既得的经济利益,或对既得利益进行再分配的非生产性活动。狭义而言,寻租行为是指利用行政法律的手段阻碍生产要素在不同产业之间的自由流动和自由竞争,从而维护或攫取既得利益的行为。公共选择学派认为,政府行为不可避免地存在着垄断和特权,如税收、行政分配,必然会阻碍生产要素在不同产业之间的自由流动。这种垄断形成了有别于市场价格的显在的或潜在的政府价格,两个价格之差就形成了"经济租"。一方面,政府以外的各类经济主体会千方百计地获得这样的租,以低于市场价格的成本买入生产要素,谋取超额利润;另一方面,政府官员利用所掌握的权力谋取个人利益,会"设租","设租"的目的是"寻租"。通过这样的寻租行为,政府以外的其他经济主体就获得低于正常价格的生产要素,而政府官员在供应分配要素时私下获得了各种贿赂,双方共同划分了"租"。因而,权力寻租行为实质是一种权钱交易。

西方寻租理论的创立有其深刻的经济背景。该理论产生于20世纪60—70年代市场经济发达的资本主义国家。当时,国家干预已不能解决过去被认为是导致"市场失灵"原因之一的经济滞胀和失业问题,凯恩斯国家干预主义的统治地位开始发生动摇,面临着难以克服的困难。于是,新自由主义趁机复兴,寻租理论正是为了迎合新自由主义反对国家干预,主张自由放任这一经济思潮而产生的。寻租理论的创立者、倡导者和支持者都是新自由主义流派的成员,尽管他们分属于供给学派、货币主义学派、理性预期学派、公共选择学派和新制度经济学派等不同的学派,但他们都认为,市场本身是有效的,市场解决不好的问题政府也未必能解决得好,政府对经济的干预和管制创造了租金,它诱发的寻租活动扭曲了社会资源的配置,降低了经济的运行效率和社会福利水平。西方经济学家普遍认为,"寻租"是在市场经济制度下由政府干预而产生的一类经济现象。在完全竞争条件下,所有交易行业完全可以通过市场实现,一切任由"看不见的手"来调节,因而不存在"寻租"行为。但由于"市场失灵"现象无法避免,随着政府干预和管制的加入,寻租行为的出现成为必然。①

在寻租理论中,西方学者提出了关于对付寻租者的手段。K.J.科福特和 D.C.科兰德曾作过比较全面系统的论述,其主要内容可归纳为以下几个方面:(1)对寻租行为予以揭露,也就是实行"阳光政策"。(2)形成一种反对寻租的道德或思想环境。(3)改进调整财产权的程序,合理界定产权,防止由于所有权不清晰而引起的寻租行为。(4)制定结束性条款,取消那些有利于特殊集团的法律或法规。(5)政府出钱使垄断者放弃垄断地位,但此措施只适用于某些特定时期一次性使用,因为对政府来讲经常性的买下垄断地位可能会引起另外一些负面影响。(6)改变制度结构,使寻租活动变得更加困难,从制度上限制那些可能造成寻租活动的行为,常见的有进出口关税和配额、特定消费集团的补助和价格补贴,还有就是要弥补财政预算和税收制度可能出现的一些漏洞。(7)改进政府内部的选举程序,建立减少寻租行为的选举制度,从而在决定政府官员的问题上形成一种竞争性市场。(8)对寻租活动征税并对反寻租活动予以补贴,比如说,对政府政策造成的垄断地位所带来纯租金进行征税。

1988年,以吴敬琏教授为首的一批经济学家出于对改革前途的高度责任感,率先在《经济社会体制比较》杂志上介绍西方寻租理论。吴敬琏教授不仅引进了寻租理论,而且还在多种场合介绍、宣传寻租理论,首开我国寻租理论研究之先河,被誉为中国的寻租理论之父。中国的学者们借鉴西方寻租理论分析"中国经济中的某些消极现象"。当时大部分学者的观点是:(1)寻租活动的根源在于政府的行政干预。(2)寻租活动的危害不仅在于造成社会资源的大量浪费,引起腐败盛行,导致经济效益低下,而且由于寻租产生既得利益阶层,阻碍改革的进程。(3)消除寻租的根本方法"就是解除对微观经济活动,包括厂商价格行为的行政管制,放开价格,健全市场,开展平等竞争"②。

2. 当今我国权力寻租产生的原因

在我国,权力寻租产生的原因是多方面的,有学者对其作了归纳,主要

---

① 参见郭建民、毛家强:《寻租理论与反腐败分析》,载《西北工业大学学报》(社会科学版)2003年第4期,第2页。
② 同上。

包括：①第一，权力寻租的经济成因。其中又包括：(1) 政企不分是滋生权力寻租的温床。我国传统的经济体制的主要特点是，实行高度集中的指令性的计划经济，政企不分，政府直接干预企业的生产经营活动。(2) 价格双轨制是产生权力寻租的重要原因。在市场经济转型过程中，我国的做法之一是通过计划价格和市场价格的双轨制实现从计划经济向社会主义市场经济过渡。由于价格双轨制的存在，国家的物资分配有计划内和计划外之分，价格调控有平价和特价之别，这就为权力寻租提供了诱因和条件。(3) 经济特权本身有"造租"功能。经济特权，一是指法律和制度之外的权利，二是指违反公平竞争原则而法律和制度未能限制的经济特许权。经济特权阻碍生产要素在不同产业、不同部门之间的自由流动和公平竞争，以维护或获取既得利益。这意味着经济特权本身包含了垄断权。垄断的实质是可以带来垄断利润，垄断就是一种很大的租金。少数人或某些部门通过某种手段获得垄断经营权和政府提供的另外的某种特权，具有特殊的"造租"功能，都可以使他们拥有很丰富的"租金"。(4) 不成熟的市场经济体制所带有的双重特征衍生权力寻租。我国转型期不成熟的市场经济体制在一定程度上带有以下双重特征：一是利益主体的多元化和利益关系的明朗化；二是资源配置的权力化。这种既新又旧的二重性特征融合在一起，必然导致权力寻租的滋长。第二，权力寻租的政治成因。具体包括：(1) 权力过分集中导致权力寻租。与高度集中的经济体制相适应，我国过去还实行了高度集权的政治体制。改革开放以来，我国的政治体制改革又严重滞后，权力过分集中、党政不分、政企不分是我国政治体制存在的问题和弊端。由于权力过分集中，政府的控制力触及到社会经济生活的各个方面。掌握公共权力的国家公职人员既成为支配社会各种资源的中心，也成为人们奉献各种"好处"的争夺对象，或权钱交易，或权权交易。(2) 监督制约机制缺失纵容权力寻租。首先，党内监督体系存在问题。一是党内监督的意识薄弱。二是党内监督的制度、规范不完备。不少措施规定仍停留在一般性号召上，"不准"、"禁止"提了许多，但对禁而不止者怎样惩处则无具体措施。三是实施党内监督的力度不够。四是党内监督机构的领导体制不顺。作为党内专门监督机构的

---

① 参见唐代喜：《权力寻租成因的多维透析》，载《湖南科技大学学报》(社会科学版) 2004 年第 1 期，第 31—34 页。

各级纪委,名义上实行的是同级党委和上级纪委的双重领导,但实际上只有同级党委对党内监督机构具有真正的领导权。这种状况的直接后果是导致了监督机构缺乏应有的独立性,使他们依附于同级党委。其次,人大监督难以发挥应有作用。人大是我国的权力机关和立法机关,担负着监督政府机关及其工作人员的职能,但目前人大没有专门的监督常设机构,这就使得它的监督作用难以发挥和落到实处。最后,群众监督软弱无力。虽然我国《宪法》第41条明确赋予公民以监督权,但除了"信访"等途径之外,公民的监督权利没有法律、制度予以保证,因而群众监督的威力和效能未能得到很好的发挥。由于不能有效地监督制约权力,造成了权力失控,给一些滥用权力者以可乘之机,使得一些基层干部把履行公务当做施人以恩。于是,权力寻租在施恩人与受恩人之间架起了一座桥梁。(3)法制不健全带来权力寻租。权力需要制约,没有制约的权力倾向腐败。且人性中本有趋利避害的因素,更需要法律制度加以规范和引导。我国近年来法制建设取得了较大的成就,但对权力进行监督制约的法律制度还欠完善,没有系统的关于权力的设立、运行、行使及法律责任等方面的法律制度。第三,权力寻租的思想成因。具体包括:(1)特权思想是权力寻租的重要思想根源。随着社会主义制度的建立,特权思想失去了其生存土壤。然而,由于社会意识对于社会存在有相对独立性,处于初级阶段的现实社会主义社会中仍然残留封建主义影响滋生与赖以存在的土壤,以及我们对肃清封建主义残余影响重视不够,因此,特权思想这一古代"幽灵"能够长期在神州大地上游荡。在特权思想的指导下,握有实权的人利用手中的"条子"大搞权力寻租活动。(2)腐败者的心理调节机制也是权力寻租的重要成因。腐败者的心理调节机制是对将要承担的行为后果,在主观上找出种种理由使之合理化,以摆脱犯罪感。常见的有"逼良为娼"、从众论、侥幸论,等等。

一些经济学家从多个视角对我国当代寻租活动产生的根源进行了分析,其主要观点有:(1)寻租活动的社会根源:转型期的中国尚处于模拟市场经济阶段,由市场配置资源的功能目前还不具备。由于政府在配置资源中起着举足轻重的作用,就使得政府成了各种利益集团寻租的猎物。当前寻租活动主要集中在几个"点"上:权力的集中点;体制转换的交汇点;监督系统的乏力点;法律政策的滞后点;人、财、物需求的关节点。(2)关系网——寻租活动的神经网络:我国现阶段,存在着一个既不同于计划体制,又不同于规范化市场的资源配置系统,承担着现阶段的资源配置功能。寻租活动的展开,主要是通过一种非正式的社会关系网络进行。这种非正式社会关系网络由于能够牵动诸多资源的流动,影响其流向,因而成为一种具有资源配置功能的资源,并进而成为寻租者逃脱法律制裁的依仗和凭藉。

(3)历史上的"贪渎文化"与今日寻租活动的文化继承关系:人的历史文化的沉淀,追溯历史,就会发现,利益交换在我国古代就被赋予一种"道德"含义,现代的腐败现象只是古老贪渎文化的一种延续。也正因为有如此文化背景,大规模的腐败现象在我国出现,才没有遇到文化上的反抗。

3. 权力寻租所带来的腐败效应:致罪机制

权力寻租必然导致腐败,而腐败的存在则会带来一定的腐败效应,腐败效应的强度视腐败的程度而定。效应,意指某种事物的发生、发展在社会上所引起的反应或效果。所谓腐败效应,指的是由腐败所引发的其他各类犯罪行为的发生。腐败效应主要体现在三个方面,这三个方面效应也就是政治制度弊端作为"致罪因素"发生作用的主要表现形式。

第一,腐败效应之一:滚雪球效应。

所谓滚雪球效应,指的是由于权力寻租导致腐败不可避免,而腐败不可避免又会刺激权力去寻租,因而腐败犯罪就像滚雪球一样越滚越大。滚雪球效应发生机制主要是:(1)由于权力寻租,任何社会都不可能避免腐败;(2)腐败的存在刺激着掌权者,掌权者随时可以利用权力寻租;(3)一旦掌权者成为"带菌个体"(潜在犯罪人)时,就会去寻租,从而成为危险犯罪人;(4)国家对寻租者的处罚力度和强度影响滚雪球效应的范围,处罚力度和强度大,则滚雪球效应范围小;反之,则滚雪球效应范围大。

通俗说来,滚雪球效应的作用机制是:"你腐(败)我也腐(败)","有权不用,过期作废"。以转型期的中国为例,滚雪球效应是明显的,由于打击不力,更由于权力缺乏制约,掌权者("带菌个体")纷纷利用权力寻租,导致腐败行为盛行。

第二,腐败效应之二:共生效应。

所谓共生效应,指的是由于受腐败的影响,非掌权者出于心理不平衡,而实施腐败之外犯罪的行为。由于寻租、腐败是掌权者的游戏,对于非掌权者而言,腐败不是其力所能及的(因为他不具备资格),然而,不平衡之心人皆有之,掌权者的腐败行为必然会给非掌权者造成冲击,使他们心理上产生不平衡感。一旦非掌权者成为"带菌个体",当他受到足够的腐败信息刺激的时候,就会生成犯罪动机,以实施犯罪行为满足不平衡心理,从而转化为危险犯罪人。共生效应发生机制主要是:(1) 不平衡之心人皆有之,这是人之本性;(2) 寻租腐败严重造成社会不公,是导致人们心理不平衡的诱因;(3) 当寻租腐败达到一定程度,"带菌个体"就会产生犯罪动机,从而转化为危险犯罪人。

腐败的共生效应,犹如社会学中的"葡萄串效应",指社会系统的各个组成要素具有整体性和关联性,其中任何一个要素的变化,都将引起其他要素,以至整个系统的变化。以我国社会转型期为例,"葡萄串效应"也在发生作用,由于大量的腐败犯罪存在,使得不少人对其缺乏完整客观分析,在"认识上产生偏差,变得浮躁,愤懑,为求得心理平衡,遂通过实施犯罪来实现"①。

第三,腐败效应之三:危机效应。

所谓危机效应,指的是寻租导致腐败大量存在,引发强烈的社会不满,政治犯罪相继发生,现行政权出现危机。现行政府的腐败意味着新一届政府的产生。危机效应发生机制主要表现在:(1) 社会上存在着一定量的"为正义而奋斗"的"带菌个体"——潜在政治犯;(2) 潜在政治犯出于一定信仰动机(主要是为了实现自由正义);(3) 在正常社会形态下,潜在政治犯不会产生犯罪动机,不会转化为危险犯罪人;(4) 当腐败发展到一定程度,社会正义受到严重挑战时,潜在政治犯就会产生犯罪动机,转化为危险犯罪人。

自由、正义是人类追求的价值,在任何社会都存在着为自由、正义而奋斗的人(潜在政治犯),当一个社会能够满足或实现基本的社会正义时,潜在的政治犯就会一直处于"休眠"状态,不会产生犯罪动机,而一旦腐败发展到一定程度,社会正义严重遭受侵害时,潜在政治犯就会从"休眠"中苏醒过来,产生犯罪动机,为自由、正义而战,成为危险犯罪人。人类历史的政权更替无不说明了这一点。

---

① 曹凤:《第五次高峰——当代中国的犯罪问题》,今日中国出版社1997年版,第120页。

(二) 政治弊端"致罪因素"的一个理论解读：马克思主义犯罪理论

从政治制度弊端角度探讨犯罪原因,当属马克思主义犯罪学理论。[①] 马克思主义犯罪学理论注重将社会划分为资产阶级和无产阶级,倾向于将它们两者之间的利益和价值冲突以及资本主义的剥削制度看做犯罪问题的核心。马克思主义犯罪学理论的主要特征是：[②](1) 社会充满了基本价值观念和利益的冲突。(2) 社会是由阶级构成的。有相同利益和价值观念者组成同一阶级。而资本主义社会主要是由拥有生产资料的统治阶级和从事劳动生产的无产阶级构成。资产阶级与无产阶级之间的利益冲突是社会冲突的主要来源。(3) 犯罪被定义为违反基本人权并损害社会的行为。这包括了被统治阶级的街头犯罪以及统治阶级通过失业、剥削、环境污染而加害于被统治阶级的白领犯罪行为。但是,由于法律是统治阶级的工具,因此其损害社会的行为往往不被官方机构定义为犯罪行为。(4) 由于传统犯罪学家接受法律所定义的犯罪行为,因此他们实际上担负着对被统治阶级进行社会控制之技术专家的角色。(5) 马克思犯罪学者否定法律定义的犯罪行为,而研究所有违反基本人权的反社会行为。他们认为,资本主义经济制度下的矛盾是这些行为得以产生的基本原因。(6) 犯罪问题只有通过推翻资本主义和建立社会主义国家才能得到解决。(7) 马克思主义犯罪学的主要目标即是推翻资本主义经济制度。

四、信仰缺失

人是欲望的动物,由于先天素质或后天环境原因,一些人形成了犯罪人格,成了"带菌个体"(潜在犯罪人)。潜在犯罪人未必都会发展为危险犯罪人,抑制"带菌个体"向危险犯罪人发展的因素很多,其中一个重要因素就是

[①] 参见张小虎：《转型期中国社会犯罪原因探析》,北京师范大学出版社2002年版,第139—150页。

[②] See Thomas Bernard, The Distinction Between Conflict and Radical Criminology, The Journal of Criminal and Criminology, Vol. 72, No. 1(1981)：366—370.

信仰问题。信仰①是人们对某种主张、主义和价值理想的极度信服和尊崇,寄托着人的精神最高的眷注和关怀。信仰对个人的行为起着约束作用,是抑制"带菌个体"形成犯罪动机,发展为危险犯罪人的重要动因。而信仰缺失,则使得人的信仰出现真空或者偏差,从而不能很好地约束人,特别是"带菌个体"的欲望,最终使"带菌个体"形成犯罪动机,成为危险犯罪人。因此,信仰缺失是一项重要的"致罪因素。"

(一)信仰概说

信仰(这里特指没有异化的信仰)是人们对某种主张、主义和价值理想的极度信服和尊崇,寄托着人的精神最高的眷注和关怀。"就像人的身体需要盐一样,人类的心灵从记忆难及的洪荒年代起就感觉到了信仰的需要。"②作为人类特有的一种精神现象,信仰是人生活的目标、生活的激情,是人生的意义与归宿的共同源泉,是人的世界观的体现和反映。信仰为人类生活提供了价值追求的动力和目标,具有一种精神家园的意义,没有信仰作为精神支撑,则人类很可能如海德格尔所言,成为无家可归的"存在者"。因此,信仰是人的本质需要。

信仰不仅对人的思想具有牵引功能,而且对人的行为取向具有动力作用,促进人沿着正确方向积极主动发展。首先,信仰具有导向作用,影响个体的发展方向。信仰是一种整体性的精神姿态,一种综合的精神活动。信仰,特别是宗教信仰使人的整个精神活动以最高信念为核心,形成了一个完整的精神导向,并调动各种精神因素为它服务。其次,信仰具有推动作用,激励人们不断前进。信仰并不是纯粹的精神冥想,而是实实在在的现实生活的内化。人类在认识世界和改造世界的过程中,产生对客观对象和现象的逐步认识,开始时是产生带有特殊色彩的正向情绪体验,这种体验最终又会表现为行动,并进而形成比较稳定的信仰。最后,信仰具有协调作用,可以增强人们的凝聚力,促进社会更好地发展。信仰对个体来说,是行为的指南;对群体、民族、国家来说,则是维系的纽带,是团结的基础。

---

① 这里的信仰是指未异化的信仰。按照笔者的观点,信仰一旦被异化,就称为信仰缺失,而非信仰了。

② 〔瑞士〕荣格:《心理类型学》,吴康等译,华岳文艺出版社1989年版,第588页。

第三章 "致罪因素"

总之,信仰坚信了人们对自己行为的态度,是对自己行为意义认知的一个重要的指向标。①

信仰主要包含宗教信仰、政治信仰、法律信仰及道德信仰等。其中以宗教信仰最为神圣与执著,其对犯罪的抑制作用也最为明显,后文对此将展开探讨。

政治信仰是一个阶级、集团或个人对社会政治生活的终极关怀和对社会理想"政治模式"的理解。政治信仰反映的是信仰者的政治价值取向,寻找的是人类社会的应然状态和理想形式以及该阶级、集团或个人在未来社会中的政治确定性。政治信仰集中反映了信仰者的经济生活和政治生活状况,既是对信仰者未来经济政治要求的反映,同时也是对信仰者现实生活状况以及在社会政治经济结构中的地位和作用的总结。政治信仰是意识形态的最高表现形式,是一个阶级、集团或个人意识形态的核心。政治信仰是人类社会发展过程中的特殊历史现象,是私有制产生以后才出现的社会现象。从历史上看,政治信仰的产生往往需具备下列条件:②其一,社会成员的利益开始分化,形成了社会群体或个人之间的经济和政治利益的对立。政治是以社会利益的分化,从而形成社会利益的对立为前提条件的。社会经济政治利益的分化,使不同利益主体形成了不同的经济要求和政治要求,进而形成不同的政治信仰。其二,人类的政治活动从社会整体生活中分化出来,成为社会生活中的一个独立的活动形式。政治活动的相对独立,为不同利益主体追求各自的政治经济利益提供了必要的手段,为形成不同的政治信仰创造了条件。其三,人类意识有了一定的发展,能够认识到利益主体的经济政治利益和他们在社会利益结构中的地位。只有当不同的利益主体自觉地

---

① 信仰是个体对自己行为意义认知的一个重要的指向标,也是约束犯罪动机生成的重要条件。信仰对行为意义认知的影响是巨大的。以藏民的"天葬"为例,天葬是藏族较为普遍的一种葬俗,亦称"鸟葬"。信仰宗教的人认为,天葬寄托着一种升上"天堂"的梦想。具体方式是:人死后把尸体卷曲起来,把头屈于膝部,合成坐的姿势,用白色藏被包裹,放置于门后右侧的土台上,请喇嘛诵超度经。择吉日由背尸人将尸体背到天葬台,先点"桑"烟引来秃鹫,喇嘛诵经完毕,由天葬师肢解尸体。如亡者是僧徒,先在背肉上划个有宗教意义的花纹,接着取出内脏抛于四周,并将骨骸和头颅砸碎,拌以糌粑。群鹫飞至,争相啄食,以食尽为吉祥,说明死者没有罪孽,灵魂已安然升天。如未被食净,须将剩余部分拣起焚化,同时念经超度。藏族人认为,天葬台周围山上的秃鹫,除吃人尸体外,不伤害任何小动物,是"神鸟"。这种葬法是受释迦牟尼传记中的"舍身饲虎"的精神影响,所以直至今日,仍普遍流行。可见,信仰对行为意义认知的影响是巨大的。

② 参见夏鑫:《试析政治信仰产生的社会原因》,载《周口师范学院学报》2003年第4期,第59—60页。

意识到自己的利益的时候,才会形成社会理想目标和为自己利益辩护的政治理论,才能自觉地为自己的利益而参与社会政治斗争。政治信仰是政治斗争的一个重要战场。统治阶级总是企图将自己的政治理想和政治原则变成全民的政治信仰,统治的合理性可以通过政治信仰而得到培育。革命的阶级往往借助于政治信仰的重构挑战现政权的合法性,为建立新的统治体系提供心理上的支持。历史上奴隶主阶级和封建地主阶级用神权政治观念来封闭的等级严格的阶级统治服务,得到他们支持的宗教信仰实际上就是维护和巩固其阶级统治的政治信仰。资产阶级希望通过一定程度的竞争实现与其拥有的财富相对称的政治权力,所谓"自然规律"、"天赋人权"等就成为新的政治信仰。社会主义革命和社会主义建设同样需要有自己的政治信仰,这种信仰就是对马克思主义的信仰、共产主义的信仰。政治信仰是在现实的社会政治活动中产生的,是与处理人类政治生活有关的信仰活动。政治信仰包括以下几方面内容:一是提供一套包括认识和评价的特定政治观念系统的世界观,对政治现象具有普遍解释力;二是明确的政治价值观念以及与之相联系的政治理想;三是在特定意识形态支配下的政治纲领、政治目标以及实现社会近期和长远目标的政策、路线、方针、手段和方法等;四是执政的政治集体的政治统治和掌握运用真理的能力以及处事的作风、德性。在全社会确立某一政治集团政治信仰的权威性是维护该集团政治统治的重要条件。政治制度上的弊端(特别是权力寻租所带来的政治腐败)是导致一定社会条件下政治信仰缺失的重要原因,也是引发政治犯罪的重要"致罪因素"。

法律信仰作为信仰的形式之一,是社会主体对法的一种特殊的主观把握方式,是社会主体在对社会法的现象理性认识的基础上产生的一种神圣体验,是对法的一种心悦诚服的认同感和归依感,是人们对法的理性和激情的升华,是主体关于法的主观心理的上乘境界。① 毫无疑问,法律信仰的对象为法律,但并不是所有的法律都被人们所信仰。法律信仰的形成需要具备一定的条件,既有对法律自身的要求,也有对信仰主体的要求。首先是对信仰主体的要求。主体的主观状态决定其行为的方式和内容,越是主体内

---

① 参见刘旺红:《法律信仰与法制现代化》,载《法制现代化研究》,南京大学出版社1996年版,第27页。

心深层的坚定心理,对其行为的支配性越强。主体是否遵从法律,根本在于其有无对法律的诚服和坚定心理。而这种法律的坚定信仰来源于主体对法律的价值认同。一定历史时期的法律被信仰,其信仰主体必须具备相应的法理念,其中最为重要的是具有主体权利观念。权利是法的内核,没有对权利的要求,也就产生不了对法的需求和法律的渴望。权利意识与法律信仰是一种互动关系,权利意识的增强导致对法律的认识与价值的认同,有利于人们法律信仰的增长。其次是对信仰对象的要求。从信仰的对象法律本身看,并不是所有的法律制度都激起人们对其信仰之情,相反,有些法律制度还可能遭受人们的抗拒和排斥。法律要被信仰,法律制度本身就要具备一定的内在品格。其中最为重要的是,法律必须是善良之法。只有善良之法,才能获得社会主体的普遍认同,才能具有权威,法律信仰方能形成。"法律必须被信仰,否则它形同虚设。"①一个社会如果没有社会公众对法律的尊重和信仰,即使建立再完备的法律制度,也无法形成一个国家的法治精神。在这种情况下,"带菌个体"便会视刑事法律为儿戏,刑事法律不能抑制其犯罪动机形成,可见,法律信仰缺失是引发犯罪的一个重要"致罪因素"。

道德信仰是信仰的一种基本形式,体现着一种道德体系的理想目标和人格境界,整合着各种道德规范和各种道德行为选择,为这种道德体系提供一种价值依据或精神支撑。关于道德信仰内涵,理论界有不同观点,如康德指出:"至道德的信仰则全然不同。盖在此处某某事象之必须发生,即我在一切方面必须与道德律相合之一事,乃绝对必然者。此处目的坚强确立,就我所能有之洞察,'此种目的能由以与其他一切目的联结,因而具有实践的效力之条件',仅有一种可能的条件,即有'神'及有'未来世界'是也。我又确知无一人能知引达'此种在道德律下之目的统一'之任何其他条件。以道德的训条同时即我之格率(理性命令其应如是者)故我必信有神及来生之存在,且确信绝无动摇此种信仰之事物,盖以我之道德律将由动摇信念而颠覆,我若不成为自身所深恶痛疾之人,则不能废弃此等道德律。"②国内则有学者把道德信仰定义为:"对某种道德目标及其理论的信服和崇拜。"③道德

---

① 〔美〕伯尔曼:《法律与宗教》,梁治平译,三联书店1991年版,第14页。
② 〔德〕康德:《纯粹理性批判》,蓝公武译,商务印书馆1960年版,第563—564页。
③ 李德顺:《价值学大词典》,中国人民大学出版社1995年版,第90页。

信仰一旦形成,在个人的道德意识和道德行为选择以及社会道德生活方面,就成为道德发挥作用的强大精神动力,因而具有多方面的功能:①(1)道德境界的提升功能。道德信仰本质上是人在道德上的自我超越,这种超越主要内含着社会之我对个体之我的超越、精神之我对肉体之我的超越、理想之我对现实之我的超越、无限之我对有限之我的超越等方面,超越的标志是道德境界、人生境界的提高。(2)道德人格的塑造功能。"所谓道德人格,就是人们通过道德生活意识到自己的道德责任和道德义务以及人生的价值和意义,从而自觉地选择自己做人的范式。培养自己的道德品质,丰富和完善自己的内心世界,体现出人之区别于动物的内在规定性。道德人格是个人做人的尊严、价值和品质的总和,是人的主体性、目的性和社会性的集结。也可以说道德人格是人的位格、性格、品格的统一。"②道德人格的形成与道德信仰的人格塑造功能是分不开的。(3)道德行为的动力功能。目的论者认为,道德行为的动力来自人们对快乐、幸福等目的的追求。(4)道德信仰的价值定向功能。道德信仰的定向作用主要是指它为人生指明了奋斗目标和有价值的生活方式。人生会有很多具体的、明确的目的,但这并不能代表人的一生应该向何处去,不能从根本上给人的生活以安顿,给人的精神以家园。人需要一个整体性的人生目的和生活方式,人生需要一个明确的、终极的奋斗目标作为价值上的终极关怀。道德信仰通过确定做人的目标以及人的生活方式,给人生指明了方向。(5)道德信仰的凝聚功能。从个体方面说,道德信仰是人的各种道德认识、道德观念、道德情感、道德意志、道德信念的整合,使人的精神世界凝聚为一体。可见,道德信仰对"带菌个体"的犯罪性具有抑制作用,一旦道德信仰缺失,"带菌个体"则可能形成犯罪动机,转化为危险犯罪人。

(二)宗教信仰及其对犯罪的抑制作用

宗教是什么?恩格斯曾说:"一切宗教都不过是支配着人们日常生活的外部力量在人们头脑中的幻想的反映,在这种反映中,人间的力量采取了超

---

① 参见魏长领:《论道德信仰及其功能》,载《道德与文明》2003年第6期,第15—16页。
② 魏英敏主编:《新伦理学教程》,北京大学出版社1993年版,第494页。

人间的力量的形式。"①

1. 宗教的本质

从古到今,古圣先哲,中外时贤,从不同角度论述过宗教的本质,这些论述也都从某一方面反映了宗教的本质。如有人认为,宗教是一种文化;有人认为,宗教具有人民性、长期性、复杂性、民族性、国际性等特征;有人认为,宗教是人民的鸦片;还有人认为,宗教是一种颠倒的世界观,等等。② 对于宗教的本质,笔者比较赞同如下观点:"以信仰为前提、以神圣的实在为基础、制度化了的生命关怀理论和实践体系。所谓生命关怀,即关心人生的本质和命运,思索人的生老病死的基础、根源和原因,探寻摆脱人类苦难命运、进入幸福美满生活直至彻底、终极解脱的基础、原理和方法;宗教不仅关心人的生,而且关心人的死,探索死的奥秘和超越死亡的可能性、原理和方法;不仅关心人类的生命,而且关心一切生命形式的生命。当然宗教的生命关怀不同于科学、哲学、巫术的关怀,其独特性主要表现在:第一,它以信仰为前提,强调信为能入,信如母。第二,它把世界二重化了,即把世界区分为神圣和世俗两部分,到神圣、神秘、超自然、超常、超世俗的世界中去寻找人生解脱的基础。这种基础在有的宗教中表现为神、上帝,但不尽然,因此把宗教等同于有神论就犯了以偏概全的错误。理由前面提到了一点,除此之外,还有重要的一点,就是不同的宗教所诉诸的基础、安身立命之本是不同的。第三,宗教所指出的生命解脱的方法包含有许多独特的内容(如苦行、修道、坐禅、各种方术、修福修慧、过有道德的生活等)。第四,宗教的生命关怀既重视理论、信仰、观念,更重视行动、实践。第五,宗教的生命关怀制度化、程序化了,同时外化为组织制度和教堂、寺庙等物质实体。"③

宗教的生命关怀在晚近成熟的、世界性宗教中表现为系统的、丰富的理论体系,其核心是宗教特有的人生哲学思想。例如,对人生现状的价值判断,成熟宗教的看法是:人的现实是不令人满意的,到处充满着苦,佛教讲生老病死四苦和八苦,基督教在原罪说中把苦难归咎于始祖所犯"原罪"的时候,实际上也就肯定了人生现实充满着痛苦、烦恼、灾祸的事实。人的现实

---

① 《马克思恩格斯选集》第3卷,人民出版社1995年版,第666—667页。
② 参见李申:《宗教本质简论》,载《哲学研究》1997年第5期。
③ 高新民:《宗教本质新解》,载《学术论坛》2004年第1期,第30页。

苦难不是无缘无故的,而是有原因的,主要是根源于某种不可感知的神秘力量。这主要有两类:一类是人以外的、超自然的力量,如前万物有灵论所说的"玛纳",万物有灵论赋予动植物的精灵,已故祖先的灵魂,不依赖于自然事物独立存在的、掌握某一职能、控制某一方面的神灵,如农神、火神、河神、土地神以及更高级的上帝等。大多数宗教把人生苦难的原因归于这些力量,认为它们决定着人的生老病死、吉凶祸福。另一类是人自己的行为所造成的业力。如佛教认为,人的现在的一切状况,包括富贵寿考、吉凶祸福甚至自己的长相、所依存的环境都是由自己过去的行为所决定的,将来生活得怎样又取决于现在的作为,一切都是自作自受。基于对原因的揭示,各种宗教都有了自己的解脱论或救赎论。基督教、伊斯兰教开出的"药方"是信仰上帝或真主,因为人不能自救,只能依赖他力才能得救。中国的道教重今生、轻来世,追求现世解脱,提出的拯救方案除了礼敬充满宇宙一切角落的神,尤其是最高的一些神以外,就是应按各种神仙方术修炼,以使人体内的神与形有机结合,使人身体健康、长生不老。此外,作为宗教本质的生命关怀还包含了对人类能否彻底解放或解脱、有无最美最高境界、能否进入等问题的构想。如佛教的涅槃、西方极乐世界、基督教的天国,它们还提供了详尽的进入这种境界的方法和途径。宗教的生命关怀除了上述内容上的特殊性之外,还有超常、非世俗和神秘的特点。所谓超常,意即宗教关于人生现状的原因及解脱方法是可触可见的事物之外的东西。所谓非世俗,是说它是一种一般常人所难以理解、不愿接受,更不会去实践的价值观、苦乐观、生死观、解脱论,与世俗的各种哲学体系泾渭分明。所谓神秘,即是许多人类学家、宗教史学者所理解的"既敬畏又向往"、"超感官"的意思。说宗教人生观神秘,就是说宗教的信仰者对这类原因和解脱方法,既知道它们不可思议,看不见、摸不着,对之敬畏、诚惶诚恐,同时又热切地向往和追求。宗教人生观的这些特点既塑造了宗教自身,同时又构筑了把自己与其他文化现象区别开来的本质内核和特殊标志。①

2. 宗教的产生过程

从产生的动机和过程来说,每种宗教都是先碰到了生存的问题,产生了有关的观念,然后才有其他的宗教要素。例如佛教,其直接的根源就是释迦

---

① 参见高新民:《宗教本质新解》,载《学术论坛》2004年第1期,第30—31页。

牟尼佛在游历时看到了人世间的现实苦难尤其是普遍性、终极性的问题即生老病死,然后才有出家求道。正如《法华经》所说:佛以大一事因缘出现于世,即开示悟入佛知见。佛的出世本怀就是为了拔苦与乐,而这些都清晰地反映在佛的说法中,尤其是最初的弘法中。据历史记载,佛经过五参六访,由证悟而得道,然后一步步地将自己所证传扬出来,便有了佛教的教义教理。在博大精深的佛法理论中,释迦牟尼佛开始并不是什么都说。例如在回答弟子的问题时,只解答与生死有关的问题,如四圣谛、十二因缘等,因为生死事大,解脱至上。当这方面的义理完满地昭示出来之后,才涉及宇宙起源、构成结构等问题,进而在人生观的基础上建立了与其相一致的、为其论证的宇宙要素论、起源论、结构论等。作为佛教其他构成要素的僧团、仪轨制度、修行方法等都是在释迦牟尼佛说法的过程中逐渐派生出来的,其基础、轴心出不了生脱死、拔苦与乐这一主旨与核心。基督教、伊斯兰教的产生过程也大体相仿,其创始人都经历了一个求道、得道、传道从而导致该教建立、传扬的过程。所不同的是,佛教的创始人是通过修证而彻悟宇宙人生之实相,而基督教、伊斯兰教的创教者据说是因天启而得道。其实耶稣和穆罕默德在创教过程中,除了自身的创造之外,还有对先前宗教的继承,而且还离不开后人的充实、发展完善,如基督教中的教父的理论化、系统化。不管它们是从哪里来的,其所谓的"真理"的核心与基础都不过是关于人生的"真理",即认为人生苦难的最后根源是始祖的原罪,或者是没有真心诚意地信仰真主,因而受到惩罚和报应;人可以得到救赎,进入天国永享福乐,其唯一的途径就是信仰上帝或真主,或者等救世主的拯救。在此基础上,陆续建立了越来越繁杂、庞大的神学理论体系。也是在这个过程中,宗教的其他构成要素陆续地派生出来。

3. 宗教的构成要素

宗教文化的第一个要素就是它的基本观念、教义、教理以及理论论证。它们有机结合在一起形成了庞大、复杂而又有一定内在逻辑联系的思想体系。用哲学的分类术语和名词来说,它们有苦乐观、生死观、幸福观、价值观、宇宙观、灵魂观、神灵神性观、人神关系论、认识论、科学观、道德观和解脱观等子要素。第二个重要的构成要素是宗教心理或情感与体验。宗教作为一种心理现象与其他心理现象一样也是在与内外现实打交道的过程中产生的。宗教情感是信徒对于所信宗教的一种依恋、向往、热爱的感情。它们常常通过顶礼膜拜、供献、苦行等行为方式表达出来。所谓宗教经验,是与宗教情感密切交织在一起的心理过程,是对宗教情感和内心经历的直接感受的体验,主要形式有:皈依、祈祷、忏悔、出神的宗教体验,如感受到自己与神同在,见到神的抚慰与教诲,心灵感觉到离开现实世界进入了神秘的世界以及佛教修禅时所进入的那种禅悦法乐、空寂、湛然明朗、能所双意、非想非非想的心灵境界。此外还有依赖感、罪恶感、羞耻感、安定感、神秘感以及宗教的博爱心、慈悲心、怜悯心等。宗教的第三个重要的要素是宗教行为。所谓宗教行为,是表现宗教信仰者内在信仰、观念、感情的外在方式,是宗教信仰者独有的行为方式,种类多种多样。从行为所涉及的关系看,有约束自己的修持和求静求定的行为,还有处理与他人、社会甚至其他有生命的动植物的关系的行为,如诸恶莫做,众善奉行。从方式上看,有法术、咒术、禁忌、祈祷、献祭、修持、礼仪、修福等行为,按一天的时间顺序,有起床、洗漱、早课、吃饭、禅定、行事劳作、出游、接人待物、睡眠等行为。宗教的第四个要素是宗教的组织与制度。它们是宗教的有形的物质构成要素。具体地说,宗教组织是信教者所结成的社会实体以及他们过宗教生活的场所,宗教制度是维系宗教群体、规范宗教生活、约束组织的规章、制度、清规戒律的总称。从发生过程来说,它们是宗教各种构成要素中最晚出现的。因为一种宗教在产生时,作为一个新鲜事物总是受到周围的敌视、排斥,这一点在世界三大宗教中表现得尤为明显。正是由于这一原因,这些宗教刚开始总是采取秘密传播的方式,因此不可能有固定的宗教活动场所。由于追随者少、规模小,需要调整的关系、矛盾、问题、行为还未产生或未充分暴露出来,因而也就没有组织制度得以产生的条件。各种现存宗教的一套完整、复杂的仪轨制度、清规戒律、组织原则及机构等都是在这些宗教产生以后很久才逐渐建立起来的。[1]

4. 宗教的社会意义

宗教的社会意义主要体现在以下几个方面:[2]

第一,实现社会整合功能。所谓社会整合,是指将社会实在、社会发展中的各要素凝聚在一起,使之一体化,或使之成为一个统一的整体,从而维

---

[1] 参见高新民:《宗教本质新解》,载《学术论坛》2004年第1期,第32—33页。
[2] 参见孙尚扬:《宗教社会学》,北京大学出版社2001年版,第84—96页。

系社会大系统的团结与稳定。宗教能够实现社会整合功能主要是基于以下原因:一是宗教信仰的作用,这是宗教履行社会整合功能的基础。作为宗教中认知性最强的因素,信仰乃是一种综合性的世界观,它形塑信徒对世界的理解,并且使信徒容易共同接受某一宗教对社会实在的界定。在分享相同的对社会实在的界定的基础上,信徒们较容易形成一个稳定的共同体,并在该共同体内进行组织上的整合。也即宗教信仰有助于个体形成一种对共同体的认同感和归属感。而且,共同的信仰往往会带来共同的价值观。可见,在一个信仰宗教的社会里,宗教的社会整合功能是以个体的积极、自觉的对宗教信仰与价值的认同为基础的。二是宗教组织和宗教礼仪的作用。宗教组织不仅对其教义的传播承担载体的角色,而且还会通过各种层级的神职人员将其信徒在精神与情感上结合在一起。宗教组织内部的教规对信徒的行为具有约束力,使宗教群体成为一种相对稳定的社会实体。宗教仪式则能够演示群体的团结,因为它允许个体象征性地参与它们所代表的更大的团体。

第二,实现社会控制功能。所谓社会控制,就是社会对作为社会行为主体的个体或群体的行为的各个方面予以约束。宗教在社会控制方面的功能特殊性在于,通过诉诸超自然的力量,为人类建构的社会秩序涂上神圣化的色彩,达到维系其稳定的目的。因此,在宗教与主流意识形态没有矛盾,也就是宗教与社会共存的社会里,统治者一般都愿意将宗教用做主要的社会控制手段。另外,宗教礼仪更以象征化的方式演示社会中的各种社会关系以及在处理这些关系时所应遵循的规范,从而参与到社会控制的过程中来。

第三,实现个体的社会化功能。所谓社会化,是指个体用来获得其所属群体的规范、价值观、信仰、态度和语言特征的互动过程。在这个过程中,个体的自我和人格得以形成。在社会化方面,宗教的功能主要表现为:一是充当文化传承的载体。因为宗教本身就是一种披着神圣化色彩的文化系统,它通过其特有的组织对自身的信仰、仪式的传播与传承本身就是文化的传承。而且在相当长的历史时期内,宗教乃是许多文化系统的核心,人们的社会化因此也就成为宗教化或成为宗教信徒的过程。宗教文化在实物与精神上的传承为代代相传的社会连续性,为个体的社会化提供了坚实的资源基础。二是宗教能以其特有的组织方式向信徒提供良好的学习环境与机会。社会化过程的目标之达成,必须通过学习获得社会中居于主导地位的信仰、规范、价值观乃至语言特性。而宗教往往掌握着大量的教育资源,从而使得其在文化传播方面起着不可忽视的作用。三是规范引导人们的行为。在一些社会里,宗教的规范本身就是其社会规范的核心,宗教传播、灌输其自身的规范,本身就是社会化的主体向其受体实施社会化的过程。

第四,实现心理调适功能。社会系统对其自身的稳定与平衡追求乃是一种本能。这样的平衡与稳定还需要心理基础。一个群体的成员如果彼此充满怨恨,或者对社会抱一种不信任乃至仇恨的态度,每个个体内心都焦躁不安,疑虑重重,或者充满莫可名状的恐惧感,那么,该社会就不可能获得秩序上的稳定。在任何一个社会里,自然与社会的双重压迫一直都威胁着人们的安全感,使人们生活在对那些强大的异己力量的恐惧之中。宗教的一个重要的心理功能就是借助于超人间的力量,为社会成员提供心理上的慰藉和安全感。正如保罗·普鲁伊塞所说:"宗教就像一种营救工作……宗教是在有人喊'救命'这样的情况下产生的。"①

5. 宗教对犯罪的抑制作用:以宗教教义教规为例

通过宗教的社会意义分析可以发现,宗教可以在不同层面发生作用,从而抑制犯罪的发生。这里再从一些宗教的教义教规方面作些具体分析。首先以基督教为例,基督教的教规是著名的"十诫":(1)只信仰上帝耶和华,不可信别的神;(2)不可造、拜偶像;(3)不要妄称耶和华的名字;(4)当守安息日为圣日;(5)孝敬父母;(6)不杀人;(7)不奸淫;(8)不偷盗;(9)不作假证;(10)不贪他人财物。再以佛教为例,其教规以"五戒"为名:(1)避免杀生或者伤害任何生物;(2)不取不属于自己的东西;(3)避免任何奸淫邪行;(4)不吐任何卑劣之语,例如谎言、传播谣言和说人闲话;(5)不能接触所有的酒和麻醉品,因为它们能障蔽人的头脑和影响判断力。②

可以看出,基督教与佛教的教义与教规所让信徒不能做的,往往也是刑法所禁止的犯罪行为,信徒按教义教规去做了,也就避免了犯罪的发生。

(三) 信仰缺失表现

信仰缺失包括信仰异化和信仰真空两个方面。

---

① 〔美〕玛丽·乔·梅多、理查德·德·卡霍:《宗教心理学》,陈麟书等译,四川人民出版社1990年版,第5页。
② 参见〔英〕《信仰的疆国:漫谈世界宗教》,张兴明译,北京大学出版社2004年版,第79页。

1. 信仰异化

所谓信仰异化,是指信仰(特别是宗教信仰)脱离了自己的初衷,走向反面,从具有社会意义转向威胁社会。信仰作为人类存在的精神状态,如其为不当目的所用就会产生不当结果,使迷信孳生、邪教泛滥、恐怖主义猖獗,失却了其安身立命的价值时,也就成为人类社会的异己力量。在此种情况下,信仰开始异化。

(1)迷信。迷信,是指"在对鬼神、命运盲目崇拜信仰的观念基础上,企图通过多种非科学手段预测前景、或企图借助鬼神之力改变某种不如愿情况的行为或者维护某种状况的行为"①。迷信是信仰的异化,迷信与宗教存在重大区别,主要表现在:第一,宗教与迷信属于社会意识的不同层次。宗教是一种较高的社会意识形态,是人们的一种世界观。各种宗教包括世界三大宗教以及我国的五大宗教,一般都有自己的经典、教义、教规、戒律,这是宗教思想理论化、系统化的表现。宗教是一种系统化、理论化的世界观。而迷信活动,如占卦、算命、扶乩、跳大神、驱鬼治病、阴阳风水等,没有成文的经典、系统的教义、规范的教规,是一种原始的、低层次的社会心理,是神汉、巫婆、风水算命先生进行的一种庸俗、低劣、粗陋不堪的骗人伎俩。第二,宗教与迷信的组织、存在方式不同。各种宗教都有依法成立的组织和团体,有比较规范的宗教仪式和宗教活动,有固定的宗教活动场所,还可开办各种形式的宗教院校,培养专门的神职人员,宗教教职人员都有明确的身份。而迷信活动没有严格的组织系统,没有清规戒律,没有正式组织,没有固定的活动场所和固定的信仰者,没有政府认可的团体和组织,是神汉、巫婆、风水先生等因时、因地、因人而从事的低层次的巫术活动。总的来说,迷信活动是一种散漫的、无组织的、分散的、个别的活动。神汉、巫婆从事迷信活动的,其目的就是诈骗钱财。

(2)邪教。邪教"是指新兴宗教中的一个特殊而又个别的现象,是指在其发展过程中走向危害社会、违反法律与人性、扰乱社会秩序甚至自绝于社会与人类的一些宗教组织"②。邪教与传统宗教的主要区别是:③第一,神化

---

① 郭春梅、张庆捷:《世俗迷信与中国社会》,宗教文化出版社2001年版,第12页。
② 戴康生:《当代新兴宗教》,社会科学文献出版社2000年版,第310页。
③ 参见张纯:《论邪教》,载《山西警官高等专科学校学报》2003年第2期,第15页。

教主崇拜。传统宗教的崇拜对象是超人间的神,如基督教的上帝、佛教的佛、道教的太上老君、伊斯兰教的安拉等。传统宗教的教职人员,只是神的仆人,并不是神本身,因此不让信徒将他们作为神来崇拜。而邪教教主均自封为"神"、"主"、"上帝"、"活基督"、"弥勒佛"转世临凡,称王称帝。他们充当着世界创造者、主宰者和救世者的角色,宣扬自己有种种特异功能,迷惑信众。第二,反现世,夸大宣传灾劫说教。传统宗教大都有"大灾大难"、"世界末日"、"末劫",但都把它们只作为远景描述,从不设定具体的时间,恐吓世人。传统宗教与现实世界具有相容性,不刻意排斥现实世界,其教义除了强调追求天国幸福之外,还关注人们的现实生活,给人们以鼓励。基督教教人博爱、忍耐、宽容;佛教教人慈悲、宽大;伊斯兰教主张两世吉庆。一般情况下,传统宗教发挥着稳定社会的积极作用。而邪教则敌视现世,视现世为堕落,注定毁灭。狂热渲染灾劫的紧迫性与恐怖性,宣扬世界末日将至,唯有入教方可解脱。由此导致集体或个体的"升天"(自杀)以及以暴力的极端行为对社会实施攻击。第三,以精神控制为手段强力剥夺他人的合法权利。传统宗教有组织、礼仪制度以及各种戒律,但教内的制度与戒律不危及宪法、法律赋予信徒的基本权力,不过多干涉信徒的日常生活,即使干预,神职人员对信众也不施以暴力胁迫,而是以规劝的方式。邪教组织则正好相反,它们违背人类社会公认的社会伦理道德准则、法律准则,使用欺骗、恐吓等手段,对信众的精神生活与世俗生活进行全面干预,对他们的合法权利进行强力剥夺,摧残他们的身心。诈骗钱财、破坏家庭、蹂躏妇女、摧残生命,以及实行专制统治是其违法性的集中体现。第四,反政府性。在当代多数政教分离的国家里,传统宗教并不以颠覆现政权、建立神权政治为目标,而是力求与现政权相协调,彼此共存,在社会生活中发挥着稳定社会的作用,本身不含暴力。而邪教则常常敌视现政权,视现政权领导者为魔,公然与现行法律对抗,企图推翻政府,建立地上天国。

(3)恐怖组织。"恐怖主义是对各国政府、公众和个人使用令人莫测的暴力讹诈或威胁,以达到某种特定目的的政治手段。"[①]恐怖主义一般具有以下特征:恐怖主义行为应具有政治目的;恐怖主义行为应涉及暴力使用或暴力威胁;恐怖主义分子希望引起公众注意;恐怖主义的暴力行为具有不可

[①] 王国强、胡凡:《国际恐怖与反恐怖斗争》,国防大学出版社1999年版,第3页。

预测性;恐怖主义的攻击目标(或人或物)具有象征性价值。可见,恐怖主义是一种有政治目的的、突发的暴力行为,它通过暴力事件造成社会影响,并以暴力威胁的方式实现其政治主张,是与人类社会道德及正常的法律秩序相违背的、有组织的犯罪行为。国际社会按恐怖主义的行为性质将恐怖主义分为两大类:一类是政府恐怖活动,另一类是非政府恐怖活动。一国政府用恐怖主义手段对付另一个国家的人民属于政府行为的国际恐怖主义。在国际政治舞台上,利比亚、伊朗、伊拉克等国就常常受到这样的指责。非政府行为的恐怖主义是恐怖主义活动的一个大类,其表现形式较复杂。自冷战结束以来,比较活跃、影响比较大的非政府行为的国际恐怖主义组织有以下几种:①(1)奉行民族分裂主义的恐怖主义组织。这种恐怖主义组织的参加者主要是极端民族主义者、自治主义者和分裂主义者,即独立倾向较强的民族派别,其宗旨是实现国家分裂,争取民族自治。像美国德州的"民兵组织"、法国的"科西嘉民族解放阵线"、西班牙巴斯克人的"埃塔"、中国新疆地区的"东突"小组织、斯里兰卡的"泰米尔猛虎解放组织"等。(2)新法西斯主义的恐怖主义组织,又称极右翼恐怖组织。这个派别奉行反动和种族主义,突出的表现是仇外、排外,其袭击对象主要是本国移民、外籍工作人员。(3)主张"用暴力摧毁罪恶的资本主义"的所谓"革命恐怖主义",又称极左翼恐怖组织。曾经活跃一时的像日本的"赤军"、秘鲁的"光辉道路"和意大利的"红色旅"、法国的"直接行动"等,这些组织都打着"革命"旗号,到处搞恐怖活动,是比较典型的恐怖组织。(4)邪教性质的恐怖主义。如1995年由日本邪教奥姆真理教一手策划的,在东京发生的地铁毒气事件就是一个典型的案例。(5)国际贩毒集团搞的恐怖主义。他们的活动一类属于相互争权夺利的仇杀,一类是针对有关政府部门的报复性暗杀。

2. 信仰真空

信仰真空,又称信仰迷失,是"相对于一定社会主导价值体系而言的,它既是对一定社会人们信仰状况的历史描述,又是对现实社会信仰问题的价值判断。不同的社会生活及其历史进程,产生不同的信仰体系。随着社会历史的发展和现实生活的变迁,信仰体系及其受众不可避免地要发生变化。

---

① 参见夏明星、许大强:《当代恐怖主义活动浅析》,载《武警学院学报》2002年第6期,第61—62页。

在一定社会主导价值体系观照下,如果某种信仰不再使信奉者获得生存意义或精神慰藉,那么,人们就会对这种信仰产生怀疑。当人们已经动摇了原来的信仰,而又没有新的信仰可供选择时,人们就可能陷入信仰迷失。"①

信仰真空会使人们失去精神的"家园",要么沦落为邪教、迷信的追随者,要么成为"行尸走肉"。"没有信念,人会软弱无能、毫无希望,而且会对其存在的实质本身惶恐不安。"②维特根斯坦说:"信仰是我的心灵、我的灵魂所需要的。"③一旦"上帝不存在了,任何事物都是被允许的"④。

(四)信仰缺失致罪机理

通过对信仰及信仰缺失的分析,笔者认为,信仰缺失主要通过下列途径对犯罪的形成发生作用:

第一,由于政治信仰缺失,一方面使得那些具有新的政治信仰的"带菌个体"产生犯罪动机,成为现实政治犯罪人;另一方面,也可能使得其他类型的"带菌个体"乘机产生各类犯罪动机,成为危险犯罪人。对此,前文政治制度弊端"致罪因素"方面已经详细展开论述。

第二,由于法律信仰缺失,法律对"带菌个体"没有威慑力,"带菌个体"易产生犯罪动机,从潜在犯罪人转化为危险犯罪人。

第三,由于道德信仰缺失,道德对"带菌个体"没有约束力,"带菌个体"易产生犯罪动机,从潜在犯罪人转化为危险犯罪人。

第四,由于缺乏宗教信仰,"带菌个体"缺乏精神上的寄托,难以与主流社会共存,易产生犯罪动机,从潜在犯罪人转化为危险犯罪人。

---

① 王书道:《社会转型中的信仰迷失问题》,载《西安政治学院学报》2004 年第 2 期,第 14 页。
② 〔美〕弗洛姆:《自为的人》,万俊人译,中国国际文化出版公司 1988 年版,第 174 页。
③ 〔英〕维特根斯坦:《文化与价值》,黄正东、唐少杰译,清华大学出版社 1987 年版,第 47 页。
④ 〔英〕韦恩·莫里森:《理论犯罪学》,刘仁文等译,法律出版社 2004 年版,第 324 页。

第四章 "催化剂"

"带菌个体"只是潜在犯罪人,其本身不会直接实施犯罪行为,"致罪因素"只是促使"带菌个体"形成犯罪动机,转化为危险犯罪人的重要条件。"带菌个体"与"致罪因素"相结合并不意味着犯罪行为的产生,危险犯罪人最终实施犯罪行为还必须受到一定"催化剂"的催化作用。只有"带菌个体"与"致罪因素"相结合,并且在一定"催化剂"催化作用下,才会最终生成犯罪,危险犯罪人最终成为现实犯罪人。

在化学中,催化剂指的是能够改变其他物质的化学反应速度,而本身的质量和化学性质在化学反应前后没有发生变化的物质。本处的"催化剂",是指加快"带菌个体"和"致罪因素"相互作用速度,从而导致犯罪发生的"导火线"。"催化剂"主要包括:①(1)特定的时空因素;(2)社会控制弱化因素;(3)被害人因素。

"催化剂"因素在一般情况下是中性的,它们之所以起到"催化"作用,是因为"带菌个体"在相关"致罪因素"条件下,能够"体验(接收)到它们传递的犯罪易于得逞的信息"②。可见,对"带菌个体"而言,"催化剂"起到一种传递信息的作用,是一种信息载体。在一定的"致罪因素"条件下,"催化剂"促成了"带菌个体"实现犯罪行为,使"带菌个体"从犯罪的可能性转到

---

① 催化剂的构成借鉴了储槐植教授的"犯罪场"理论。该理论认为,犯罪场作为一种"背景"存在,包括四方面因素:时间因素、空间因素、侵犯对象(被害人)因素、社会控制疏漏。理论界有学者将"催化"犯罪发生的因素称为临界性因素,即"激活某种犯罪倾向,诱发犯罪的实施或爆发的机会、境遇等因素"。储教授的"犯罪场"要素便是临界性因素的典型分类,除此之外,还有其他观点:如有学者认为,临界性因素由"人、物、事件、状态、时间、地点构成"。临界性因素包括"特殊或危险情景、惯常或中性情景、混合情景三种情况"。临界性因素可分为"激发性形势、促进性形势、中和性形势、妨碍性形势"。临界性因素由两类因素构成,"一类是诱发犯罪动机形成的发动性因素,称为原发性情景;另一类是使犯罪意图转化为犯罪行为的中介性因素,称为过渡性情景"。临界性因素分为:"(1)固有的机遇与自己创造的机遇。(2)来自被害人的机遇与来自加害人的机遇。(3)社会性机遇与自然性机遇。(4)可预见的机遇与不可预见的机遇。(5)正常的机遇与异常的机遇。(6)持续性的机遇与瞬间性的机遇。(7)时间机遇与空间机遇。(8)行为前的机遇与行为时的机遇。"参见白建军:《关系犯罪学》,中国人民大学出版社2004年版,第427、430、431页。

② 储槐植:《刑事一体化与关系刑法论》,北京大学出版社1997年版,第100页。

犯罪的危险性。特定时间、特定时空因素、社会控制弱化及被害人等客观条件作为信息载体,"带菌个体"作为信息受体,在一定"致罪因素"条件下,载体与受体接触,信息得以传递,便形成"催化剂",同时或即将实施犯罪行为就是"催化剂效应"。举例说,在一定"致罪因素"(如性禁忌社会因素)条件下,"带菌个体"(具有性犯罪倾向者)如果处在夏夜、偏僻郊区、妇女独行、当地警方打击犯罪不利背景下,特定的时空条件、特定侵害对象及社会控制弱化因素就会向"带菌个体"传递"强奸"犯罪易得逞信息,因而"催化""带菌个体"实施强奸犯罪。

一、特定时空因素

"带菌个体"与一定的"致罪因素"相遇,并不必然导致犯罪行为的发生,也就是说,并不是"带菌个体"一遇到"致罪因素"就会实施犯罪行为,实际上,"带菌个体"最终实施犯罪还必须依赖于一定的时空条件。

(一)特定的时间

这里所说的特定时间,是指催化"带菌个体"实施犯罪行为的特定时间,也即"带菌个体"所选择的实施犯罪的时间。特定时间主要表现在季节与时日两个方面。

1. 季节与犯罪的关系

首先,我们看两组实证资料(见表4.1与表4.2):

表 4.1 犯罪与季节关系(德国)[①]

	暴力犯罪与季节	财产犯罪与季节	性犯罪与季节
规律	伤害、侮辱等暴力犯罪率的高峰在七、八、九三个月间,即主要在夏季;而低犯罪率则在一、二、三月,即主要在冬季。	财产犯罪多发生在冬季。	性犯罪在春季至夏季较多,而冬季较少。

---

① 参见张甘妹:《犯罪学原理》,汉林出版社1985年版,第157—160页。

(续表)

	暴力犯罪与季节	财产犯罪与季节	性犯罪与季节
原因	(1)夏天气温高,人的情绪易受刺激、兴奋、激动而动武;(2)夏天天气热,人与人在户外接触的机会多,故纠纷也增加;(3)夏季比冬季生活必须费少,工作易找,赚钱较易,花钱寻乐或饮酒的机会多,因酗酒而滋事的机会也增加。	(1)冬季气候寒冷,人们衣食住方面的需要增加,但在外劳动谋生的机会减少,从而为生活所迫而实施财产犯罪的人数增加;(2)过年、过节等大节日在冬季,金钱及物质的需要大,易使无能力满足需要者陷于犯罪;(3)冬天较夏天夜间较长,长时间的黑暗,给予盗窃犯以活动上的方便。	(1)春季至夏季之间因气温上升,人的性欲容易冲动;(2)春、夏季女性的服装简化,暴露身体的部分较多,易刺激人的性欲;(3)人的生理周期上,春天至夏季性欲最强。

表4.2 犯罪与季节关系(天津)①

	强奸犯罪与季节	伤害犯罪与季节	诈骗犯罪与季节	聚众斗殴犯罪与季节	寻衅滋事犯罪与季节
规律	强奸犯罪最多发生在夏季,其次是春季,再次是秋季,冬季最少。	秋季和夏季是伤害犯罪的高发季节。	春季、夏季是诈骗犯罪的高发期,秋季、冬季较少。	夏季发案高,冬季发案低。	同聚众斗殴犯罪
原因	(1)夏季男性自控能力下降;(2)夏季女性暴露过多;(3)犯罪人与被害人在夏天接触机会增加。		秋冬较为寒冷,人们户外活动时间减少,活动范围减少;而春夏则相反,人们的活动范围增大。	夏季户外活动多,人们之间往来频繁,彼此之间容易产生摩擦冲突,聚众斗殴的诱因出现的可能性较大。	同聚众斗殴犯罪

笔者认为:

(1)总体而言,暴力犯罪多发于夏季,而少发于冬季;在财产犯罪中,盗窃罪多发于冬季,而诈骗罪则多发于春夏季;性犯罪多发于春夏季。

(2)夏季之所以成为暴力犯罪的"催化剂",主要是因为暴力犯罪往往发生在人与人接触过程中,而在夏天,由于天热,人们多户外活动,容易发生接触,在此种情形下,"带菌个体"易于碰上犯罪机会,从而实施暴力犯罪。

---

① 参见周路主编:《当代实证犯罪学新编》,人民法院出版社2004年版,第234—235页。

例如，某甲、某乙、某丙自幼喜欢打架斗殴，高中毕业后找不到工作，便经常在附近的公园闲逛，无事生非。秋冬季节，公园里人少，某甲、某乙、某丙很难遇到打架"对手"，故难以惹是生非，而一到夏季，来公园的人大大增加，因此，某甲、某乙、某丙能经常遇到打架"对手"，从而实施聚众斗殴行为。在本案中，某甲、某乙、某丙为"带菌个体"，找不到工作（即经济政策失误）为"致罪因素"，夏季则为"催化剂"。

（3）在财产犯罪中，盗窃罪多发于冬季，主要是因为冬季夜间较长，为"带菌个体"实施盗窃行为创造了条件，从而易于完成犯罪，故冬季往往成为盗窃犯罪的催化剂；而春夏季之所以成为诈骗犯罪的"催化剂"，主要是因为行为人必须遇到相应的"被害人"，才能实施诈骗犯罪，春夏季人们户外活动增加，诈骗犯罪"带菌个体"易于遇到被诈骗被害人。

（3）性犯罪多发于春夏季，主要是因为在春夏季被害妇女往往穿着暴露，这使强奸罪"带菌个体"易于实施犯罪，而没有过多衣物的障碍。

2. 时日与犯罪的关系

这又包括两种情况：一是在一天24小时中，什么时间段是导致不同类型犯罪发生的"催化剂"；二是一星期七日之中哪些日子是促使不同类型犯罪发生的"催化剂"。

在分析之前，我们看几组实证资料（见表4.3、表4.4、表4.5）：

表4.3 犯罪与时段的关系（日本）①

	盗窃犯罪（屋内盗、屋外盗、屋内强盗、屋外强盗、扒窃）			暴力犯罪（杀人、强奸、猥亵）	放火犯罪
时段	屋内盗与屋内强盗:0时至3时之深夜间发生最多；22时至24时次之；其他时间则不多。	屋外盗与屋外强盗:22时至24时之午夜最多。	扒窃:白天发生的较多。	22时至24时之午夜最多；18时至24时次之；早上5时至9时最少。	22时至24时之午夜最多。

① 参见张甘妹:《犯罪学原理》，汉林出版社1985年版，第167—169页。

第四章 "催化剂"

（续表）

	盗窃犯罪（屋内盗、屋外盗、屋内强盗、屋外强盗、扒窃）	暴力犯罪（杀人、强奸、猥亵）	放火犯罪
原因	0时至3时一般人均已入睡，而且正处熟睡不易醒的时间，同时也是外面行人最少的时间。	因为在屋外行窃，必须选择尚有人在外活动，但其数目不多的时间最为合适，即22时至24时。如果至0时以后，外面无行人，则下手的机会减少。上午9时至18时，属于人们上下班拥挤时间，犯罪最多。	（1）夜晚人们之心身比较疲倦，自制力减退，容易受刺激。（2）就寝初期，感情容易兴奋而惹事。（3）夜晚天黑而人稀，犯罪不易被发觉。夜间安息时间人们疏于防备，犯罪行为实施较易。	因为此时夜深人静，容易下手而不易被人发觉。

表4.4 犯罪与时段的关系（天津）①

	盗窃罪	抢劫罪	故意伤害罪	强奸罪	聚众斗殴罪	诈骗罪
时段	多数集中在夜晚和凌晨。	多数集中在夜晚；在白天也占一定数量。	案发最高的时段在19时至23时，其次是13时至18时。	从下午开始案件发案逐步攀升，直至夜晚达到高峰。	多发于下午和夜晚。	多发于白天。
原因	对犯罪人而言是出于安全的考虑。在夜晚犯罪人通过借助夜幕的掩护，其隐蔽性能够得到充分的发挥；对于被害人而言，夜晚也多疏于防范，在一定程度上增强了犯罪人作案得手的机会。	犯罪人一方面注重自身的作案安全，另一方面还关注被害对象出现的可能。	因为这些时段人员活动频繁。	对一般人而言，过午后，身体自然出现疲倦状态，注意力和反应力都会不同程度地下降；被害人在此时段容易陷入孤立无援之地；在此期间妇女外出频繁。	在此时间段，人员容易聚集。	此时段为人们处理事物较为集中的时间。

① 参见周路主编：《当代实证犯罪学新编》，人民法院出版社2004年版，第227—231页。

表 4.5　暴力犯罪与日期的关系（不同国家）①

	德国	挪威	日本
日期	公务伤害及危险的伤害罪,星期日最多；星期六次之；星期一再次之。	挪威都市:公务伤害及危险的伤害罪星期一最高。挪威乡下:与德国同。	每月 1 日、2 日以及月中之 15 日、16 日犯罪率较高。
原因	德国采取周薪制（星期六发薪）,对一般人而言,在发薪之日必将一部分工资花在酒费上。而喝酒以后,人的情绪容易冲动,自制力减退,易因故吵架、动武。	挪威都市自星期六下午至星期一上午八时止,禁止出售酒精含量达 21% 以上之饮料,所以公务伤害及危险的伤害罪星期一最高。而乡下无都市的禁令。	日本采取月薪制或半月薪制。

通过对前述实证资料的分析,笔者得出如下结论:

（1）财产犯罪:盗窃犯罪（扒窃除外）主要发生在夜晚及深夜,主要原因在于,一方面在该时段犯罪人可以借助夜幕掩护,另一方面在该时段被害人也疏于防范。所以,夜晚及深夜往往成为盗窃犯罪（扒窃除外）的"催化剂"。扒窃罪主要发生在白天上下班时段,主要是因为此时为人流高峰,犯罪人易于寻找犯罪目标。所以白天上下班时段往往成为扒窃罪的"催化剂"。诈骗罪之所以主要发生在白天,主要是因为此时段为人们处理事物较为集中的时间,犯罪人易于寻找到作案目标。所以白天往往成为诈骗罪的"催化剂"。抢劫罪在夜晚与白天都有发生,主要是因为在晚上犯罪人易于逃避,在白天易于寻找到作案目标。所以夜晚和白天往往都成为抢劫罪的"催化剂"。

（2）暴力犯罪:主要多发于傍晚及夜晚,主要是因为此时段人员出动频繁。所以傍晚及夜晚往往成为暴力犯罪的"催化剂"。

（3）性犯罪:主要发生在下午及夜晚,主要是因为此时段的被害人容易疏于防范,同时犯罪人易于寻找到作案目标。所以下午及夜晚往往成为强奸罪的"催化剂"。

（4）德国及挪威乡下的星期日、挪威都市的星期一及日本的月初或月中之所以是某些暴力犯罪的"催化剂",主要是由于此日期为饮酒高峰期,而酒后易于实施暴力行为。

---

① 参见张甘妹:《犯罪学原理》,汉林出版社 1985 年版,第 171—173 页。

（二）特定的空间

特定空间，是指催化"带菌个体"实施犯罪行为的特定空间，也即"带菌个体"所选择的实施犯罪的地域。

1. 地域与犯罪的一般关系

一般认为，一国之内不同区域的犯罪现象呈下列倾向：(1) 气温高的地区显较寒冷地区多暴力性的犯罪。(2) 政治文化的中心地，尤其是经济活动频繁的地域，财产犯罪比暴力犯罪多。(3) 在外国人、外乡人出入频繁的殖民地、码头地区，一般犯罪发生较多，尤其以杀人、伤害等对人的犯罪较多。(4) 居民定住而人口流动性少，具有悠久历史性文化的地区，犯罪一般较少。(5) 矿山地区及工厂地区，对人的犯罪较多。酒精饮料消费量多的地区，伤害罪较多。(6) 某地域居民的性质，如人种、教养、贫富等，对犯罪也有一定的影响。[①]

2. 城市与乡村犯罪比较

第一，总体而言，城市总体犯罪率要高于乡村。这主要是由于：(1) 城市人口众多，生存竞争激烈，人与人之间因利害冲突而生摩擦的机会较大。(2) 都市中贫富差距大，富裕者奢侈的物质生活，容易引起贫困者陷入犯罪。(3) 都市中商店、百货公司林立，货物多，交易频繁，增加了犯罪的机会。(4) 都市中酒家、舞厅、电影院、赌博等娱乐场所多。不良分子容易集中，花钱容易，易使好享乐者或者意志薄弱者经不起诱惑，或交友不善，而陷于犯罪。(5) 都市中居民移动性较大，彼此之间来往及关心淡漠，守望相助等社会的结合力弱，容易产生犯罪。(6) 都市中心人口变动性大，缺乏固定的风俗、习惯及道德观念，不同思想、信仰等明显对立，易于陷入犯罪。(7) 都市人口众多，房屋密集，交通方便，犯罪分子犯罪之后易于藏匿。(8) 都市工商业发达，工作机会多，众多人拥进城市，容易受城市繁华环境的诱惑而陷入犯罪。

第二，就犯罪种类而言，城市与乡村亦有所不同。主要表现在：(1) 在乡下，一般而言，暴力犯罪要多于财产犯罪。以劳动为业的乡民，饮酒取乐为普遍的消遣，故易于因酗酒而犯伤害罪。不过在都市，由于警察的防范力

---

① 参见张甘妹：《犯罪学原理》，汉林出版社1985年版，第173—174页。

较充实,对暴力犯罪的发生有一定抑制作用。但暴力犯罪中的妨碍公务罪,都市较乡下为多。(2)财产犯罪,如盗窃、诈骗、侵占等罪,在城市较乡村为多。其原因在于都市人口众多、物质多,商业交易频繁,故财产犯罪增多。(3)性犯罪及各种有关性的犯罪,在都市较乡村为多。主要是因为都市人多而屋少,居住拥挤或环境较开放,易刺激人的性欲。又因为都市的各种娱乐场所如舞厅等地方,色情泛滥容易刺激人的性欲,引发性犯罪。①

3. 不同功能空间犯罪比较:以天津为例(见表4.6)②

功能空间是指以功能为标准进行划分的空间,可以分为六类:人员相对稳定的封闭型空间(如工厂、企业、机关、团体、学校等);人员流动频繁的封闭型空间(如影院、歌舞厅等游乐场所);居民住宅;人员流动频繁的开放型空间(车站、旅游风景点等);空旷环境(野外、树林、公路等);交通工具。

表4.6 不同功能空间犯罪比较(天津)

	人员相对稳定的封闭型空间	人员流动频繁的封闭型空间	居民住宅	人员流动频繁的开放型空间	空旷环境	交通工具
犯罪特征	以盗窃等财产犯罪为多。	以财产为目标的犯罪为主,同时带有侵害人身的犯罪。	财产犯罪、性犯罪结合人身犯罪。	盗窃犯罪、暴力犯罪及毒品犯罪。	财产犯罪与性犯罪为主。	财产性犯罪。
原因	(1)盗窃犯罪注重手段的隐蔽性,不受空间限制,在任何类型空间都可以实施;(2)人员稳定的封闭型空间因为其封闭型和人员之间彼此熟悉,被害人相对疏于自我防范。	与该空间的人员频繁流动有关。		与其他空间没有形成障碍性的隔离界限。因而,该空间监控难度大。	该地区人员稀少,没有相应的公共救助措施。	

4. 犯罪人选择不同空间之理由(特定空间"催化剂"作用机理)

什么样的空间会催化"带菌个体"实施犯罪,也即"带菌个体"会选择什么样的空间实施犯罪?

笔者以为,犯罪人之所以选择某些空间实施犯罪(在该情况下,空间成为犯罪的"催化剂"),会权衡考虑以下因素:(1)该空间的监控情况,这是

---

① 参见张甘妹:《犯罪学原理》,汉林出版社1985年版,第174—176页。
② 参见周路主编:《当代实证犯罪学新编》,人民法院出版社2004年版,第240—243页。

影响犯罪人空间选择的最为重要的因素;(2)被害人在该空间出没情况;(3)该空间在犯罪后的逃避难易情况,等等。

(三)特定时空"催化剂"的一种理论解读:犯罪生态学理论[①]

犯罪生态学[②]理论是芝加哥学派(Chicago School)的一项重要研究成果。在芝加哥学派代表人物罗伯特·帕克(Robert E. Park)和欧内斯特·伯吉斯(Ernest W. Burgess)等提出对城市进行人类生态学研究之后,克利福德·肖(Clifford R. Shaw)和亨利·麦凯(Henry D. Mckay)等将生态学的方法引入犯罪特别是少年犯罪的研究之中,创立了犯罪生态学的理论研究方法。其特征是注意对城市的"犯罪区"的研究,在研究中使用制图方法,即用"部位图"标出少年犯罪人、逃学者的情况,与低标准住房有关的肺结核等疾病的发生率和分布情况,由于从住宅区向商业区或工业区过渡而被拆毁的住宅的位置,等等。有关这些情况的部位图,使人能够一目了然地了解犯罪区的情况。

1. 帕克和伯吉斯的研究

帕克最先将生态学的理论和方法引入对人类社区的研究之中。生态学本来是研究生物之间以及生物与非生物环境之间的相互关系的一门生物学学科。在1926年撰写的论文《作为一种空间模式和道德秩序的城市社区》中,帕克根据他对植物和动物生态学的研究,以及对人类社会的深入观察和研究,提出了两个关键的概念,这两个概念也构成了犯罪生态学理论的基础。这两个概念是:

一是"共生现象"(symbiosis)。"共生现象",原本是植物生态学上的一个术语,指两种生物或两种中的一种由于不能独立生存而共同生活在一起,或者一种生活于另一种体内,互相依赖,各能获得一定利益的现象。由于每种植物群落都被认为与有机体相类似,因此,环境中的这种自然平衡被看成

[①] 本部分内容主要参见吴宗宪:《西方犯罪学》,法律出版社1999年版,第442—452页;张小虎:《转型期中国社会犯罪原因探析》,北京师范大学出版社2002年版,第84—85页。

[②] 犯罪生态学在德语国家也被称为犯罪地理学,"它是犯罪学——犯罪侦查学的分支,研究犯罪行为的时空分布,并试图借助人口学、经济、社会、心理和文化诸因素所特有的时空传播与关联之模式来解释犯罪现象,其目的是与犯罪作斗争"。转引自徐久生:《德语国家的犯罪学研究》,中国法制出版社1999年版,第345—346页。

类似于一种超有机体(super organism)。帕克发现,城市不仅仅是一种地理学的现象,而且也是一种社会有机体。在城市中,人们之间充满了相互作用和共生关系,使得城市成为一个"超有机体"。在这种被称为城市的超有机体中,帕克发现了许多生活着不同类型的人们的"自然区域"。不仅在某一自然区域的人们中存在着共生关系,而且在某一城市的不同自然区域之间,也存在着共生关系,每个自然区域都是作为城市的一个组成部分而起作用的。

二是"侵入、统治、接替"(invasion、dominance、succession)。帕克发现,与自然界中某一区域的自然平衡发生变化的过程一样,在人类社区中,也存在着同样的变化过程。在自然界中,一种新的物种可能侵入(invasion)某个区域,进而统治(dominance)该区域,将其他生物驱赶出来,接替(succession)其他生物生活在该区域。在人类社会中,也存在着同样的过程:美国历史就是一个白人进入印第安人领土的侵入、统治和接替过程。

伯吉斯通过对芝加哥市发展中的"侵入、统治、接替"过程的研究,发现芝加哥市在发展过程中形成了五个界限分明的同心圆地区,从而提出了城市发展同心圆理论。这五个区域分别是:(1)中心商业区:主要包括百货商场、政府部门、旅馆和办公建筑;(2)过渡区:这个区域通常是城市中最古老的部分,房屋因为年代久远而开始衰败,在破旧的房屋中居住着这个城市中最贫穷的居民,主要是移民;(3)工人住宅区:这里主要居住着那些为了摆脱第二个区域中的恶劣条件而搬来的工人;(4)中产阶级居住区:那里有独门独户的家庭住宅和十分昂贵的公寓。(5)卫星区:是中上层阶级的住宅区。伯吉斯认为,在城市的发展中,按照侵入、统治、接替的过程,依次出现各个区域:第一个区域在其发展中,通过侵入、统治、接替的过程向外发展。在发展中发生的接替,并不仅仅限于建筑物的变化,而且也包括习俗和价值观的变化。因此,在城市的发展中,每个区域都会出现因为居住的种族相同,因而习俗和价值观等也相近似的自然区域。当这些自然区域被那些从自己的自然区域迁出的人所侵入,而使原来的居民不断迁出,搬到有更加令人满意的居住条件和邻里的区域时,就产生了新的居民迁入而旧的居民迁出的"间隙区域",在这个间隙区,社会传统和社会控制被削弱或瓦解,因而会产生大量的社会问题。

2. 肖和麦凯的研究

肖和麦凯运用伯吉斯的城市同心圆理论,依据广泛收集到的芝加哥地区的统计资料,对芝加哥市的青少年犯罪现象和原因进行了探讨,其对青少年犯罪现象的主要描述是:同心地带的犯罪保持着稳定的模式,其中过渡区是犯罪的高发地带,并且不受该地区种族结构的影响。肖和麦凯对芝加哥同心地带的犯罪统计资料进行了对比,意识到在这个城市存在着不同的生态地区。统计资料表明,在芝加哥市五个不同的同心地带中,犯罪率有着稳定的、明显的差别。青少年犯罪集中在外来移民最多的城市中心地带,而后向郊外逐步递减。并且,某一地区的犯罪趋向并不为其区域内居民的改变所影响。尽管犯罪率有所变化,但是最高的犯罪率总是出现在城市的中心地带和过渡性的地区,而且即使在这些地区种族结构发生变化的时候,也仍然保持着较高的犯罪率。为了探明这一现象的普遍性与否,肖和麦凯收集了尽可能多的统计资料,对过去65年来这五个生态地区的犯罪状况进行了分析,结果显示不同地区间的犯罪率对比保持于统一模式。

二、社会控制弱化

(一)何谓社会控制

所谓控制,是指掌握住不使其任意活动或超越范围。"控制"一词最早源于希腊语"κμβεβυητικη",译为"驾船的舵手"。亚里士多德曾把管理国家同驾船视做具有同一法则的事,它们均不能超越其所控制的范围。然而,控制思想作为一门学科和方法,乃是美国著名的科学家罗伯特·维纳20世纪40年代在《控制论》一书中提出的。罗伯特·维纳阐述了"在动物或者机器中控制或者通讯的科学"的控制理论。[1] 之后,控制被理解为将受控对象看做一种物质、能量、信息的集合体;通过处理对象反馈的信息调整控制行为,从而使控制对象保持稳定;在此基础上使对象发挥其功能和效用。

"社会控制"是控制理论在社会领域的运用,同样强调控制主体和控制

---

[1] 参见法学教材编辑部《西方法律思想史》编写组编:《西方法律思想史资料选编》,北京大学出版社1983年版,第448页。

对象的信息反馈和控制行为之间的关系。具体而言,就是通过各种手段,如宗教、道德、法律等手段对人们的行为进行安排、对社会关系进行调整、维护社会秩序、最终服务于人类利益的控制方式。① 一般来说,社会控制具有如下特点:(1) 社会控制是以被控制对象反馈的信息为依据的。准确地说,它依据的是通过一定渠道反馈过来的被控制对象现状及其发展变化的真实情况,决策者们依据这些真实情况,决定采取什么样的对策措施进行控制。否则,没有准确可靠的信息为依据,社会控制不可避免地要具有盲目性。(2) 社会控制手段的多元性。进行社会控制必须运用多种手段,如宗教、道德、法律等等。(3) 社会控制的目的性。社会控制是为实现一定的目的,也即维护社会秩序。

从不同角度可以对社会控制进行不同分类,笔者认为,从对犯罪生成影响角度考察,社会控制可以分为三类:硬控制、软控制和犯罪情境控制。前二者控制的直接对象是行为人,而后者控制的直接对象是一种情境。

(二) 硬控制和软控制弱化:社会控制弱化表现及其对犯罪生成之影响

根据对受控对象的约束力强度,可以把社会控制分为硬控制和软控制。所谓硬控制,又称强制控制,依赖社会强制力保证其实施。一旦违反就要受到严厉惩罚。硬控制主要由法律制度及其设施组成。② 法律制度是实行社会控制的最根本、最重要的手段。法律制度之所以最为重要,是和法律制度的品质、手段的特点分不开的。法律制度不是在社会生活中自然形成的,而是由国家制定和认可的一种行为规范,是在整个国家实施的规则。而且法律制度具有确定性和可操作性,符合治理现代社会的品质和需要。法律制度还带有强制性,任何人都必须遵守。硬控制虽然是实现社会控制的最重要手段,但其本身也存在局限性。这种局限性表现在,它所涉及的是社会生活的基本秩序,而不能对全部社会生活进行全方位的硬控制。所谓软控制,又称观念型的控制方式,它对人们的社会心理和行为具有不同程度的约束力。它不依赖强制而是依靠社会心理、社会舆论进行控制。软控制主要由

---

① 参见蒋传光:《对我国社会控制模式选择的法社会学思考》,载《政法论坛》1993 年第 3 期。
② 法律是一种特殊的制度,除了法律制度以外,制度还包括行政制度、监察制度、教育制度、公务员制度、组织规章及单位管理条例等等。

亲情、友情、舆论、道德、宗教等组成。软控制主要通过控制人的思想和意志控制人的行为，但如果人们无视这种思想压力，软控制的控制力就会减弱，这是其不足之处。

硬控制和软控制弱化，指的是没有很好地协调硬控制与软控制、硬控制内部或软控制内部诸构成因素之间的关系，从而导致社会控制弱化，没有达到社会控制的效果。

1. 硬控制弱化：影响"致罪因素"和"催化剂"生成

硬控制主要通过法律制度进行社会控制，这里的法律制度又可以分为三个层次：一是经济行政法规控制；二是一般法律制度控制；三是刑事法律制度控制。经济行政法规控制层主要是从社会资源的分配方面控制人们的行为，它主要调整社会各集团、各阶层、各群体和人与人之间的社会利益关系，公正的社会经济行政制度是防止人们违法犯罪的有力手段。经济行政控制是一种制度化、规范化的硬控制，违反了它，就要受到惩罚，但这种处罚一般是行政纪律处分，不涉及公民的财产权、自由权和生命权。经济行政控制权是最低度的强制权。一般法律控制层主要从整体社会利益方面控制社会越轨行为，防止违法越轨行为向犯罪行为发展，具有强制性。没有一般的法律控制，就难以保护一般的社会权利和社会法益，使社会失去整体性和统一性而处于一种不安定的、不公平的环境之中，但一般的法律控制不涉及人们的自由权和生命权。刑事法控制层主要以刑罚的形式对社会最严重的越轨行为即犯罪进行控制，维护社会最基本的价值观，保持社会机器最低限度的正常运转。没有刑事法控制，其他社会控制手段就缺乏最起码的保障而难以发挥作用。①

硬控制弱化，主要包括两种情况：一是没有很好地重视三层次法律制度的社会控制作用，二是没有协调好三层次法律制度在社会控制方面所处的位置。硬控制弱化，最终会影响"致罪因素"和"催化剂"的生成。硬控制弱化对"致罪因素"生成的影响，主要体现在经济政策失误和政治制度弊端两个方面。至于硬控制弱化对"催化剂"生成的影响，笔者将在下文进行探讨。

---

① 参见朱俊强：《论犯罪控制结构》，载《广西政法管理干部学院学报》2000年第4期，第19页。

2. 软控制弱化:影响"带菌个体"、"致罪因素"及"催化剂"生成

亲情、友情、舆论、道德、宗教等是社会控制的重要方式。软控制弱化,会导致犯罪人格产生,从而形成"带菌个体"。另外,软控制弱化,还会导致信仰缺失,从而生成"致罪因素"。关于软控制弱化与"带菌个体"及"致罪因素"生成的关系在前文"带菌个体"与"致罪因素"部分已作论述,在此不再赘述。此外,亲情、友情、舆论等软控制手段弱化,还会生成"催化剂",笔者将在下文对此进行探讨。

(三)"催化剂"生成(1):硬控制弱化

如上文述及,硬控制弱化促使"催化剂"生成,[①]其生成机制主要是:

1. 经济行政法规控制弱化与"催化剂"生成

经济行政法规控制是最低限度的硬控制,是实现社会控制的重要手段。经济行政法规控制体现在社会政治经济生活的各个方面,是适用范围最为广泛的维护社会正常运转的法治手段。经济行政法规控制主要体现在以下几个方面:第一,通过行政法规对政府部门进行控制。如行政法、公务员法等。这些法规主要是用来规范政府工作人员的行为,防止其实施违法犯罪。第二,通过经济法规对经济实体,如公司、企业等单位进行控制。如公司企业内部的规章制度、经济法规等等。第三,通过行政法规对社会治安进行控制。这主要是指通过治安管理方面的行政法规处理治安违法犯罪行为。

经济行政法规控制弱化体现在两个方面:一是无"法"(经济行政法规)可依,二是执"法"(经济行政法规)不严。无"法"可依,表现为经济行政法规不健全、不完善。执"法"不严,表现为经济行政法规不能很好地被

[①] 从另一个角度说,如果硬控制强化,则可以减少"催化剂"的生成。以日本为例,"1990 年报道的暴力犯罪很少:1200 起杀人案,1600 起抢劫,其中 23 起导致人死亡,671 件导致人身伤害,入室盗窃中只有 81 起涉及强奸……日本的杀人罪少于美国报道的杀人罪的 1/12,或是其人均犯罪率只是美国的人均犯罪率的 1/6……"这是与日本加强硬控制分不开的,这些硬控制主要包括:"1. 对枪支的严格和有效的法律控制:自从 16 世纪的统治精英没收了剑以防止叛乱以来,现代日本不具有现代武器的传统。只有 1%的所谓武装劫匪携带枪支,与之比较,美国则超过了 60%……2. 日本的非法毒品使用率很低。3. 刑事审判机关很有效率:警察与公众的关系良好,并且破案率高。公众的大量信息被反馈到警察那里,而且大多数的犯罪嫌疑人自愿供述。"参见〔英〕韦恩·莫里森:《理论犯罪学》,刘仁文等译,法律出版社 2004 年版,第 256—257 页。

执行。①

经济行政法规控制弱化，会使那些由于受"致罪因素"影响，已经产生犯罪动机的"带菌个体"觉得"有机可乘"，进而实施犯罪行为。在这种情况下，经济行政法规控制弱化就成了"催化剂"。

2. 一般法律控制弱化与"催化剂"生成

这里的一般法律主要是指刑事法律以外的最高立法机关制定的法律。如人口政策方面的法律，经济文化方面、民族宗教方面的法律等等。与经济行政法规控制弱化所体现的一样，一般法律控制弱化也体现在两个方面：一是无"法"（一般法律）可依，二是执"法"（一般法律）不严。与经济行政法规控制弱化一样，一般法律控制弱化也会使那些由于受"致罪因素"影响，已经产生犯罪动机的"带菌个体"觉得"有机可乘"，进而实施犯罪行为。在此

---

① 以我国对出版物的管理为例，根据《出版管理条例》第26条："任何出版物不得含有下列内容：（一）反对宪法确定的基本原则的；（二）危害国家统一、主权和领土完整的；（三）泄露国家秘密、危害国家安全或者损害国家荣誉和利益的；（四）煽动民族仇恨、民族歧视，破坏民族团结，或者侵害民风民俗、习惯的；（五）宣扬邪教、迷信的；（六）扰乱社会秩序，破坏社会稳定的；（七）宣扬淫秽、赌博、暴力或者教唆犯罪的；（八）侮辱或者诽谤他人，侵害他人合法权益的；（九）危害社会公德或者民族优秀文化传统的；（十）有法律、行政法规和国家规定禁止的其他内容的。"但是，《出版管理条例》这一行政法规在实践中却没有很好地被执行，非法出版物大量存在，在这些非法出版物中不仅包含着庸俗内容，其中一些甚至明目张胆地干着违法犯罪勾当。笔者于2005年4月10日在北京火车站附近购买了一份《法制追踪》，该报没有刊号和社址，只是在第九版出现了《剑门报》刊题（国内统一刊号为CN51-0096，邮发代号1—38，星期五出版，社址：乌鲁木齐市人民路336号，电话8060370）。在翻看过程中，笔者惊讶地发现，该报竟然在中缝甚至在版页中大量刊登诸如教唆犯罪或为犯罪提供技巧、技术支持、犯罪工具的广告。笔者把这些广告归纳如下：（1）销售"枪支"：提供各种手枪、麻醉枪、电击枪、迷魂枪等销售服务。（2）销售"开锁技术和工具"：如有家广告写着：本厂系正规锁具服务机构，面向社会再就业人员免费传授各种一字锁、十字锁、密码锁、磁性锁、防盗门、保险柜、摩托车各类汽车锁等二十余种锁具的无钥匙、无损伤快速开启方法，并赠送《开锁大全》丛书一本及VCD光盘一套，工具价格从50元—500元不等。万能开锁工具、电动开锁枪、民用魔力快开全套二十余种工具、汽车魔力快开全套12种车型、汽车钥匙解码器等工具均厂价供应。（3）销售"窃电技术和工具"：如有家广告写着：电表调校器：在室内不动电表可控制电表的慢转、倒转、不转等。遥控使用方便，适合各种型号的单项、三项、电子式、磁卡式等电表。单项280元/台，三项680元/台。（4）销售"诈骗技术和工具"：如有的广告推销"电子秤控器"：引进先进技术研制而成，此产品主要产生电子磁场干扰和控制，性能稳定、体积小，可放置在电子秤旁一定距离内，数据任意遥控（增多或减少）。（5）销售"性犯罪类工具"：如有的广告推销"催情口香糖"：形状与普通口香糖无异，一经口含，2—3分钟性欲大发，求爱强烈，难以控制。每盒（用10次）68元。"女性高潮粉"：超强力催情粉，可迅速溶于饮料，不易被人发觉，几分钟后，粉面微红，目露渴望，使之下体润滑，意欲急需做爱，令你滋心所欲。（6）销售"侵犯隐私类产品"：如有的广告推销"手机追踪器"：您只需要知道对方的手机或小灵通号码，就可以随时随地知道他（她）在哪里、干什么及和别人谈话的内容……可见，执法机关对报刊出版的控制弱化是导致某些犯罪（如诈骗、性犯罪、盗窃等）生成的重要"催化剂"因素。

种情况下,一般法律控制弱化成了"催化剂"。

3. 刑事法律控制弱化与"催化剂"生成

在硬控制弱化三层次法律制度中,刑事法律控制弱化与"催化剂"生成的关系最为密切,是导致犯罪行为生成的最为重要的"催化剂"因素。刑事法律控制弱化主要体现在两个方面:一是刑法立法不合理(即所谓刑事立法不完善),二是刑事执法不彻底、不及时(即所谓刑罚缺乏必定性和及时性)。

刑事立法的不合理之处表现为刑罚配置过重或过轻。对于如何配刑,理论界存有重刑论和轻刑论之分。前者认为,要有效预防和控制刑事犯罪,就必须制定严刑峻法,加大惩治力度,并认为犯罪发生的一个直接原因就是对犯罪的惩处乏力,刑罚应当充分发挥其威慑效能。后者则认为,严刑峻法不是预防和控制犯罪的有效方法,刑法实践已表明,重刑的实际效能并不明显,轻刑化是历史发展的趋势,也是文明社会的一种标志,轻刑可以促使人们在刑罚以外寻找到标本兼治的处治模式。笔者认为,无论重刑还是轻刑,都有悖于罪刑均衡原则。其结果是降低了刑罚威慑的效能,在某种意义上成为某些犯罪的"催化剂"因素。因为影响刑罚威慑效能的一个重要因素便是刑罚是否合理,从重从轻均会对此产生负面影响,从重会使被处刑罚的犯罪分子产生抵触情绪,不利于犯罪分子的改造和教育;从轻则又会使犯罪分子置威慑于不顾而以身试法。此外,无论从重还是从轻都会使人们对法律和刑罚的权威性产生怀疑。马克思指出,无论历史和理性都同样证实这样一个事实:不考虑任何差别的残酷手段,使惩罚毫无效果,因为它消灭了作为法的结果的惩罚。①

刑事执法不彻底、不及时体现在两个方面:(1)刑罚缺乏必定性。刑罚必定性,是指犯罪分子在实施犯罪行为后必然面临与其犯罪危害程度相适应的刑罚制裁,即有罪必罚、重罪重罚、轻罪轻罚的必然罪刑关系。大部分犯罪分子在实施犯罪活动之前都存有侥幸心理,一旦刑罚缺乏必定性,就会助长犯罪分子的侥幸心理。研究表明,罪案的总数被侦破到50%时,犯罪者就会住手观望,不敢铤而走险;犯罪案件被侦破到50%以上时,胆小的犯罪分子就得摈弃恶念,另谋他业;当破案率达到80%以上时,罪犯就会自首投

---

① 参见《马克思恩格斯全集》第1卷,人民出版社1956年版,第140页。

案或潜伏他乡逃避追究。① 这很形象地证明刑事案件的侦破率与威慑效能是成正比的。孟德斯鸠认为:"如果我们研究人类所以腐败的一切原因的话,我们便会看到,这是因对犯罪不加处罚,而不是因为刑罚的宽和。"② 贝卡里亚也认为:"对犯罪最强有力的约束力量不是刑罚的严酷性,而是刑罚的不可避免性。""即使刑罚是有节制的,它的确定性也比联系着一线不受处罚希望的可怕刑罚所造成的恐惧更令人印象深刻。因为,即使是最小的恶果,一旦成了确定的,就总令人心悸。"③(2)刑罚缺乏及时性。刑罚的及时性是指在犯罪分子实施犯罪活动后及时将之绳之以法科处刑罚。犯罪心理学研究表明,犯罪时间与受刑罚时间间隔越短,刑罚威慑的效果就越大;反之,则威慑效果越小。贝卡里亚论及刑罚的及时性时认为:"惩罚犯罪的刑罚越是迅速和及时,就越是公正和有益。"④ 刑罚反应决定刑罚威慑效能的缘由大致有如下几个方面:其一,犯罪分子对刑罚的威慑感首先源于对侦察机关侦破实力的威慑。公安司法机关能迅速破案并抓获嫌犯,是侦破实力的体现,使犯罪分子感到与作为国家机器的现行高效权威的司法机关抗衡无疑是飞蛾扑火,终将自食其果。其二,从一般威慑的角度看,犯罪时间与受刑罚时间间隔越短,罪与刑在民众观念中也就联结更为紧密,违法后必刑罚的观念才能深入民心,犯罪边缘分子才可能悬崖勒马、弃恶从善。其三,对具体的案犯来讲,案子是在发案后即时告破还是拖至一年半载后才被侦破,所产生的威慑力是截然不同的。通俗地讲,实施犯罪对犯罪分子会产生某种"快感",但刑罚却意味着"痛苦",刑罚实施的越迟,案犯长进的"快感"必将冲淡"痛苦",从而降低威慑效果。只有一发即破、一破即惩才能达到最佳的威慑效果。⑤

4. 硬控制三层次法律制度失调导致社会控制弱化与"催化剂"生成

硬控制的三个层面之间并不是条块分割、毫无联系的,而是互相渗透、互相制约的。经济行政法规控制,如果没有一般法律控制和刑法控制的配

---

① 参见公安部公共安全研究所编:《你感觉安全吗?——公众安全感基本理论及调查方法》,群众出版社1991年版,第245页。
② 〔法〕孟德斯鸠:《论法的精神》(上册),张雁深译,商务印书馆1982年版,第85页。
③ 〔意〕贝卡利亚:《论犯罪与刑罚》,黄风译,中国大百科全书出版社1993年版,第59页。
④ 同上书,第56页。
⑤ 参见江锡华:《刑罚威慑犯罪控制》,载《江西公安专科学校学报》1999年第3期,第15页。

合,就不可能抑制人们由违纪违规行为向违法、犯罪行为的转化。一般的法律控制,如果没有经济行政控制相配合,特别是没有刑法控制做后盾,就会产生严重的后果,如在缺乏刑法保障的情况下,对于任何社会规范、任何法律人们都敢触犯,最后就会导致一般法律控制失效,无法维持社会的正常运转。而刑法控制,如果没有经济行政控制和一般法律控制的配合,只能惩处人们外化的犯罪行为,而难以预防人们内心的违纪、违规及一般违法心理的产生,从而也就难以抑制人们内心的恶欲向犯罪行为的转化。然而,由于历史的惯性和刑罚的严厉性、快捷性,立法者和司法者往往忽视了硬控制三个层次的整体性和相互制约性,尤其忽视了硬控制三个层次的正确组合排列和程序的正确运用;往往倒置了刑事法与其他硬控制层的位置,不仅把刑法置于一般法律控制之前,而且把刑法置于经济行政控制之前,影响了刑法正面功能的发挥和实现,并在某种意义上成为某些犯罪生成的"催化剂"因素。

(四)"催化剂"生成(2):软控制弱化

亲情、友情、舆论等软控制手段是"催化剂"生成的重要原因,具体说:

1. 亲情、友情弱化与"催化剂"生成

亲情,指的是有血缘、姻缘关系的人之间的一种特殊的亲近感、亲和力。友情则是指朋友之间的亲密关系。亲情和友情来源于人的亲合动机。亲合动机是指与他人保持往来、建立联系的一种愿望。亲合动机是人类所具有的一种十分重要的社会动机,对人的社会生活具有重要意义。亲情、友情等亲合动机能够指引个体的行为,有利于个体完成社会化过程,是实现社会控制的一种不可或缺的手段。如果这种动机不能实现,亲合的需要不能满足,则人的心理和生理的健康都将受到较大的影响,甚至是严重的损害。以对父母的亲情为例,美国社会学家赫希的研究表明,不管父母是否有犯罪行为,也不管父母的道德品质如何,只要青少年对父母有感情依恋(即存在亲情),他们犯罪的可能性就较小。"如果与父母的感情联系被削弱,少年犯罪的可能性就会增加;如果这种依恋得到增强,进行少年犯罪行为的可能性就会下降。"[①]再以婚姻为例,虽然婚姻不能减少犯罪,但可以减少诸如饮酒、滥用毒品等

---

① 〔美〕特拉维斯·赫希:《少年犯罪原因》,吴宗宪等译,中国国际广播出版社1997年版,第75页。

反社会行为。① 婚姻可以促使"社会稳定性的增强"②。

2. 舆论监督弱化与"催化剂"生成

舆论监督最早源于西方的新闻自由理论。英国政论家弥尔顿在1644年出版的《论出版自由》一书中指出,唯有保障包括出版权利、报道权利等在内的言论及出版自由,才能使真理战胜邪说。他相信人类出于理性与良知,在全面了解事物的前提下自然会作出正确的判断,并极力主张媒体应免受政府权力的控制,使公民得以发表不同的观点,获得有关政府的各种信息。在同年发表的《为新闻自由辩护》一文中,弥尔顿指出:"把真理和虚伪放在一起,通过自由的公开讨论,有谁见过真理失败过呢?"此后,政治家、哲学家、美国开国元勋杰斐逊针对新兴资本主义的历史发展现状,进一步指出新闻媒介的职能在于监督政府、启迪民智,新闻自由是所有公民普遍享有的权利,新闻自由的限度不在于自由主体范围,而在于自由的表现形式。他力主信息的自由流通和信息市场的自由竞争,并在1789年力促言论、出版自由载入宪法。当今世界,新闻自由和舆论监督成为一个国家是否是现代民主法治国家,公民的基本权利能否得到保障的重要标志之一。

舆论监督可以揭露各种违法、渎职和腐败行为,进而防范各种违法犯罪行为特别是权力寻租等腐败行为的发生,可以追踪有关信息源,为监督机构提供查处违法、渎职的腐败犯罪的重要证据,还可以鼓舞人们与各类违法犯罪行为作斗争的信心。亚里士多德认为,法治起源于防恶,人的本性是恶的,权力具有自腐性和膨胀性。因此,没有对权力的监督,人性之恶和权力的膨胀则成为必然的事实。康德则认为,要使国家权力受现行法律的约束,就必须在权利之外设立一种消极的控制性权力,而公共舆论监督是代表这种消极的控制性权力的终极渊源。新闻媒体的舆论监督就是新闻媒体运用舆论的独特力量,帮助公众了解政府事务、社会事务和一切涉及公共利益的事务,并促使政府沿着法制和公允善良道德准则方向运作的一种社会鼓动及鞭策行为。英国有句格言:"正义不仅要得到实现,而且要以人们看得见的方式得到实现。"新闻媒体本身所具有的宣传面广、影响面大、效果明显的特点使监督作用具有了特殊的价值,是实现"让人们看得见"的一种有效

---

① See West, Donald J., Delinquency: Its Roots, Careers, and Prospects, Heinemann, 1982.
② Gibbens, T. C. N., Borstal Boys after 25 Years, British Journal of Criminology 24: 61, 1984.

方式。媒体通过客观报道实现公民对国家相关工作的知情权,可以防止国家机关的暗箱操作和对权力的滥用。①

可见,舆论监督是预防国家权力滥用、减少腐败犯罪的一项重要手段。一旦舆论监督弱化,已经形成犯罪动机的腐败分子("带菌个体")就可能会犯罪,在此种情况下,舆论监督弱化成为腐败犯罪的"催化剂"。

(五)"催化剂"生成(3):犯罪情境控制弱化

所谓犯罪情境,指的是犯罪生成的外在环境因素(如时空因素、被害人因素以及其他影响犯罪完成情况的机会和条件因素等等)。正如本章相关部分所论述的,时空因素、被害人因素等对犯罪生成会产生重要影响,是"催化剂"因素。因此,加强对时空因素、被害人因素等犯罪环境因素的控制,就能够控制犯罪的发生,相反,如果此方面控制弱化,就会催化犯罪的发生。

犯罪情境控制弱化的催化作用主要体现在:对那些功利性犯罪而言,由于情境控制弱化,使得危险犯罪人感觉到犯罪的难度降低和风险减少,从而实施犯罪,成为现实犯罪人。②

(六)社会控制弱化"催化剂"的三个理论上解读:犯罪社会控制理论、逐级年龄非正式社会控制理论以及犯罪情境预防理论

1. 社会控制理论(social control theory)

美国社会学家特拉维斯·赫希(Travis Hirschi)在 1969 年出版的《少年犯罪原因》一书中提出了社会控制理论。社会控制理论的主要观点是:③人本是非道德的动物,都有犯罪的自然倾向。因此,犯罪的原因是不需要解释的,而不犯罪的原因才需要探讨。人之所以不犯罪,是由于他害怕违法行为将损害自己与朋友、父母、邻居、老师、雇主等的联系,因而保持了克制。假如一个人缺乏对他人的情感与兴趣,没有这些社会联系,那么他就会放任自己的行为,进而实施犯罪行为。因此,社会联系(social bond)是制约人们犯罪的重要因素;犯罪缘于薄弱的社会联系。社会联系,是指一个人与传统社

---

① 参见赵喜平:《舆论监督与法治建设》,载《江西行政学院学报》2004 年第 6 期,第 14 页。
② 对此,本书第五章将有进一步分析。
③ See Travis Hirschi, Causes of Delinquency, University of California Press, 1969. 转引自张小虎:《转型期中国社会犯罪原因探析》,北京师范大学出版社 2002 年版,第 117—119 页。

会之间的联系,即一个人对传统社会的依附。社会联系由四个要素组成,这四个要素可以用来解释少年犯罪的原因:①

第一,依恋(attachment)。它是指一个人对他人的情感和兴趣。当一个人对他人或群体产生依恋时,就会在作出某种决定或进行某种活动时,考虑他人或群体的意见与感情。对正常人来说,这种感情联系是犯罪的重要抑制因素,这种感情联系越强烈,个人在打算进行犯罪行为的时候,就越有可能考虑犯罪行为会对这种联系造成的损害,因此,依恋在控制少年犯罪中起着重要的作用。赫希将依恋分为三种:一是对父母的依恋。这是最重要的依恋。没有对父母的依恋,就不可能养成尊重他人的情感,个人就不可能感受到家庭的温暖,家庭就失去了控制少年犯罪的作用,个人就很有可能实施少年犯罪。(2)对学校的依恋。不喜欢或不依恋学校的学生学习能力和学习成绩较差,更容易进行少年犯罪。(3)对同辈朋友的依恋。

第二,奉献(commitment)。它是指将时间、精力和努力用于传统的活动内容上。如果人们为了顺应传统的生活方式而花费时间和精力,致力于传统的生活、财产、教育、名誉等活动中,就不大可能从事危及其传统目标和地位的活动,因而也就不大可能从事少年犯罪活动。

第三,卷入(involvement)。它是指花费时间和精力参加传统的活动。较深入地卷入传统活动的人,总是全力以赴地忙于各种传统事务,就会缺少从事越轨活动的时间和精力。卷入传统活动的人,总是与按时进行某种活动、限期完成一定任务、遵守工作时间、贯彻有关计划等联系在一起,因而很难有实施越轨行为的机会。所以,卷入传统活动,会将个人从犯罪行为的潜在诱惑中隔离开来,使个人没有时间和精力感知诱惑,考虑和从事犯罪活动。犯罪活动总是与游手好闲紧密相联的。

第四,信念(belief)。它就是指对共同的价值体系和道德观念的赞同、承认和相信。在社会群体中存在着一种共同的价值体系和道德观念,生活在这种社会或群体中的人们通常都相信、遵循这些价值体系和道德观念。如果缺乏这样的信念或者使其受到削弱,个人就有可能实施越轨或者犯罪行为。

---

① 参见吴宗宪:《西方犯罪学》,法律出版社 1999 年版,第 518—525 页。

2. 逐级年龄非正式社会控制理论(an age-graded theory of informal social control)

在社会控制理论基础上,美国社会学家桑普森(Robert J. Sampson)和劳伯(John H. Laub)在《犯罪正在形成——人生的道路及其转折点》一书中提出了"逐级年龄非正式社会控制理论"。该理论对理解社会控制弱化这一"催化剂"因素具有重要的借鉴意义。

该理论的主要原则来源于社会控制理论的中心观点:当个体与社会联系的纽带弱化或破裂时,犯罪及违法行为就会产生。该理论对社会控制的理解不仅仅指向为社会镇压和国家制裁(如监视、强制遵守、监禁)方面。而是接受了一个更为一般化的社会控制概念,即一个社会群体具有的根据一定原则和价值规范自己,并赋予这些规则效力的能力。① 该理论从互惠角度,以及从联系个体与社会、个体与更广泛社会组织(如工作、家庭、学校)之间的纽带结构角度,进一步强调了非正式社会控制的功能。②

该理论的核心主旨表现在三个方面:(1) 以非正式家庭和学校社会控制为媒介的社会结构环境解释孩童与青少年时期的违法行为;(2) 反社会行为自孩童时期到成年时期的各个阶段都具有一定的连贯性;(3) 除了孩童时期的倾向外,成年时期的家庭、就业等非社会控制纽带可以解释在人生不同阶段的犯罪性的变化。③

逐级年龄非正式社会控制理论强调生命进程中各年龄阶段的非正式纽带对犯罪的重要性。因此,孩童时期、青年时期及成年时期的非正式社会控制构成了该理论模型的核心。实际上,先前犯罪学上所有的有关社会控制的研究都集中在青少年或者官方的(正式的)社会控制机制方面,如逮捕、监禁等。结果,大多数的犯罪学研究都未能分析从孩童时期至成年时期的非正式社会控制过程。逐级年龄非正式社会控制理论以年龄为基础区分个体的生命进程,并主张那些重要的非正式与正式的社会控制机构会在生命的不同阶段发生变化。例如,孩童时期与青少年时期的主要社会控制组织是家庭、学校、同年龄群体以及青少年司法系统。在成年早期,高等教育或职

---

① See Ruth Kornhauser, Social Sources of Delinquency, University of Chicago Press, 1978, p. 20.
② Ibid., p. 24.
③ See Robert J. Sampson, John H. Laub, Crime in the Making: Pathways and Turning Points through Life, Harvard University, 1995, p. 5.

业培训机构、工作以及婚姻变得更为突出。青少年司法系统也被成年刑事司法系统所替代。在成年中期,主要的社会控制组织包括工作、婚姻、父母子女关系、投资以及刑事司法系统。

　　逐级年龄非正式社会控制理论通过对个体内部变化的评估的特别关注,系统地研究了所有年龄阶段的犯罪与非正式社会控制之间的关系。逐级年龄非正式社会控制理论考察了生命进程中各阶段的个体间的社会联系(例如父母—子女、教师—学生以及雇主—雇员),并称之为社会投资或社会资本。并且假定,社会资本来源于强大的社会关系(或强大的社会纽带),无论是作为孩子在家庭中,作为青少年在学校中,还是作为成年人在工作中,都表明了在个体水平上的社会关系的重要性。如果这些社会关系被表明是相互依赖的,那么它们就是个体在生命轨线的变化过程中所获得的社会上和心理上的资源。社会资本最典型的特征在于人与人之间,以及社会机构间的组成情况。当这些关系发生变化从而引发一定的行为发生时,社会资本就突现出来。换句话说,"社会资本是富有成效的,能够使一定的目标得以实现,缺少它则不行"①。

　　桑普森(Robert J. Sampson)和劳伯(John H. Laub)经过对大量的统计数据的分析,得出或进一步证实了非正式社会控制与犯罪关系的一系列的结论,例如,第一,家庭纽带弱化会增加青少年违法犯罪的可能性情形:(1)来自父母的无规律的、严苛的、威胁性和惩罚性的管教;(2)父母管教程度很低;(3)父母对孩子的拒斥(不闻不问/敌意);(4)孩子对父母情感依恋程度很低。② 第二,婚姻本身并不能提高社会控制水平。然而,与配偶(或同居者)感情深厚、关系紧密就会形成一种社会纽带或个体间的相互依赖,在其他条件相同情况下,就可以降低犯罪的可能性。③ 第三,仅就业本身并不能提高社会控制作用。就业如果与工作的稳定性、工作的责任心及工作的关联性(即雇主、雇员间的依赖性)紧密结合,就会提高社会控制作用,在其

---

　　① Coleman, James S., Social Capital in the Creation of Human Capital, American Journal of Sociology S94:98, 1988.
　　② See Robert J. Sampson, John H. Laub, Crime in the Making: Pathways and turning Points through Life, Harvard University, 1995, p.65.
　　③ See Braithwaite, John, Crime, Shame, and Reintegration, Cambridge University Press, 1989, pp.90—91.

他条件相同情况下,会降低违法犯罪的可能性。① 第四,在非正式社会控制过程中,家庭和学校因素最为重要。

3. 情境犯罪预防理论(situational crime prevention)

情境犯罪预防,是指对某些高发生率的犯罪,直接通过管理、设计、调整的方式持久有效地改变环境,从而尽可能地使行为人认识到犯罪行为难度增加,被捕可能性增大,犯罪收益减少,以此减少犯罪。②

情境犯罪预防理念最早由学者 Tizard、Scnchlair 和 Clarke 于 1975 年在英国内政部研究发展部门从事犯罪矫治研究时提出。他们发现,在感化机构中少年逃脱事件和逃脱当时的环境及机会是密不可分的。此后,情境是犯罪与否的决定因素的观点在学术上引起了广泛的关注。Clarke 等学者竭力倡导情境犯罪理论,并将之发扬光大。一般认为,情境预防的理论奠基于三大理论支柱:理性选择理论、日常活动理论以及环境犯罪学理论。③

情境预防包括五大类,共 25 项措施:④

第一类:提高犯罪难度。(1)目标物强化,如为了防止盗窃,倡导安装汽车方向盘锁、安装防盗玻璃、使用防撬锁的行李包等。(2)通道入口控制,如使用公寓大厦对讲机、电子门禁卡、行李显示屏等。(3)离场示证,为增加罪犯逃离现场的难度,可以建立出门验票制度,超市使用货物电子条形码,等等。(4)转移犯罪人,如关闭某些常发犯罪的街道,关闭经常发生滋事的酒馆,使罪犯无从聚集,等等。(5)控制犯罪工具或者武器,如枪支管制,禁用被盗的手提电话,从而阻碍犯罪者获得工具。

第二类:提高犯罪风险。(1)强化保护,如提倡养成警觉的日常习惯:夜出时结伴,不去没有人看到的地方,随身携带电话;建立"蚕茧式"社区守望,等等。(2)协助自然监控,如广设路灯,设计防卫空间,等等。(3)减少陌生人介入,如为保证出租车运输安全,使用统一出租车司机身份证;为保证校园安全,学校要求在校学生穿校服,防止校外不法人员混入校园,等等。

---

① See Crutchfield, Robert D., Labor Stratification and Violent Crime, Social Forces 68: 495, 1989.

② See Ronald V. Clarke, Situational Crime Prevention, in M. Tonry &D. Farrington D., Building a Safer Society: Strategic Approaches to Crime Prevention, The University of Chicago Press, 1995, p.91.

③ 参见庄劲、廖万里:《情境犯罪预防的原理与实践》,载《山西警官高等专科学校学报》2005年第1期,第17页。

④ 同上书,第20页。

(4)实行定点管理,如防止公共汽车犯罪,在双层公共汽车上使用闭路电视;为防止店铺盗窃,便利店雇佣两个雇员,等等。(5)加强正式监控,如设置交通灯口自动摄像,防盗警报,治安巡逻,等等。

第三类:降低犯罪回报。(1)隐藏目标,如为防止汽车失窃,不在路边停车;为防止银行劫案,使用没有专门标记的银行运钞车。(2)移动目标,如为防止车内收音机被盗,提倡汽车使用可移动的汽车收音机;为防止电话费诈骗,使用预付金额的电话卡。(3)财产标识,如为了防止汽车失窃,实行汽车牌照制度,并对汽车部件实行标记;为防止牲畜被盗,在牲畜身上标识烙印。(4)杜绝不法市场,这往往表现为加强对某些合法市场的管理,以阻碍不法因素的入侵,如加强对典当商店的管理,对街市商贩实行牌照许可管理,等等。(5)排除犯罪利益,如清除公共场所雕刻上的违法涂鸦;为防止超速驾驶,设置减速路障,等等。

第四类:减少犯罪刺激。(1)减轻公众的挫折与压力感,如提高公共服务的效率,减少排队时间;在公共场合播放柔和的音乐,设置柔和的灯光,等等。(2)避免冲突,如为防止球迷冲突,设置围栏隔离敌对的球迷;减少酒吧中的人群数量,等等。(3)减少情绪性冲动,如控制暴力、色情的文学描写,禁止种族辱骂,等等。(4)消除同伴压力,如为防止青少年迫于同伴压力而犯罪,向他们灌输"拒绝并无不妥"的思想,并且驱逐校园中的肇事分子。(5)减少犯罪模仿,如为防止青少年模仿恶意破坏行为,对公共场所的恶意破坏损害迅速修复。

第五类:排除犯罪借口。(1)建立规则,如建立骚扰处理规范、饭店住宿规范,等等。(2)设立告示,如在敏感地点设立告示"禁止停车"、"私人财产"、"熄灭营火",杜绝疏忽大意的借口。(3)激励道德意识,如为防止超速犯罪,在路边设置速度显示板;为防止走私,海关申报者必须签名;为防止店铺盗窃,宣传"店铺夹带是偷盗犯罪"。(4)帮助守法,如为防止偷书,应简化图书馆借阅手续;为防止随地丢秽,应当广设垃圾筒。(5)控制毒品和酒,如在酒吧中设立酒精测定计,切断毒品的供给,倡导无酒精的社交活动。

三、被害人因素

（一）被害人概述

这里所称被害人，指的是因受犯罪行为侵害而使其人身或财物遭受损害的人，是相对于加害人（犯罪人）而言的。

从不同角度可以对被害人进行分类，这些分类主要有：①第一，依被害人罪责性大小的分类：(1) 完全无罪的被害人，也称为理想的被害人。如婴儿被杀案件中的被害人。(2) 罪责较加害人小的被害人。例如因自己的无知而遭受伤害的人。(3) 罪责与加害人等同程度的被害人，即自愿的被害人。例如由被害人要求或同意加害人杀害自己的。(4) 罪责较加害人大的被害人，包括诱发性被害人和疏忽性被害人两类。前者指由于自己的行为诱发了加害人的加害行为，例如奸妇被激怒的丈夫所杀。后者指缺乏自制心或疏忽，不谨慎而遭被害者，例如被害人显有重大过失的交通事故场合。(5) 罪责最大或负完全责任的被害人。第二，依被害人生物学特性的分类：少年被害人、女性被害人、老年被害人、低能或有其他精神缺陷的被害人。第三，依被害人心理特性的分类：抑郁的被害人、贪婪的被害人、轻浮的被害人、孤独的被害人、暴君型被害人、穷困的被害人。第四，依被害人被害性轻重的分类：(1) 机会性被害人，即偶发性被害人。指其被害并非因其内在的被害性，而主要因偶然机会的不幸而被害。(2) 状态性被害人，也称潜在性被害人，指非由于外面的一时的原因，而主要因其性格、素质上的特性而具有继续性潜在被害倾向者。状态性被害人可以分为两类：一是因被害人的特殊的素质，如年龄、职业、精神病理学的状态、社会的状态等，而具有容易被害的素质的人。二是因被害人全面的素质而具有容易被害的状态人，此类人又被称为"生来性被害者"。第五，依被害人受害程度和性质的分类：被剥夺生命的被害人、受严重损害的被害人、受一般损害的被害人、无损害的被害人。

---

① 参见张甘妹：《犯罪学原理》，汉林出版社 1985 年版，第 310—314 页；康树华主编：《犯罪学通论》，北京大学出版社 1996 年版，第 557 页。

第四章 "催化剂"

　　传统犯罪学对犯罪原因的研究仅从犯罪人方面进行解释[①]，忽视被害人在犯罪生成过程中所起的作用。犯罪被害人学产生之后，才在犯罪原因中考虑被害人因素与犯罪人因素的互动，才把被害人因素划入到犯罪原因中进行研究。如著名犯罪被害人学家汉斯·冯·亨梯（Hans von Hentig）认为，单纯从犯罪人角度探求犯罪原因是一种单项解释，大多数犯罪的原因都不是这么简单。在其《罪犯及其被害人》一书中，他提出了"双重结构"的概念，极力主张从犯罪人和被害人两个方面探讨犯罪的原因。另一著名犯罪被害人学家法塔（Fattah）也认为，只有充分考虑被害人对犯罪发生的作用，亦即被害人与犯罪人之间的相互作用，对犯罪原因的解释才是动态的和全面的。[②]

　　关于被害人在犯罪生成中所起的作用，汉斯·冯·亨梯在其1941年发表的《论犯罪人与被害人的相互作用》[③]一文中进行了较为全面的分析。该文共分五部分：文章第一部分指出，就被害人的作用而言，在犯罪中存在着三种情况：一是被害人对自己的被害没有任何责任。二是在犯罪人与被害人之间存在着一定的相互作用，但是，这种作用不是具体的，它代表一种不可改变和防止的关系。三是在有些案件中被害人与犯罪人之间存在着实际的相互作用。在文章第二部分，汉斯·冯·亨梯根据被害人的特性对谋杀的被害人进行了分类：第一类被其命名为"沮丧"型被害人。沮丧者具有一种希望被消灭的潜意识并为这种潜意识所支配。在谋杀案件中，有些被害人鼓励谋杀犯杀死自己。第二类被其称为"贪婪"型被害人。这种被害人有一种被害倾向。轻易获取钱财的希望像药物一样作用于这类人，使其解除了所有正常的抑制和怀疑机制。第三类被其定义为"放荡"型被害人。这类被害人往往是年轻人。接近更年期的妇女也成为其攻击者和其不良环境的受害者。第四类被其称做"虐待"型被害人。这类被害人长期虐待配偶或其他家庭成员，而且愈发使人不可忍受，便会演化成杀人。文章第三部分简要分析了在性犯罪中被害人的责任。在许多情况下，乱伦案件中

---

　　① 如犯罪生物学理论从犯罪人的生理特征和遗传基因方面寻求导致犯罪产生的因素。犯罪心理学理论从犯罪人的心理方面寻求容易导致犯罪产生的各种不良因素。犯罪社会学理论则从社会方面分析社会结构、社会化过程和社会冲突对犯罪人的影响。
　　② 参见郭建安主编：《犯罪被害人学》，北京大学出版社1997年版，第36页。
　　③ 该文在犯罪被害人学史上具有非常重要的意义，奠定了犯罪被害人学的基础。

都有女儿要求或引诱父亲发生性关系的情节。文章第四部分分析了在欺诈犯罪中被害人的责任。欺诈的被害人对于犯罪的产生具有很大责任。没有被害人的"合作",欺诈行为很难完成。文章第五部分对全文进行了总结。①

笔者认为,犯罪被害人学的建立,把被害人因素纳入犯罪原因系统予以考虑具有重要意义。然而,犯罪被害人学只是强调了被害人在犯罪生成过程中所起的作用,至于该作用处于什么样的地位,并没有很好地进行定位;而且犯罪被害人学只是分析了不同类型犯罪中被害人对该犯罪生成所带来的影响,但没有归纳出一般意义上被害人对犯罪生成所起作用的方式。

根据笔者提出的犯罪生成化学反应方程式理论,被害人因素在犯罪生成过程中起着一种"催化剂"作用,这种催化作用可以从不同角度、不同层面予以分析。从宏观上看,可以把作为"催化剂"的被害人因素分为被害人客观特征与被害人主观特征两部分;从微观上看,不同类型犯罪的被害人具有不同的催化作用;从作用机制看,被害人的过错程度影响着对犯罪生成的催化程度。

(二) 被害人的客观特征(中性):"催化剂"表现一

被害人的客观特征,是指被害人自身的人口统计学特征、财产状况、社会地位以及所处的时空环境等因素。被害人的客观特征不同,对犯罪行为生成的催化作用也不一样。这种催化作用在不同类型的犯罪中有不同的表现,例如,男性更易于成为杀人罪的被害人,未婚女青年则更容易成为强奸罪的被害人。也就是说,男性更容易催化杀人案件的发生,未婚女性则更容易催化强奸案件的发生。不过,被害人的客观特征在催化犯罪生成过程中并不涉及被害人的主观内容,是中性的。被害人客观特征②在不同类型犯罪中为何会发生催化作用,以及主要如何表现,下文就性别、年龄及社会阶层三方面试作分析。

1. 性别

虽然在一些特殊类型犯罪中,女性受害人高于男性(如强奸犯罪),但总

---

① 参见郭建安主编:《犯罪被害人学》,北京大学出版社1997年版,第17—18页。
② 时空环境因素对犯罪生成的催化作用,在前文"特定时空因素"部分已经作了分析,这里不再赘述。

体上说,男性的被害率要比女性高。也就是说,男性更容易催化犯罪的生成。之所以如此,主要是因为男性由于身体强壮、性格外向、对外界刺激反应过激,因此容易冒犯甚至攻击别人,进而招致自己最终受害;男性在家庭中度过的时间较少,在社会上的活动较多,与人接触的机会较多,因此与人发生冲突的机会多,进而受害的机会多。当然,在有些特殊情况下,女性往往更易被害,更容易催化犯罪生成,这主要是因为女性柔弱,多呆在家里,常处在孤立无援情境等。①

笔者通过下列实证数据(表4.7)进一步说明性别在不同类型犯罪生成中的催化作用。

表4.7 不同类型犯罪中被害人的性别情况(单位%)②

		盗窃罪	抢劫罪	故意伤害罪	强奸罪	诈骗罪
1999年	男	22.4	73.0	90.5		45.5
	女	4.8	13.2	6.3	100	18.6
	男女都有	5.2	12.8	2.5		35.1
	不清楚	67.7	1.1	0.7		1.1
2000年	男	54.6	66.5	91.2		54.9
	女	8.3	21.5	6.8	100	24.5
	男女都有	9.2	9.0	2.0		20.6
	不清楚	27.9	1.0			0.0

2. 年龄

根据相关调查的结论,就年龄而言,青少年和中年人的被害率最高,幼年人和老年人的被害率最低。也就是说,青少年和中年人更容易催化犯罪生成。究其原因,主要是:(1)人在幼年时期,与社会接触尤其是与成年人的接触极少,因此与成年人的冲突最少,进而受其犯罪侵害的可能性也最小。(2)人在少年时期,由于身心发展不够成熟,个人的财富积累、地位上升等社会化尚待完成,与他人的冲突大都是与同龄人之间的轻微冲突,没有严重的利害关系;同时,他们极少与在罪犯群体中占绝大多数的成年人发生

---

① 参见郭建安主编:《犯罪被害人学》,北京大学出版社1997年版,第93页。
② 表中数据来源:1999年和2002年天津市犯罪调查统计资料。参见周路主编:《当代实证犯罪学新编——犯罪规律研究》,人民法院出版社2004年版,第252—255页。

冲突，因此往往不会成为犯罪分子侵害的目标。(3)人在青年时期，追求独立和自我，而且在这一时期既脱离了父母监督又不承担家庭责任，因此在家庭以外消耗的时间较多，加之精力过剩，情绪不稳，对外界刺激容易反应过激，因此与他人发生冲突的机会增多，受害的比率大增。(4)人在壮年时期，地位、财富等的积累已经达到较高程度，既容易与同龄人发生利益冲突，又容易成为一些犯罪分子特别注意的对象。(5)人到老年，由于兴趣、欲望、活动能力减退，与他人接触减少，与他人发生冲突的机会也减少，受害的可能性相应降低。

在一些特殊情境下，幼年人和老年人的被害率也可能增加，也即会成为某些类型犯罪生成的催化因素。比如，人在幼年时期，生理和心理尚未发育成熟，思维与行为能力尚在形成之中，处于被抚养人的角色。在社会生活中，他们处于抵抗能力最弱的地位，犯罪分子对其实施侵害是最为容易的。又比如，人在老年时期，由于生理、心理等衰弱、老化，反应迟钝，抵抗力下降，又已经为养老积累了一定的财富，比较容易受到犯罪分子注意。①

笔者通过下列实证数据(表4.8)进一步说明年龄在不同类型犯罪生成中的催化作用。

表4.8 不同类型犯罪中被害人的年龄情况(单位%)②

		盗窃罪	抢劫罪	故意伤害罪	诈骗罪
1999年	18周岁以下	0.3	4.4	2.2	0.0
	18至25周岁	11.4	21.3	23.4	1.1
	25至35周岁	53.0	52.3	54.3	47.4
	35至45周岁	29.5	20.0	15.8	34.7
	45周岁以上	5.3	2.1	4.3	16.8
2000年	18周岁以下	0.9	3.9	2.1	1.1
	18至25周岁	8.5	25.5	22.9	10.6
	25至35周岁	45.3	40.1	46.6	23.4
	35至45周岁	37.7	26.0	21.1	51.1
	45周岁以上	7.6	4.6	8.2	13.9

---

① 参见郭建安主编：《犯罪被害人学》，北京大学出版社1997年版，第93页。
② 表中数据来源：1999年和2002年天津市犯罪调查统计资料。参见周路主编：《当代实证犯罪学新编——犯罪规律研究》，人民法院出版社2004年版，第252—255页。

3. 社会阶层

相关调查表明,从社会阶层上看,低阶层成员在犯罪被害人总数中所占的比例远远高于他们在社会总人口中所占的比例。也就是说,低阶层社会成员更容易催化犯罪行为的生成。其原因主要是:处于较高社会阶层的成员接触的往往也是社会地位较高的人员,与构成犯罪分子群体主体的低阶层社会成员直接接触较少,其间的冲突也较少,其受害的可能性要比处于较低社会阶层的成员低。而低社会阶层成员居住和出入的多是易被害空间,接触的多是一些容易犯罪的低社会阶层成员,其被害的可能性比高社会阶层成员要高。

当然,在有些特殊情境下,高阶层社会成员则更容易催化某些类型犯罪的发生。这主要是因为:高社会阶层成员显赫的社会地位和殷实的财产往往容易引起犯罪分子的注意,而且与之发生冲突的人员往往也都具有较高的社会地位,冲突的性质和程度往往比低社会阶层成员之间的冲突严重。①

笔者通过下列实证数据(表4.9)进一步说明社会阶层在不同类型犯罪生成中的催化作用。

表4.9 不同类型犯罪中被害人的社会阶层情况(单位%)②

	杀人	伤害	强奸	抢劫	盗窃	诈骗	平均
工人	24.8	34.7	21.9	34.8	21.4	25.7	27.9
农民	38.6	29.7	35.4	23.6	17.9	14.3	30.3
军人		1.0		1.1			0.4
公务员		2.0	1.0		7.1		1.1
职员	7.9	6.9	7.3	11.2	21.4	25.7	10.5
学生	5.9	6.9	19.8	3.4	7.1		8.1
个体户	6.9	6.9	2.1	11.2	10.7	14.3	7.4
退休	3.0	2.0				5.7	1.5
无业	7.9	3.0	4.2	10.1			5.5
其他	5.0	6.9	8.3	4.6	14.4	14.3	7.3

---

① 参见郭建安主编:《犯罪被害人学》,北京大学出版社1997年版,第96—97页。
② 表中数据来源:1995年北京市中级人民法院审结的614例刑事案件。参见郭建安主编:《犯罪被害人学》,北京大学出版社1997年版,第102页。

（三）被害人的主观特征（故意或过失）："催化剂"表现二

被害人主观特征，是指在被害人故意或过失心理指导下所表现出来的催化犯罪生成的行为等因素。例如，性生活轻浮的女性更容易招致性犯罪侵害，也即更容易催化强奸犯罪的发生。被害人对其行为方式等的主观心态不同，对犯罪行为的生成所起的催化作用也不一样。根据被害人对其行为方式等的主观心态不同，可以把被害人的主观特征分为"诱发性特征"、"易感性特征"及"受容性特征"。

1. 诱发性特征

所谓诱发性特征，是指在被害人故意心态指引下实施了诱发犯罪行为发生，而使自己受害的行为因素，多指被害人故意实施挑衅性或诱惑性行为。例如，丈夫长期虐待妻子，最终被妻子所杀。诱发性特征的常见形式有：举止轻浮、色情诱惑；恶语相激、武力挑衅；仗势欺人、侵犯非难；露富显财、自我炫耀等。诱发性特征在实际诱发程度上存在一定的差别，这种差别表现出不同程度的催化作用。其中一些具有强烈的诱发性，对犯罪生成的催化作用极强；而有一些则可能只具有轻微的催化作用，对犯罪生成的催化作用较弱。诱发性特征在不同的性别中有不同的表现形式，不同性别的诱发性特征引起的被害后果不同。男性的诱发性特征常常招致暴力攻击和财产侵害，女性的被害诱发性常常表现为在性犯罪过程中"积极"配合。[①]

2. 易感性特征

所谓易感性特征，是指由于被害人的过失，而使自己容易被犯罪人引入被害境遇而使自己成为犯罪人加害对象的因素。易感性特征主要表现为麻痹大意、财物显露、轻信他人、贪图小利等。与诱发性特征相比，易感性特征的催化作用要小得多。[②] 这是因为，诱发性因素是被害人以自己不当的行为积极刺激犯罪人而招致被害；而易感性因素是以消极的不作为形式出现的，后者是一种过失状态。从一定意义上可以说，诱发性特征刺激了犯罪人的加害行为，而易感性特征只是吸引了犯罪人的加害行为。例如，有的人对自己的被害危险性浑然不知，无意识地进入被害的情境；有的人发财心

---

① 参见郭建安主编：《犯罪被害人学》，北京大学出版社1997年版，第97—99页。
② 同上。

切,急于做成一笔买卖,成为合同诈骗的被害人;有的女青年在恋爱过程中急于求成的心理被犯罪分子所利用,这些都是易感性特征的典型形式。

3. 受容性特征

所谓受容性特征,是指被害人在遭受侵害时和侵害后的一种顺应状态。被害的受容性可分为两种:一是自觉性受容,即因顾及名誉受损或既得利益的丧失而自愿隐忍与受容。如有的女性遭到强暴,为了保全名声不愿声张;某领导巨款被盗,害怕暴露其经济问题而不去报案等。二是被迫受容,即迫于屡次控告无人受理的困境而忍辱含垢,或慑于犯罪分子的淫威而不敢反抗,被迫就范等。如弱女子遭歹徒持刀拦截,无力反抗,听任凌辱;有的人被犯罪分子抓住把柄,不得不屈从犯罪分子的意志。被害的受容性往往引发再次的犯罪侵害。一些犯罪人在选择犯罪目标时,往往考虑被害人各方面的情况,如被害人是否具备某种反抗的条件,是否有把柄掌握在自己手中,除此之外,还往往选择那些在以前的犯罪过程中保持顺从态度的被害人,致使被害人再次或多次受害。①

(四)有过错被害人"催化"机制:被害人成为"催化剂"的主要表现

与被害人客观特征不同,诱发性特征、易感性特征和受容性特征对犯罪生成的催化作用反映了被害人的主观特征,说明被害人在犯罪生成过程中存在过错,这种过错是催化犯罪生成的重要因素。在被害人"催化剂"因素中,被害人的过错因素是最为主要的,笔者试图分不同情形对被害人过错因素(即把主观特征量化)的催化作用机制进行分析。

笔者按被害人过错因素对犯罪生成的催化作用程度不同,分五种情形对被害人过错因素的催化作用机制进行分析。②

1. 诱发

所谓诱发,是指被害人进入了一种明知没有必要进入的危险情境,从而催化犯罪的生成。这里的危险情境可能是地理环境,也可能是一种具有使自己易于受害的人际环境。

---

① 参见董士昙:《论犯罪被害人的被害性》,载《北京人民警察学院学报》2005年第1期,第73页。

② 此部分内容借鉴了郭建安主编的《犯罪被害人学》第四章第二节的相关内容。

进入危险情境的方式主要有两种：第一种是进入具有较高犯罪发生率的地理或社会环境。例如，深夜在没有路灯的街道上行走的人，更具有被抢劫的可能性。进入危险情境的潜在被害人可能没有非法或不道德的动机，但主观上仍存有过错，至少是过失。第二种是实施对犯罪具有传导作用的行为。这又主要包括两个方面：其一，酗酒对犯罪具有传导作用。研究表明，酒精的过度摄入使饮酒者降低了自我抑制能力，容易引起人格混乱，造成记忆力丧失、被暗示性增强，使被害人的感觉迟钝，并增加了犯罪人的胆量。酒精摄入与被害特别是暴力被害有显著的关系。其二，许多非法、不道德的行为或活动也对犯罪具有传导作用。主要包括：(1) 吸毒行为增加了被害的可能性；[①](2) 非法或不道德的性关系对犯罪具有传导作用；[②](3) 其他非法或不道德的活动导致被害的可能性增大；[③](4) 与具有违法或不道德行为的人有较密切的接触。在第二种进入危险情境的方式中，被害人存有明显过错。

2. 促进

所谓促进，指的是被害人没有采取有效的措施防止犯罪的发生。详言之，指由于被害人的无知、疏忽、愚蠢和态度不明朗，增加了自身所面临的危险，使自己易于受害，并使犯罪人易于实施和完成犯罪。具有促进作用的被害人对于已经形成犯罪动机的危险犯罪人存在一定的吸引力，对犯罪的生成起着一定的催化作用。例如，处于犯罪高发环境的人没有通过限制夜间外出保护自己，财产的所有者没有安装保护措施保护自己的财产等，都会在某种程度上催化犯罪的生成。

被害人促进作用最明显体现在盗窃犯罪中。美国全国犯罪调查（National Crime Survey）的数据反映了被害人促进的夜盗犯罪。在 20 世纪 70 年代中期的三年时间中，全美约有九百万件盗窃案件是通过进入未关的门窗

---

① 非法使用毒品会产生用正常方法无法抑制的心理和生理需要，使吸毒者容易受到他人的伤害。

② 非法性关系（如通奸、婚前性行为等）一方面很容易产生强烈的冲突，使各方当事人的情感难以得到有效的控制，增加了暴力被害的可能性。另一方面，一些非法性关系很有可能成为被敲诈的根据，在当事人关系恶化或者面临其他人际关系的矛盾时，或者当事人在郊外、偏僻处、夜晚等条件下进行非法性活动时，被害的可能性增大。

③ 例如一些人为谋取非法利益或者为谋取不正当利益而从事商业欺诈或经济诈骗活动，从而使他人有机可乘。

而进行的,结果造成十亿美元的损失。从心理学角度考虑,一般认为被害人对盗窃犯罪的促进作用,主要表现为以下几方面心理特征:①一是疏忽大意。表现在被害人对自己的财物不注意细加照看、守护,掉以轻心,以致被盗窃犯钻了空子而被盗。二是过于自信。指的是被害人对自己的行为可能发生被盗的结果有预见,但轻信能够避免,从而导致被盗的不利后果。三是麻痹大意。四是顾此失彼。

3. 挑衅和促成

促进主要是对被害人在盗窃犯罪中的作用而言的,而挑衅和促成则主要针对诸如杀人、强奸等暴力犯罪。挑衅和促成之间也有一定区别,挑衅是指被害人向守法者进行攻击而使之受到刺激,促成则是指被害人首先攻击一个具有犯罪动机的人。②

挑衅和促成是被害人引起犯罪人反应的主动性的诱因。被害人的挑衅和促成行为不再是被动、消极的,而是主动或积极地参与了与犯罪人的互动。挑衅和促成的表现形式可能是身体上的动作,也可能是语言表示,其中包括具有重要暗示作用的形体语言,如嘲讽的言辞,侮辱性的手势,斜视的或正视的目光,在争执中首先动手攻击对方或想以斗殴的方式解决争吵,以及普遍地认为具有挑衅性的威胁动作,如挥动拳头、抽出刀子、炫耀凶器等。根据全美暴力原因与预防委员会(NCCPV)的调查数据(1969年对17个城市所作的调查),杀人案件由被害人促成的占22%,芝加哥调查的比例则高达38%;在严重的人身攻击案件中,被害人首先攻击对方身体或使用刺激性语言及体态语言的占14%;在强奸案件中,NCCPV在17个城市和埃米尔在费城的调查表明,分别有4%和19%的女性被害人在开始时同意发生性关系,或以言辞及体态语言发出明显的挑逗,而在进行性行为之前变卦,最终导致犯罪人强行与之发生性行为;在武力抢劫案件中,有11%的携有现金、珠宝或其他贵重物品的被害人没有采取合理的自我保护措施。③

4. 加害

所谓加害,是指被害人首先对另一方实施犯罪行为。挑衅与加害的目

---

① 参见任克勤主编:《被害人心理学》,警官教育出版社1998年版,第107—110页。
② 转引自郭建安主编:《犯罪被害人学》,北京大学出版社1997年版,第162页。
③ 同上书,第164页。

的不同。挑衅是指被害人不希望受到伤害,或者受到了伤害但并不知道他的挑衅行为会激怒犯罪人,而加害是指被害人具有使犯罪人受到人身或财产损害的故意,并使用了武力手段或进行了欺骗。

加害表明被害人是由犯罪人转换而来,涉及犯罪人与被害人的角色转换问题。① 犯罪人向被害人转换被称为"逆向的转换",具体指人们的侵害和攻击行为是导致或促成自身死亡,或者其掠夺性的、非法的、不诚实的行为是其自身被害的促成因素。例如,诈骗犯在行骗时被诈骗,最后成为事实上的被害人。

被害人的加害作用一般发生在两种情形下:第一,犯罪人与被害人角色的中长期转换。在此种情形下,角色的转换发生在犯罪事件发生之后的一段时间内。例如,丈夫长期对妻子施暴,几年后妻子忍无可忍,最终把丈夫杀害。大量的研究表明,特定社会成员从事违法犯罪活动的经历,与其个人的被害呈正相关关系,即从事违法犯罪活动增加了被害的可能性。第二,犯罪人与被害人角色的即时转换。这是一种特殊的、也是典型的转换形式。

---

① 犯罪人与被害人的角色转换是被害人学理论中的一个新课题。对犯罪人与被害人角色转换进行研究,涉及社会学、心理学、生物学等多学科的综合研究,并且包括研究方法的调整。对犯罪人与被害人角色之间转换关系的研究,不仅扩大了被害人学的研究视野,而且对刑事政策及预防犯罪也有重要意义。笔者就犯罪人与被害人角色之间转换的三个方面问题进行简单介绍:一是犯罪人与被害人角色转换的形态。犯罪人与被害人角色转换呈现为正向的转化和逆向的转化两种形态。前者是指被害人向加害人的转化,后者指的是从犯罪人向被害人的转化。当代多学科的研究成果表明,犯罪人与被害人之间不是截然对立的,在特定的情境、特定的个体和特定的社会关系中具有明显的逆转的可能性。这主要体现在三个方面:第一,被害人与犯罪人并非是完全确定的和相互排斥的。犯罪人与被害人在很大程度具有同质性并且重叠。这里的同质性,是指被害人与犯罪人具有部分相同的特征。第二,被害人与犯罪人常常是同一个体的两个侧面。犯罪与被害并非是两种对立的现象,对于某些特定的对象而言,犯罪与被害是其生活经历中相互结合与并行的事件,许多人的人生是持续的犯罪与被害的循环。第三,被害人与加害人的角色并非是固定的、既定的、静止的,而是动态的、可变的、可互换的。同一个人可能相继甚至同时由一个角色转变为另一个角色。二是犯罪人与被害人角色转换的周期。犯罪人与被害人角色转换主要有三种类型:第一,被害人与犯罪人角色在代际之间的转换。所谓代际转换,主要是指暴力行为在代际之间的循环,即在儿童或少年时期受到暴力及其他形式的虐待的个体,在后来也具有暴力倾向或虐待性的现象。第二,犯罪人与被害人角色的中长期转换。犯罪人与被害人角色的中长期转换,是一个内在的、渐进的过程。第三,即时转换。即时转换形式的特点是转换现象发生迅速,具有突然性、不可测性的特征,被害人或犯罪人可能在瞬刻间转换为另一种角色,甚至同一个体可能同时具有双重角色。三是犯罪人与被害人角色转换的机制。这主要包括三方面内容:第一,被害可能是受害人暴力行为的直接起因。第二,暴力经历可能是产生暴力犯的间接起因。第三,对"被害感"的反应可能是被害人向犯罪人转化的理性基础。参见郭建安主编:《犯罪被害人学》,北京大学出版社1997年版,第183—205页。

犯罪人与被害人角色的即时转换,一般发生在具有强烈的人际冲突的情境和具有人身攻击性质的案件中,尤其在杀人、伤害以及强奸和抢劫等暴力犯罪案件中。当最初的受害者同样以暴力以及其他手段对加害人进行报复或防卫时,就产生了角色转换的可能性。例如,强奸犯当场被受害人打死。

5. 合作

所谓合作,指的是被害人对犯罪持同意态度。此种情况主要发生在两种场合:一是所谓无被害人的犯罪场合,如同性恋、吸毒、赌博、卖淫等;二是在有明显被害人场合,如安乐死等。

(五)被害人"催化剂"的一个理论解读:生活方式暴露理论

生活方式暴露理论①是美国犯罪学家 Hindelang 等人创立的。该理论认为,一个人之所以被害,是由于其生活方式具有某些特性,这些特性决定个体经常处于被害的危险情境或经常与具有犯罪特性的人接触,增加了个体的被害危险或使之成为被害人。该理论的核心概念是生活方式。Hindelang 指出,生活方式是指个人的日常生活活动,包括职业活动和娱乐休闲活动,其中职业活动还包括上学、在家专职看管孩子、料理家务等方式。生活方式决定着某人在特定时空与具有某种人格特性的特定的人的接触,从而导致具有某种生活方式的人容易在特定时空条件下成为被害对象;也就是说,不同的生活方式蕴涵着不同的被害危险,经常与具有犯罪特性的人交往的人,暴露在危险情境中的机会越多,被害的可能性越大。为了详细阐释该理论,Hindelang 利用八个命题对生活方式与被害之间的关系进行说明。命题一:个人被害的可能性与其暴露在公共场所的时间成正比。命题二:个人是否经常置身于公共场所是由其生活方式决定的。命题三:具有相似生活方式的人,彼此接触互动的机会也多。命题四:被害人与犯罪人具有相似的生活方式是个人被害的因素之一。命题五:个人与家庭以外的成员接触时间的多寡,是由其生活方式决定的。命题六:个人被害的可能性与他和非家人接触时间的多少成正比。命题七:个人越经常与具有犯罪特性的人接触,其被害的可能性也就越大。命题八:一个人成为被害人的便利性、诱发性及个体的易于侵害性与生活方式相关。

---

① 参见康树华、张小虎主编:《犯罪学》,北京大学出版社 2004 年版,第 166—167 页。

（六）被害人"催化"作用的一个案例分析：女大学生吴晶晶被害案

案情： 2005 年 1 月 8 日晚 7 时 30 分左右，杭州一位名叫吴晶晶的女大学生去参加大学英语六级考试，回家的时候搭乘一辆出租车。该出租车司机是一位叫勾海峰的三十多岁的东北小伙。在行驶过程中，一辆货车强行从后边超车，勾海峰为躲避该车，急打方向盘，结果把坐在后座的吴晶晶吓了一跳，吴晶晶非常恼火，骂司机这样开车早晚要被撞死，并说你们的命不值钱，我的命还值钱呢。本来勾海峰最近几天情绪就非常不好，听了这话，心里就甭提多火了，但出于对乘客的尊重，强自忍着。而吴晶晶却一直不依不饶，不断说一些难听的话。后来到了吴晶晶的居住所在地，一个小区的附近，吴晶晶要求停车，只见出租车计费器上显示为 14 元。吴晶晶认为被宰了，说平常都是 12 元，你这显示器有问题，勾海峰司机自然不承认自己的计费器有问题，双方又吵闹推搡起来。后来吴晶晶要下车，结果车门被卡住了，这时候勾海峰欲替她把车门推开，要把她给推下车去，吴晶晶误以为该司机要动手打她，于是先下手为强，抓了勾海峰司机的脸庞。勾海峰盛怒之下，先用手掐住吴晶晶的颈部，后又用座位布套上的绳子勒其颈部。在认为吴晶晶已经死亡后，勾海峰将她运至下沙经济技术开发区，抛入该区 5 号大街南端西侧路边一窨井内，最终导致吴晶晶死亡。

一场悲剧就这样发生了，女大学生吴晶晶因为自己的不宽容而招致杀身之祸，勾海峰则因为故意杀人而被处死刑。就本案而言，如果女大学生吴晶晶遇到的不是勾海峰，就可能不会招致杀身之祸；相反，勾海峰如果不是被吴晶晶激怒，也就不会实施杀人行为。然而，毕竟女大学生吴晶晶与勾海峰相遇了，悲剧也就发生了。

从犯罪被害人学角度考虑，本案的发生是偶然中的必然，正如某网友在对此案评价时所说："吴晶晶出口伤人在先，她的死只是由于她自己的傲慢、不宽容带来的灾难，就算这次吴晶晶侥幸活下来，以后她的生命里还会遭遇 n 多次类似的争执"[①]，一旦争执对象是勾海峰似的人物，她还可能会招致杀身之祸。在此意义上讲，女大学生吴晶晶可以被看做"天生被害人"，

---

① http://bbs.zjol.com.cn/printpage.asp?BoardID=195&ID=156891.

也就是说,只要其存在着傲慢、不宽容性格,就有被害的可能。

就吴晶晶被害案而言,作为被害人,吴晶晶所起的"催化"作用主要表现在:首先,吴晶晶作为一年轻女性,这一客观特征使其容易成为被害人,对此,吴晶晶不存在任何过错。其次,从被害人主观特征看,吴晶晶不仅具有诱发性特征,还存在易感性特征,就前者而言,吴晶晶主观上存在故意,表现为对犯罪人勾海峰的恶语攻击;就后者而论,吴晶晶主观上存有过失,表现为在单身一人夜晚打车情形下,还与犯罪人勾海峰进行争论。最后,从被害人过错对犯罪生成的作用机制看,吴晶晶对自己的被害至少存在如下几方面的"催化"作用:一是诱发。即进入了一种明知没有必要进入的危险情境,从而催化犯罪的生成,表现为在单身一人夜晚打车情形下,还与犯罪人勾海峰进行争论,这就使自己有了被害的可能性。二是促进。即没有采取有效措施防止犯罪发生,表现为在已经激怒犯罪人勾海峰的情况下,还抓了犯罪人勾海峰,彻底使其失去理性,最终对吴晶晶实施了杀害行为。三是挑衅。即连续向犯罪人勾海峰进行语言攻击,使之受到刺激。

对于本案,我们可以作一系列假设:(1)假如被害人吴晶晶不是单身女性,不是在夜晚打车,就不会遇害;(2)假如被害人吴晶晶没有对犯罪人勾海峰恶语攻击,也就不会遇害;(3)假如在已经激怒犯罪人勾海峰的情况下,不去抓犯罪人勾海峰,也有可能不招致杀害。在第一种假设情形下,被害人吴晶晶不存在过错,但在第二、三种假设情形下,被害人吴晶晶则存在过错。就本案而言,被害人吴晶晶之所以被害,从"催化剂"角度考虑,被害人吴晶晶的过错"催化"了被害行为的发生。从犯罪被害人学角度说,被害人吴晶晶应对于自己的被害承担一定的过错责任。

需要强调的是,在犯罪原因中强调被害人因素,其目的不是袒护犯罪者和苛求被害人。笔者把被害人吴晶晶作为一个"催化剂"因素进行分析,正是为了更客观地说明吴晶晶被害行为的生成过程,并以此为依据,从被害人吴晶晶案件中获取启示,使更多的吴晶晶似的女性能提高预防犯罪的自觉性,从而不使自己成为被害人。

第五章 犯罪化学反应方程式各要素间的作用方式

一、概　说

前文分析了犯罪化学反应方程式各要素的组成情况及其对犯罪生成所发生的影响。本部分则重点从宏观角度对犯罪化学反应方程式各因素之间的作用方式进行解读。

笔者的观点是："带菌个体"与"致罪因素"相互间发生作用，使"带菌个体"产生犯罪动机，从而成为危险犯罪人，"带菌个体"与"致罪因素"相互间发生作用的方式不同，"带菌个体"所产生的犯罪动机也不相同，因而生成不同类型的危险犯罪人；危险犯罪人通过对"催化剂"各要素的感知，[①]作出反应，在一定的条件下，就会实施犯罪行为，从而成为现实犯罪人。以图示之：

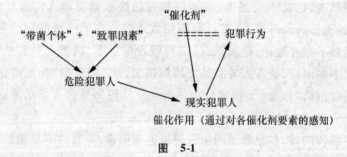

图　5-1

简而言之，犯罪化学反应方程式各要素之间只有发生了相互作用，才能

[①] "带菌个体"对"催化剂"的感知是一种复杂的现象，正如有学者所说："行为人对其所见的反应，及其对其所见的感受甚于其所处的情境及其'观念'……事实上从来不像我们所见的那样简单，我们总是通过'眼睛'看事实，这种'眼睛'包括有利益、偏见、陈规和我们所持有的对情境的价值观念。这副'眼镜'是我们的参考系，什么是'障碍'，什么是'机会'，什么是'奖赏'和什么是'惩罚'，什么是'损失'和什么是'获得'，要看我们的目的和愿望。"〔美〕理查德·霍金斯、杰弗里·P.阿尔珀特：《美国监狱制度——刑罚与正义》，孙晓雳等译，中国人民公安大学出版社1991年版，第77页。

第五章　犯罪化学反应方程式各要素间的作用方式

生成犯罪,只有其中一个因素或者即便具备了所有因素但相互间并未发生作用,都不可能生成犯罪。例如,即使一个人在生命早期形成了犯罪人格,成为"带菌个体",但在一生中如果没有遇到"致罪因素"和"催化剂"并与之发生作用,也不会实施犯罪。正所谓"大多数反社会的孩子成年后都不再实施反社会行为"[①]或者"多数成年罪犯都没有在青少年时期犯罪的经历"[②]。犯罪行为生成涉及诸多异质因素[③],以及因素间的相互作用。

二、危险犯罪人:"带菌个体"与"致罪因素"的相互作用

(一)危险犯罪人即是具有犯罪动机的人

所谓危险犯罪人,指的是具有犯罪动机的潜在犯罪人。潜在犯罪人("带菌个体")只是具备了犯罪人格,有了犯罪倾向,但在未形成犯罪动机前,不是危险犯罪人。具体说:(1)潜在犯罪人的犯罪性要小于危险犯罪人,即潜在犯罪人犯的可能性要小于危险犯罪人。危险犯罪人是潜在犯罪人与"致罪因素"相互作用的产物,在与"致罪因素"发生作用之前,潜在犯罪人实施犯罪的可能性比较小,但一旦与"致罪因素"发生关系后(成为危险犯罪人),就有较大的可能性去实施犯罪。(2)没有形成犯罪动机的潜在犯罪人在遇到"催化剂"催化作用下,不会实施犯罪,而危险犯罪人一旦遇到"催化剂"的催化作用就会实施犯罪。

例如,某甲由于个体素质和家庭的原因,形成需求偏差,从而成为潜在犯罪人,如果,(1)某甲所处社会经济政策到位,能有一份收入可观的工作,并有一定的信仰等,在此种情形下,就不存在"致罪因素",即便某甲在"催化剂"作用下(如所住小区管理不严,存在盗窃的条件),也不会实施犯罪;(2)某甲所处社会经济政策失误,失业并没有经济来源,加上信仰缺失,在

---

① Walter R Gove, The Effect of Age and Gender on Deviant Behavior: A Biopsychosocial Perspective, p.123, in Alice S. Rossi, Gender and Life Course, Aldine, 1985.

② Joan McCord, Patterns of Deviance, p.158, in S. B. Sells, Rick Crandall, Merrill Roff, John S. Strauss and Willian Pollin, Human Functioning in Longitudinal Perspective, Baltimore: Williams and Wilkins, 1980.

③ See Hugh F Cline, Criminal Behavior over the Life Span, pp.669—670, in Jr. Orville G. Brim and Jerome Kagan, Constancy and Change in Human Development, Harvard University Press, 1980.在

此种情形下,就有了"致罪因素",若所住小区管理不严,存在盗窃的条件,某甲就可能实施盗窃犯罪。

(二) 何谓犯罪动机

1. 动机略论

在探讨犯罪动机之前,有必要对动机进行一番分析。动机,是推动人从事某种行为的基本力量。正如恩格斯所说,"就单个人来说,他的行动的一切动力,都一定要通过他的头脑,一定要转变为他的意志的动机,才能使他行动起来"①。

在心理学和社会心理学中,动机与内驱力、需要这些概念不同:②内驱力是人体维持和恢复生理平衡状态的产物。人体的生理环境,不论是体温、血液、水分及其他各种成分或各个方面,都处在经常的调整和变化之中,而其最终的结果总是要达到体内生理环境的平衡。这种调节和维持平衡的机制是受人的自主神经系统支配和控制的。当体内的生理平衡被破坏或失去时,就会导致生理性的紧张,并由此产生一种驱使个体进行活动以恢复体内原有的生理平衡、消除生理性紧张的动力,这种动力就是内驱力。生理内驱力主要有饥、渴、睡眠、性等多种,它们是生来就有的,是可以通过遗传而获得的。这种生理内驱力在个体心理和意识中的反映即是需要(生理需要)。需要的产生必须具备两个前提:一是机体内生理内驱力的存在,二是体内所存在的这种内驱力必须在个体的心理上有所反映。

仅有内驱力和需要尚不足以使个体产生满足需要的行为。内驱力仅具有一种启发和推动的力量,而需要则只是这种力量的意识反映,两者都不具有指导行为和规定行为的作用。只有动机才可能直接推动个体进行活动,以达到一定的目的。动机是引起个体活动的直接原因。动机对个体行为的推动作用来自于个体的内驱力和需要,内驱力和需要是通过动机而对人的行为产生作用的;动机对个体行为的指导作用和规定作用则来自个体在后天社会生活中所习得的各种观念、规范准则。

2. 犯罪动机概述

犯罪既然是人的一种行为,必然受某种动机所驱动,此种动机即为犯罪

---

① 《马克思恩格斯选集》第 4 卷,人民出版社 1995 年版,第 251 页。
② 参见周晓虹:《现代社会心理学》,上海人民出版社 1997 年版,第 205—208 页。

动机。

所谓犯罪动机,是指引起和推动犯罪人实施犯罪行为以满足某种需要的内心起因,犯罪动机源于犯罪人的需求偏差,并在后天的社会化过程中习得。犯罪动机的主要特点是:(1)犯罪动机源于犯罪人的内驱力和需要(偏差的需要);(2)犯罪动机是后天习得的,而不是先天遗传的。

对犯罪动机可以从不同角度进行分类:[①](1)按照犯罪动机与需要的关系,可分为政治型、物欲型、性欲型、情欲型、戏谑型、过失型六种类型;(2)按照犯罪动机的心理倾向,可分为目的型、理想型、幻想型、激情型、嫉妒型、攻击型、自尊型、意气型、脆弱型和报复型十种类型;(3)按照犯罪动机的运作形式,可分为偶发型、激情型、趁机型、预谋型、职业型、惯常型六种类型。(4)按照犯罪动机的外在反应状况,可以分为暴力型、智能型、灵活型、激情型、不稳定型、转移型、残忍型七种类型。(5)按照犯罪动机的社会意义,可分为一般动机型与不良动机型两种类型。(6)按照犯罪动机的意识状况,可以分为意识动机型、潜意识动机型两种类型。

(三)犯罪动机的形成

1. 动机的形成

对于动机的形成,社会心理学理论主要有两种观点,即本能论和非本能论。

动机本能论认为,人的行为动机是出于人的本能。达尔文在《人类的由来》一书中强调本能是人的感情、欲望和意志的基本来源。他写到:"人的一些社会性本能,来源虽必然是很早,早到他原始的时代,甚至可以更早地追溯到和猿猴难于分辨的他的远祖的时代,却直到今天还在对他的一些最好的行为提供动力。"[②]社会心理学家麦独孤"澄清了达尔文主义的隐含内容,并建立了社会心理学关于本能假设的完整体系"[③]。麦独孤在《社会心理学导论》一书中写到:"我们可以将本能定义为一种遗传的或先天的心理——物理倾向。这种倾向决定了人们去知觉,去注意某种确定的目标,去体验知

---

① 参见罗大华、何为民:《犯罪心理学》,浙江教育出版社2002年版,第229页。
② 〔英〕达尔文:《人类的由来》,潘光旦译,商务印书馆1983年版,第165页。
③ 转引自周晓虹主编:《现代社会心理学名著菁华》,南京大学出版社1992年版,第400页。

觉这种目标所形成的某种特殊的情绪兴奋,按与其有关的某种特定方式行动,或者至少要去体验一下这种行动的冲动。"[1]麦独孤认为,主要和次要的本能共有18种之多,他就是用这18种本能解释人的一切社会行为的。如生殖本能和求偶及养育活动相联,结群本能和交往、团结行为相联,获得本能和占有行为相联等。本能的概念在临床心理学中也得到运用。精神分析的创始人弗洛伊德将人的性本能看做人的一切行为活动的根本源泉,他所说的性的含义,泛指一切感官的快乐,由此而被称为泛性论。这种性本能包容了人生来就有的所有本能的欲望和原始的冲动,具有驱使人满足本能的欲望和冲动,寻求感官快乐的潜力。可见,本能论强调的是人的欲望(或需求)即动机,动机来源于人的本能,与后天的社会化过程没有关系。

动机非本能论则强调后天社会化过程对动机形成的影响。马斯洛的"需要层次论"是一种十分流行的有关动机的非本能论解释。马斯洛认为,每个人自身内部都具有一定的价值,这种内在的价值是一种类似本能的潜能或者基本需要,它的根本特征就是要求得以实现或满足。这种需要是分为不同层级的,其中最低层级的需要是生理需要,这是一种随生物进化阶梯的上升而逐渐变弱的本能欲求;最高层级的欲求是自我实现的需要,这是一种随生物进化阶梯的上升而逐渐显现的潜能。从最低到最高一共有五个层级,分别为生理的、安全的、社交的、尊重的和自我实现的需要。[2] 马斯洛进一步认为,不仅人的需要是呈层级排列的,而且需要的满足也是按一定的顺序进行的,只有在低一级的需要得到了满足或至少得到了部分的满足之后,高一级的需要才会产生,才开始具有意义。强化理论是另一种十分流行的非本能论观点,该理论认为,人的行为动机来源于外界施加于个体身上的强化,这种强化决定了个体今后行为活动的愿望强度和行为活动的方向目标。一个人今后的行为表现如何,取决于其过去和当前作出某一行为时所经历的强化体验。第三种有关社会动机的非本能论解释是由归因理论发展而来的。归因,是社会心理学上的一个范畴,从本质上说是一种社会判断过程,指的是"根据所获得的各种信息对他人的外在行为表现进行分析,从而推论

---

[1] W. McDougall, An Introduction to Social Psychology, Lure, 1908, p.30.
[2] 参见〔美〕马斯洛:《人的动机理论》,载马斯洛等:《人的潜能和价值》,陈炳权等译,华夏出版社1987年版,第162—177页。

第五章 犯罪化学反应方程式各要素间的作用方式

其原因的过程"[①]。归因理论是从人们对已有行为活动的因果关系的认知出发,探讨人的行为活动的动机问题。可见,动机非本能论强调动机的形成并非完全取决于人的本能(生理需要),更取决于后天的社会需求、社会影响及个体的认知情况。

2. 犯罪动机的形成

作为动机的一种类型,犯罪动机的形成也可以通过本能论与非本能论进行解释。前者强调犯罪动机源于人的需要,后者则强调社会因素对犯罪动机形成的影响。也有学者从多重角度对犯罪动机的形成进行了论述,认为犯罪动机的形成模式是多方面的,既包括本能的解释,也包括非本能的解释,具体说:(1)犯罪需要模式。它认为犯罪动机是由犯罪人的需要直接转化而来,并认为大量的犯罪动机是犯罪人需要的直接体现。(2)犯罪诱因模式。它认为犯罪动机中有一小部分是由犯罪诱因引起的,犯罪诱因是指能够满足个人需要或者威胁个人安全并诱发犯罪冲动和犯罪行为的外部因素;认为在一些犯罪行为的发生中,犯罪人并无明显的个人需要,甚至可以说,犯罪人在实施犯罪行为之前没有任何犯罪方面的需要,犯罪动机是由犯罪诱因引起的。(3)犯罪需要、犯罪诱因模式。它认为大多数人的犯罪动机是在一定需要的基础上,受犯罪诱因的刺激而产生的;犯罪动机是犯罪人的需要和犯罪诱因相结合而共同发挥作用的结果。(4)挫折模式。它认为挫折与攻击行为之间有密切的联系,挫折往往引起攻击行为,而攻击行为的产生是以攻击动机为中介的,即个人在遇到挫折时,首先产生攻击性犯罪动机,然后再产生攻击性犯罪行为。(5)过度补偿模式。它认为一些暴力犯罪动机是由于过度补偿心理作用引起的。这里的过度补偿是指个体通过极大努力使以前的缺陷转变为优势的过程。(6)变态模式。它认为一些犯罪动机是由于变态心理引起的。[②]

笔者认为,犯罪动机的本能解释,即认为犯罪动机是人的生理需要所引起,不考虑社会因素,显然不能成立,因为犯罪是社会的产物,具有社会性,犯罪动机也必然具有社会性特征。犯罪动机的非本能解释也不能成立,因为犯罪是人的行为,而行为的发生不可能脱离个体的内驱动力,这种内驱力

[①] 周晓虹:《现代社会心理学》,上海人民出版社1997年版,第196页。
[②] 参见吴宗宪:《论犯罪动机的形成模式》,载《青少年犯罪问题》1999年第5期。

往往就是生理需要。另外，认为犯罪动机的形成模式是多方面的观点看似有道理，但也存在问题：犯罪需要模式实际上就是犯罪动机本能解释；挫折模式、过度补偿模式以及变态模式则可以分别体现在其他模式之中。

笔者的观点是：犯罪动机的形成是先天的本能与后天社会因素相互影响的产物，依笔者犯罪化学反应方程式的观点，就是"带菌个体"与"致罪因素"相互作用的产物。如前文所述，这里的"带菌个体"是指具有犯罪人格的潜在犯罪人。这里的"致罪因素"是指个体以外的引发犯罪动机生成的社会因素，主要包括经济政策失误、性禁忌、政治制度弊端、信仰缺失等方面。

如前文论及，根据犯罪人格构成要素相互间作用方式及在犯罪人格生成中所起作用不同，"带菌个体"可以表现为不同类型的潜在犯罪人。不同类型的潜在犯罪人在遇到相应的"致罪因素"情况下，便会产生相应的犯罪动机，从而成为不同类型的危险犯罪人。例如，潜在"道德犯"在与信仰缺失这一"致罪因素"发生作用时，就转化为危险"道德犯"；潜在"法律犯"在与经济政策失误、政治制度弊端等"致罪因素"发生作用时则转化为危险"法律犯"等。以表5.1示之：

表 5.1 不同类型"危险犯罪人"犯罪动机解释表

	"带菌个体"类型	"致罪因素"				"危险犯罪人"类型
		经济政策失误	性禁忌	政治制度弊端	信仰缺失	
1	潜在"道德犯"	-	-	-	+	危险"道德犯"
	潜在"法律犯"	+	-	+	+	危险"法律犯"
2	潜在"常习犯"	+	+	+	+	危险"常习犯"
	潜在"机会犯"	-	-	-	+	危险"机会犯"
3	潜在"预谋犯"	+	+	+	+	危险"预谋犯"
	潜在"激情犯"	-	-	-	+	危险"激情犯"
4	潜在"主动犯"	+	+	+	+	危险"主动犯"
	潜在"被动犯"	-	-	-	+	危险"被动犯"
5	潜在"故意犯"	+	+	+	+	危险"故意犯"
	潜在"过失犯"	-	-	-	+	危险"过失犯"
6	潜在"普通犯"	+	+	+	+	危险"普通犯"
	潜在"确信犯"	-	-	-	+	危险"确信犯"

（说明：表中"＋"表示相互间作用关系密切，"－"表示相互间作用关系一般。）

第五章 犯罪化学反应方程式各要素间的作用方式

三、现实犯罪人:"催化剂"对危险犯罪人的催化作用

(一)现实犯罪人即是实施犯罪行为的人

所谓现实犯罪人,是指实施了犯罪行为的危险犯罪人。危险犯罪人只是具备了犯罪动机,并没有实施犯罪行为。一旦危险犯罪人受到"催化剂"的催化,就会实施犯罪行为,从而转化为现实犯罪人。

危险犯罪人向现实犯罪人转化,是犯罪"化学反应"的一个重要阶段,也是犯罪行为生成的最终标志。危险犯罪人转化为现实犯罪人受三方面条件影响:一是是否存在足以催化犯罪生成的"催化剂"因素;二是危险犯罪人对"催化剂"因素的感知情况;三是危险犯罪人自身的犯罪人格轻重程度。一般来说,如果存在足以催化犯罪生成的"催化剂"因素,而且危险犯罪人对这些"催化剂"因素有所感知,并且危险犯罪人自身的犯罪人格已达到受这些"催化剂"因素催化的程度,在此情况下,危险犯罪人向现实犯罪人转化,犯罪行为生成。

(二)是否存在足以催化犯罪生成的"催化剂"因素

如前文所述,特定的时空因素、社会控制弱化及被害人因素构成"催化剂"因素。一般来说,"催化剂"因素对犯罪生成催化作用的大小,取决于各"催化剂"因素对犯罪行为的影响程度以及各"催化剂"因素间的组合情况:如果特定时空因素对犯罪生成有利、社会控制明显弱化、被害人因素对犯罪生成也有利,在此种组合情况下,"催化剂"因素所起的催化作用最大;反之,则最小。而介于前两种组合之间的情形对犯罪生成的催化作用则处于最大和最小之间。

举例说,已经具备抢劫动机的行为人某甲,如果:(1)在一个偏僻的郊区(有利的时空因素),该郊区从来没有警察巡逻(社会控制非常弱化),被害人孤身一人携带巨款路经该地(有利的被害人因素),在此种情形下,各"催化剂"因素对某甲实施抢劫犯罪的催化作用最大。(2)在一个热闹的广场(不利的时空因素),该广场有警察巡逻(社会控制弱化程度低),被害人多人一起携带巨款路经该地(不利的被害人因素),在此种情形下,各"催化剂"因素对某甲实施抢劫犯罪的催化作用最小。(3)在一个偏僻的郊区(有

利的时空因素),该郊区从来没有警察巡逻(社会控制非常弱化),被害人多人携带巨款路经该地(不利的被害人因素),在这些情形下,各"催化剂"因素对某甲实施抢劫犯罪的催化作用处于最大和最小之间。

各"催化剂"因素对犯罪行为的影响程度以及各"催化剂"因素间的组合情况是影响催化作用大小的一个重要方面(客观方面因素),该要素是否真正发挥催化作用,还必须考虑危险犯罪人的主观因素,即危险犯罪人对"催化剂"的感知情况和危险犯罪人自身的犯罪人格的轻重程度。

(三)"催化剂"被危险犯罪人感知

由于危险犯罪人的先天素质和社会经验存在差异,不仅同样的"催化剂"因素(包括各催化剂因素对犯罪行为的影响程度及各因素之间的组合)对不同危险犯罪人会产生不同的反应,而且同样的社会控制弱化及被害人因素对处于不同时空条件下的危险犯罪人,也可能形成不同甚至完全相反的主观体验。所以,面对同样的"催化剂"因素,危险犯罪人的反应会出现多样性。就"催化剂"因素而言,其出现或存在本身并不会自然对置身其中的危险犯罪人发生催化作用。只有当危险犯罪人对之进行感知以后,才会对犯罪行为的生成产生实际意义。

对"催化剂"因素的感知,是指危险犯罪人面临某一"催化剂"因素时的心理状态,如所形成的印象,引起的心理冲突、情绪波动等。由于先天素质、社会经验及犯罪人格等方面存在差异,不同危险犯罪人对特定的"催化剂"因素进行感知的结果也可能不同:

第一,对"催化剂"因素的真实感知。所谓对"催化剂"因素的真实感知,是指危险犯罪人对"催化剂"因素的主观体验与客观表现相符。也就是说,各催化剂因素对犯罪行为的影响程度及各因素之间的组合情况都已经反映在危险犯罪人的主观体验中。危险犯罪人对"催化剂"因素进行真实感知后,会作出不同的外在行为反应,主要情形有:[①]

[①] 下列情形的划分,主要是根据危险犯罪人的动机类型。笔者认为,犯罪动机可以分为意识型动机和无意识(潜在型)型动机两类,在意识型犯罪动机指引下,危险犯罪人所实施的犯罪往往是功利型犯罪;而在无意识型动机的指引下,危险犯罪人所实施的犯罪往往是情感型犯罪和过失型犯罪。所谓意识型动机,是指危险犯罪人在实施犯罪的时候,已经意识到自己的犯罪动机。所谓无意识型动机,则是指危险犯罪人自身并未意识到或没有清晰意识到自己的犯罪动机。但这并非不存在犯罪动机,而是动机处于无意识层次,当时未被危险犯罪人所意识到。

第五章　犯罪化学反应方程式各要素间的作用方式

情形一:利弊权衡,实施犯罪或放弃犯罪。这主要针对功利型犯罪。[①] 在此种情形下,危险犯罪人是实施犯罪还是放弃犯罪受两方面因素影响:一是对可能犯罪的成本和收益进行权衡;二是犯罪人格的轻重程度。危险犯罪人是如何对可能实施的犯罪成本和收益进行权衡,犯罪人格的轻重程度又是如何影响危险犯罪人进行犯罪决策,下文将专门论述。

情形二:不计后果,实施犯罪。这主要针对那些情感型犯罪,主要受犯罪人格方面因素影响。所谓情感型犯罪,是指主要基于危险犯罪人的情感偏差而实施的犯罪。情感型犯罪在犯罪人格方面表现为情感出现偏差,具有该犯罪人格的危险犯罪人在形成犯罪动机之后,一旦遇到"催化剂"因素,就会不计后果地实施犯罪。在特定的"催化剂"因素条件下,危险犯罪人实施情感型犯罪的可能性大小受犯罪人格的轻重程度影响,犯罪人格级别越高,犯罪的可能性越大;反之,则越小。

情形三:没有预见到可能发生的犯罪结果,实施犯罪。这主要针对过失犯罪,主要受犯罪人格方面因素影响。这里的过失犯罪,指的是基于危险犯罪人的认识偏差而实施的犯罪,过失型犯罪在犯罪人格方面表现为认知出现偏差,该犯罪人格的危险犯罪人在形成动机之后,在遇到"催化剂"因素作用的情况下,就有可能实施过失犯罪。与情感型犯罪一样,在特定的"催化剂"因素条件下,危险犯罪人实施过失型犯罪的可能性大小受犯罪人格的轻重程度影响,犯罪人格级别越高,犯罪的可能性越大;反之,则越小。

第二,对"催化剂"因素的虚假感知。所谓对"催化剂"因素的虚假感知,是指危险犯罪人对"催化剂"因素的主观体验与客观表现不符。这主要是基于危险犯罪人主观判断上的错误而致,如将中性的甚至不利的"催化剂"因素误认为是有利于犯罪实施的"催化剂"因素,或者相反,将有利的"催化剂"因素误认为是不利于犯罪实施的"催化剂"因素。在前种情况下,危险犯罪人实施犯罪行为,往往难以得逞,从而形成犯罪未遂;而在后种情形下,危险犯罪人则很可能放弃实施犯罪行为。

[①] 功利型犯罪,是指行为人以牟取功利性利益为目的,故意实施犯罪行为。这里的"功利性利益指的是能满足人们社会生活需要或为社会生活提供便利的经济利益、社会权力、社会地位与声望等,其中主要是指经济利益,即金钱和物质。"(郭星华:《当代中国社会转型与犯罪研究》,文物出版社1999年版,第13页。)在司法实践中,绝大多数故意犯罪为功利型犯罪。

(四)危险犯罪人向现实犯罪人转化:功利型犯罪分析

如前文述及,对功利型犯罪而言,危险犯罪人对"催化剂"因素进行真实感知后,是实施犯罪还是放弃犯罪,受两方面因素影响:一是对可能犯罪的成本和收益进行权衡;二是犯罪人格的轻重程度。由于绝大部分犯罪都属于功利型犯罪,笔者在此对该情形进行展开分析。

1. 犯罪成本与收益分析

危险犯罪人对"催化剂"因素进行真实感知后,对可能犯罪的成本和收益进行权衡,从而作出是否犯罪的决定,涉及犯罪决策的经济学分析。犯罪决策,指的是在功利型犯罪中,危险犯罪人通过对"催化剂"因素进行真实感知后,对可能实施犯罪的犯罪效益和犯罪成本进行对比分析,从而作出是否实施该种犯罪的决定。如果犯罪人选择犯罪,则表明其作出了犯罪决策;反之,则没有作出犯罪决策(放弃实施犯罪)。

危险犯罪人之所以会作出犯罪决策,是从"经济人(理性人)"假设出发的。在该假设中,功利型危险犯罪人的行为动机都是追求"个人利益最大化",其在决策的时候往往都会对可能实施犯罪成本和犯罪效益予以比较权衡,只有当其预期犯罪效益大于犯罪成本时,危险犯罪人才会选择实施犯罪行为,以实现其利益最大化。由于一定犯罪的效益是确定的,因而犯罪成本对犯罪决策有着重要影响,犯罪成本是决定危险犯罪人是否作出犯罪决策的重要因素。

(1) 犯罪成本

"从更一般的经济意义上讲,'犯罪'可以看做是一种重要的活动或'产业'。"[①]正如人们进行所有"产业"生产都要付出一定的生产成本一样,犯罪人实施犯罪也要付出一定的犯罪成本。"从广义上讲,犯罪的成本由两部分组成,一是犯罪活动使社会付出的成本代价,主要是指犯罪行为对社会造成的危害和团体及私人为避免犯罪的侵害所进行的花费,除此之外还包括犯罪个体为实施犯罪所进行的投入。二是因逮捕拘押并判罪而产生的成本。从狭义上讲,犯罪的成本仅指犯罪的个体为实施犯罪而支付的成本代价。它由犯罪的直接成本、犯罪的时间机会成本和犯罪的惩罚成本三部分构成。

---

① 〔美〕贝克尔:《人类行为的经济分析》,王业宇译,上海三联书店1995年版,第57页。

直接成本,即犯罪人在犯罪过程中直接投入的物力和人力。犯罪的时间机会成本是指由于一个人把一部分时间用于犯罪,那么通过合法活动谋利的时间就会减少,因此自动放弃的经济活动可能产生的纯收益即为犯罪的时间机会成本。惩罚成本,这是一种或然性成本,即犯罪被司法机关侦破并判处刑罚对犯罪人所造成的经济损失。"[1]笔者不认同此概念,笔者认为,就经济学意义而言,一般产业的生产成本和犯罪成本并无区别,但由于考虑了社会学因素,犯罪成本往往难以换算成货币单位,而一般产业的生产成本则可以用货币单位计算。

犯罪成本包括以下几方面要素:一是物质性成本,包括人力、物力、财力等,物质性成本是可以用货币单位计算的;二是非物资性成本,包括智力、心理感受等,非物质性成本一般是难以用货币单位计算的;三是惩罚性成本,包括刑罚的严厉性、刑罚的确定性、社会惩处等。[2]

(2)犯罪决策的运作

当犯罪效益大于犯罪成本时,危险犯罪人就会选择实施犯罪;反之,就会选择不犯罪。后者又发生在两种情形下:一是预期刑罚成本高于预期犯罪效益时;二是犯罪物质性成本、心理惩处成本高于预期犯罪效益时。[3]

2. 犯罪人格轻重程度

在功利型犯罪中,犯罪成本与收益分析是影响危险犯罪人在感知真实"催化剂"因素后是否实施犯罪(作出犯罪决策)的一个重要因素,但不是唯一因素,危险犯罪人是否实施犯罪还与危险犯罪人的犯罪人格轻重程度有关。

如前文所述,犯罪人格包括认识偏差、需求偏差、情感偏差、犯罪能力及自制力五方面内容。就功利型犯罪而言,危险犯罪人实施犯罪可能性程度主要受以下几方面因素影响:

第一,功利型犯罪危险犯罪人在犯罪人格方面主要表现为需求偏差,一般而言,需求偏差越强烈(犯罪人格级别越高),危险犯罪人就会越多地考虑犯罪收益,而易于忽视犯罪成本,其实施犯罪的可能性也就越大;反之,其实

---

[1] 转引自江锡华:《刑罚威慑犯罪控制》,载《江西公安专科学校学报》1999年第3期,第18页。

[2] 参见汪明亮:《"严打"的理性评价》,北京大学出版社2004年版,第134—142页。

[3] 同上书,第145—149页。

施犯罪的可能性就越小。

第二,功利型犯罪危险犯罪人对自身犯罪能力的把握程度。一般来说,如果对自己犯罪能力越有信心,危险犯罪人就越有可能实施犯罪;反之,其实施犯罪的可能性就越小。

第三,功利型犯罪危险犯罪人的自制力程度。对于功利型犯罪危险犯罪人而言,自制力强弱程度对是否实施犯罪有着重要影响,自制力强弱程度与犯罪可能性程度成正比。至于自制力强弱程度则受多方面因素影响,如意志[①]、情感、超自我[②]等。[③]

四、犯罪微观生成实证分析一:许诺抢劫外婆案

案件经过: 2002 年的 10 月 16 日清晨,在贵州省清镇市发生了一起凶杀案。一个老太太被人谋杀在了自己开的游戏厅内。死者名叫彭淑芳,83 岁,是一间游戏机室的老板。彭老太太的儿子潘翔华发现母亲蒙着头躺在床上,掀开被子一看,只见彭老太满脸是血,表情极为痛苦。在现场除了一根系在彭老太太脖子上的蓝色布带和彭老太太身上的多处伤痕之外,刑侦人员还发现了一个异常的情况。现场地上留下的血迹被人用拖布拖干净了,而且游戏机的按键上也被人用抹布把指纹全部擦除。刑侦人员判断这

---

① 意志是一种想做什么、不能做什么的动机,是基于理性作出某种决定的能力,也可看做与自我相类似。一般认为,缺乏意志就意味着缺乏自制力,这是与犯罪相关的一个重要因素。缺乏意志表现在抑制不够和冲动过剩两个方面:(1) 抑制不够:只要有一点点的冲动就会产生某种行为。冲动很弱,只要有少量的抗拒就会停止。下决心时,轻率而没有远见,不深思熟虑,因心血来潮、暗示性亢进,很容易屈服于冲动或受其影响。(2) 冲动的过剩:有一种是瞬间机械的反映性冲动,冲动一出现,就想实现行为;有一种是一触即发的爆发性冲动,它不是产生于冲动之后,而是在内部压力最高时发生;有一种是情感性冲动,只要有一点不满就大发作;还有一种是强迫观念的观念性冲动。参见〔日〕森武夫:《犯罪心理学》,邵道生等译,知识出版社 1982 年版,第 32 页。

② 精神分析认为,超自我的缺陷导致不能控制冲动性伊特,从而出现犯罪。另外,在有自我缺陷的情况下也会产生犯罪。见于违法行为的自我障碍主要表现为以下症状:(1) 经受不住挫折:孩提时一遇挫折就立即表现于行动,大了后就表现为反社会性行为,如敌意、不满等。(2) 不能处理不稳定感、焦虑感和恐惧感。(3) 缺乏对诱惑的抗拒力。(4) 兴奋、醉心于集团的心理强烈:容易兴奋、受刺激、容易失去自制。(5) 不能升华:持续发生本能性冲动。参见〔日〕森武夫:《犯罪心理学》,邵道生等译,知识出版社 1982 年版,第 40—41 页。

③ 有学者从心理学角度把这些因素统称为"良心"。并且认为,良心,1/5 是对人的恐惧,1/5 是对神的恐惧,1/5 是成见,1/5 是虚荣,1/5 是习惯。参见〔日〕森武夫:《犯罪心理学》,邵道生等译,知识出版社 1982 年版,第 39 页。

第五章 犯罪化学反应方程式各要素间的作用方式

很有可能是一起蓄谋已久的抢劫杀人案,而且凶手作案手法相当老练。由于现场已被凶手动过手脚,警方没有找到任何有价值的线索。警方开始对彭老太太周围的邻居进行走访,了解彭老太太生前的一些情况。在邻居的印象里,彭老太太是一个随和的老太太,大家从没有听说她和谁结过仇,凶手杀人的动机到底是什么呢?居民楼的门卫举报,事发当天,他曾经看到有一个女生伸出头来张望。警方判断这个女生有重大嫌疑。很快,刑侦人员从潘翔华那里了解到了一个新的情况。潘翔华说,他的外甥女许诺平时很少到他家来,但是就在他母亲出事的前两天,许诺突然跑到他家借钱。由于当时许诺不肯说明借钱的用途,他就没有把钱借给许诺。但就在临走的时候,许诺问起了她外婆的住处。根据门卫提供的线索,再加上潘翔华所说的情况,警方觉得许诺有重大嫌疑。于是警方立即赶到许诺家,但是许诺的父亲称,许诺已经有很多天没有回家了。彭老太太的儿子又说前不久彭老太太曾经怀疑许诺偷了自己的钱,为此双方的关系闹得非常僵。时间一晃就过去两年,2004年2月23日,警方接到线索,将许诺抓获。经过审讯,今年22岁的许诺承认是自己伙同男友和同学抢劫并杀害了她外婆的犯罪事实。警方很快将许诺的男友及其同学抓获。许诺的男友名叫高鹏,今年23岁,许诺的初中同学赵强,今年22岁。2002年10月16日晚上11:00多,三个人打车来到游戏机室附近。此时,大部分商铺都已经关门,路上行人很少。高鹏随手在路边捡了半块砖头,和赵强走进了游戏机室。大概一个小时后,其他打游戏的人陆续离开了游戏机室,最后只剩下高鹏和赵强两个人。高鹏和赵强用砖头猛打彭老太太的头部,并抢走一千多块钱。抢到钱后,高鹏和赵强拿了一块布,擦了一下地上的血迹,还有游戏机上的一些指纹,叫上许诺连夜坐车到了贵阳。当许诺听说外婆被打死时,心里面又难受又害怕。公安机关以涉嫌抢劫将许诺逮捕。许诺的男友和同学也因涉嫌抢劫罪和杀人罪被逮捕。

事发原由:为了打胎钱。许诺说,2002年10月的一天,她突然发现自己怀孕了,于是赶紧去找男友高鹏商量。两人决定去做人工流产。但做人流需要一笔钱,而当时两人都没有工作,平时的零花钱还是家里给的。于是,高鹏就带着许诺四处向朋友借钱,但没有借到。高鹏的父亲是一家工厂的普通工人,母亲失业在家,家里还有一个在上小学的弟弟,每个月一家人仅靠父亲的一点工资维持生活,所以高鹏不敢、也不想向家里伸手要钱。日子一天天过去,许诺的肚子也一天天变大,这样的情形让许诺和高鹏的心里变得越发急躁。许诺想到自己的外婆,她一个人住,又是做生意的,手里肯定有钱。为了确保万无一失,高鹏和许诺又找来了他们俩的初中同学赵强帮忙。

破碎的家庭:记者找到许诺以前就读过的技工学校的班主任。在老师眼里,许诺是个活泼开朗的女孩子,很讨人喜欢,谁也不会把她和杀人犯联系在一起。然而在许诺家邻居眼里,许诺并不是一个开朗的女孩。平时遇见邻居也不打招呼,话也说得很少。许诺的舅舅潘翔华说出原因。原来,许诺的母亲在许诺7岁的时候就去世了,之后不久,许诺的父亲就给许诺找了个继母。但由于许诺和继母相处得不太融洽,再加上她父亲忙于工作,也没有时间管她。慢慢地,许诺就起了变化,平时也不怎么回家了。在读技校的时候,许诺开始和同学高鹏谈起了恋爱,不久两人便住在了一起。许诺说,在技校毕业以后,她没有告诉任何人就偷偷和男友高鹏到了贵阳,租了一间平房生活在了一起。或许是由于太年轻,对很多问题没有太多的考虑,最终种下了一枚难咽的苦果。而正是由于这枚苦果,才酿成了如今这样一个无法挽回的局面。

按照犯罪化学反应方程式,可以对许诺实施犯罪行为进行解释:(1)"带菌个体":许诺由于家庭的原因(缺损家庭),形成犯罪人格,成为"带菌个体"(潜在犯罪人)。(2)"致罪因素":由于经济政策方面和社会政策方面的失误,一方面,许诺急需钱财(去做人流),但不能通过正当渠道解决;另一方面,由于社会对年轻人性教育政策失误,使得许诺怀孕。"带菌个体"许诺在"致罪因素"的作用下,产生犯罪动机(财产犯罪),从潜在犯罪人转化为危险犯罪人。(3)"催化剂":被害人(外婆)年老,网吧缺乏安全管理。危险犯罪人许诺(与其同伙)在"网吧缺乏安全管理,在外婆年老缺乏防范能力以及夜晚"等"催化剂"催化作用下,最终实施抢劫犯罪,成为现实犯罪人。可以说,在本案中,许诺实施犯罪有一定的必然性:"带菌个体"与"致罪因素"相互作用,遇到相应的"催化剂"的催化作用,必然会发生"化学反应",最终生成犯罪。

第五章 犯罪化学反应方程式各要素间的作用方式

五、犯罪微观生成实证分析二：
广东"砍手党"犯罪之生成

近些年来，广东"砍手党"以极其残忍的方法实施抢劫犯罪行为，给社会治安带来了严重危害，引起了强烈的社会反响。本部分以两份关于广东"砍手党"成员的背景报道为分析材料，利用犯罪化学反应方程式理论解析"砍手党"犯罪行为之生成。

材料1：

2005年1月20日《南方都市报》刊登《为什么到广东几年就变坏，深圳"砍手党"家乡调查》一文，对"砍手党"成员的背景情况作了全面调查，文章主要内容如下：

"砍手党"故乡：广西天等县上映乡温江村

"砍手党"来自同一个地方——广西天等县上映乡温江村。深圳民间称他们为"砍手党"，广西天等县人称他们为"上映帮"。"上映帮"的成员又基本来自同一个村庄——上映乡温江村。温江村，深圳向西略偏北一千余公里处，距天等县城四十公里，距中越边境三十余公里。据不完全统计，仅在2004年就已经有四十余名温江村青年落入了深圳、东莞、佛山、汕头、云浮等地的警方手中。但熟知"上映帮"的知情者称，目前在广东以抢劫为生的温江村年轻人远不止这个数，而是多达上百人。"砍手党"成员许国亮被抓后交代得更为干脆利索："我们村（来广东）的男孩子基本都在外边抢东西。"温江村的知情者透露，目前温江村在广东正经打工的年轻人只剩下三四十人，如果他们失业，也很有可能被"上映帮"吸纳进去。

温江村的"匪帮教父"

远在广西的一个小村庄因何成了劫匪的故乡？一切要从一个叫赵民显的人谈起。根据天等县警方的了解，赵民显算得上是温江村的"匪帮教父"，他于2004年被判处无期徒刑，之前他所率的"上映帮"曾与深圳宝安警方发生过数次枪战。警方推测，"上映帮"的枪极有可能是从相距不远的越南那边贩运过来的。上映派出所一位负责人认为:"赵民显给到广东打工的温江村年轻人开了个坏头,后来温江村年轻人抢劫成风,是他开的路。"2002年,赵民显已蜕变为深圳市公明镇有名的"悍匪"了,数次和警察发生枪战。上映派出所介绍,赵民显在2001年左右开始慢慢拉一些温江村年轻人下水,到了2002年前后,他已经是初具气候的"上映帮"老大。不但抢劫,还在公明、松岗一带的长途汽车站收保护费,并数次在和其他黑帮的争斗中死里逃生。但他终于没有逃过牢狱之罚,2003年4月被广东警方抓获,2004年被判无期徒刑。

他们在家都是好人

许国亮生活的这个温江村普遍贫困,实际人均年收入才四百元左右。地理位置也"很山",从县城到村里虽然只有四十公里路,却要花两个多小时的车程。整个温江村坐落在狭长的山谷中,有十个屯,共六百余户人家,三千多人。从山上流下来经过村前田地的一条小溪叫"温江",这也是温江村名字的由来。这条小溪流到村中心的地方积成了一口小池。这口小池是温江村砖厂挖砖泥挖出来的。这个砖厂是远近村庄唯一的"工业"。

砖厂旁边,是温江村小学,这些后来被称为"悍匪"的人都曾在这个小学读书。这个小学的两层教学楼是依赖1997年世行的扶贫基金建起来的。此前包括许国亮在读时,教室都设在快要坍塌的土垒危房中。旁边的八个教师宿舍至今破旧。张有勋校长介绍这是十年前老师们自己做水泥砖建起来的。门破旧不堪,屋内阴暗潮湿,每间宿舍才十余平方米,同时兼做办公室和食堂。十余名小学老师中,几名代课老师每月工资223元,一般有事业编制的老师工资在500元左右。只有张校长的工资最高,因为他已经是有数十年教龄的高级教师,所以有约900元左右的工资。回忆起赵民显、许国亮、许国定、黄海清等在深圳或被击毙、或被判刑、或被抓捕的温江年轻人,张有勋校长很沉重:"他们读书时和其他小孩没什么区别,长大了后在家里也都是很老实的人,不知道为什么到了那里(指广东)就变坏了。"张有勋认为他们最大的共同点是"家里穷,上不起学,很多人小学都没读完就出去打工了","学历低,找不到好工作,又要吃饭,这可能成为他们走上犯罪道路的原因"。事实上,上映乡派出所提供的2004年"犯事"的20名温江村年轻人的学历显示,几乎没有人上过初中,大多数人只读到小学三四年级,赵民显、

第五章 犯罪化学反应方程式各要素间的作用方式

许国亮、许国定、黄海清的学历都在小学四年级以下。

走在温江村,这里的村民最常用的问候语是"吃了没有",如果说"还没吃",那么他家里不管多贫困,也一定会被请吃一顿。村中至今有着路不拾遗、夜不闭户的乡风,村民家的房门基本上都是随意开着的。一个叫黄彩妹的12岁小女孩因为家中很穷出不起路费,所以从没去过县城,记者知道后给了她几元钱路费。结果她60多岁的奶奶知道后,马上从所住的屯里走了半个小时的路把钱送到村支书冯成金手上,说"咱穷人也不能随便拿别人东西"。后来冯成金反复解释,她才含着泪收下。与此相关联的是,这个村2004年在广东"犯事"的四十余年轻人中,只有一名叫黄海清的25岁年轻人曾在上映乡派出所有过案底——盗窃摩托车。而其他人,不管在他们的村人眼中,还是当地政府眼中,都曾经是"老实人,良民"。温江村在2004年没有一宗刑事案子,整个上映乡在2004年只有不到十宗的刑事案子,整个人口四十余万的天等县,2004年全年才299宗刑事案子。天等县自2000年来,连年被评为广西或崇左市的社会综合治理模范县。

打工累,不如混个黑社会

从广东东莞打工回村休息的阿星,给记者念了一句在外出打工的温江村年轻人中流传的顺口溜:"打工苦,打工累,不如混个黑社会;又有钱,又有势,晚上抱着美女睡。"阿星面相棱角分明,但脸色蜡黄,带着一种20岁的年轻人不该有的沧桑和疲惫。他和许国亮、许国定、黄海清等"犯事"的同村们是从小玩到大的好朋友,但没有像他们那样去"混黑社会",而是做了一名辛苦的打工者。从15岁到19岁,阿星一直在东莞一家工厂的重复劳作中度过,每天工作时间超过12个小时。"除了春节可以休息六七天外,整年只能休息一两天。但即便这样,一个月的工资也只有三百多元。"对此,他有点难为情:"每年过春节,我都没钱给爷爷奶奶送礼物,觉得很没面子,活得很窝囊。"

每说一句话,阿星几乎都要咳嗽一次。"厂里的工作太累,永远觉得睡不够。所以身体被搞坏了",他解释。"这次能这么早回村,就是因为身体扛不住了才被准假。"和他一同回家的另一名同村人则是因为在打工时吐了血——"他用嘴给机器的油管吸油,结果被机油呛伤了肺,又没钱医,只能先回来休养一下。"阿星介绍。阿星所在的那个厂,有十五六个温江村人,平时除了每天 12 小时以上的工作就是睡觉,"连打牌的时间都没有。如果想喝酒,也是和老乡在一起吃饭时喝点啤酒"。他最大的梦想是能找到一份只要八小时的工作,"工资能有 500 元就满足了,可惜自己文化低,太难找了"。正因为这样,他认为自己很能理解许国亮为什么从工厂里出来,"因为这(工厂里)有点不像是人过的日子。他们原来都是好人,走上这条路是不得已。如果他们能找到份稍稍好点的工作,怎么愿意去走这种不归路呢"。在温江村一百多个抢劫者中,阿星只看到有一个人收住了手重新做人,"因为那样来钱太容易,有了第一次就想干第二次,一直到被抓去或者到被枪毙为止"。

阿星没法理解的是这些朋友们抢劫时的残忍手段:"和我在一起的时候,他们从来没有说过是怎样下手的,我也想不通他们怎么会那么狠。"但谈到对城市的看法时,阿星又想给这种残忍的产生作出一点解释,"其实在某种程度上,打工者都会比较看不惯一些不可一世的城里人,有时候很想找个机会报复一下",阿星提到几年前自己因为没有暂住证被关被罚款的事、他的无辜朋友被保安员打残的事、还有城里人在他的年龄可以读书而他必须每天 12 小时呆在工厂的事,"有时会让人憋一肚子气"。尽管如此,他又说自己已经离不开城市了,"农村的生活不习惯,像我这种在城市里打了五六年工的年轻人,都不可能再习惯农村的生活"。不过,阿星说:"如果有一天,工厂把我辞了,或者工厂倒闭了,我又找不到工作,甚至连回家的钱也没有,我就只有跟着他们去抢。"①

材料 2:

天涯社区②的一名网友文章:《我来自砍手党的家乡》。该文主要内容是:

野蛮愚昧 + 落后无知 = "砍手党"发源的根源所在

温江人,在我们广西天等县上映乡可以说是野蛮的代名词!在我们上

---

① 笔者注:2005 年 7 月 8 日晚 9 时许,阿星把主管给杀了。据阿星说,他杀的是他打工工厂——潮阳市峡山镇南里村一家织袋厂的主管。因为老乡家摆满月酒,他喝多了旷了一天工,被主管开除了,又扣了他的工资(打工四个月挣了 2000 多元,可是工厂只发给他 600 元)。8 日晚上 9 时许,他在宿舍收拾衣服准备离开,主管来了,骂了很难听的话。一气之下,他接连操起宿舍里的四把刀,分别砍在了主管的脖子上。杀死主管后,他搜走了主管身上的 400 元现金。http://news.qq.com/a/20050711/001293.html。

② http://www.tianya.cn/publicforum/Content/news/1/70445.shtml。

第五章 犯罪化学反应方程式各要素间的作用方式

映乡,提到温江,人们自然而然地会想到温江人的所作所为,想到温江人的大刀、砂枪,想到与温江人有关的那些血淋淋的故事……温江人自古以来就有打群架的"传统美德",族与族之间、屯与屯之间经常会爆发血腥的故事,打架斗殴,拿刀砍人更是家常便饭。如果有哪一天,你碰到一个很和气的温江青年人,那才是怪事了。温江人总体来说还是很团结的,特别是在对外打架斗殴的过程中,温江人都能够团结全族乃至全村的人一致对外,如果在村里有哪家不愿意合作的,他们便群起而攻之,用各种非法手段先处理好内部的问题,比如:扒田埂、砍庄稼甚至用石头砸那家房上的瓦片……打架的时候,他们通常是青壮年的拿着武器冲在前面,年老的、妇女就各自组成担架队,抬着箩筐去救下挂彩的伤员……这时候如果有谁不幸受伤或者被执法机关抓住了,他们全村人都会按人头捐款,去救治伤员,或者派出代表到上级走关系把被抓的人解救出来。很小的时候,我就在大人的聊天中听说过温江人的砍马刀、铁尺。印象中的温江人总是那么的凶狠,直到后来参加工作了,接触过的温江男学生没有哪个能给我留下美好的印象,记住的还是他们带到学校来的那一把比一把长的砍马刀,以及那些在他们看来习以为常的口头禅:"砍死你!"

教育滞后 + 读书无用论 = "砍手党"法律观念的淡薄

教育滞后,这个在全国农村最普遍的问题,也许是记者用来解释"砍手党"成因的最好的托词。在我们上映乡,农村的基础教育也许不会是全国最落后的地区,但是却成为"砍手党"滋生的最有力的证明,这不得不说明记者采访的片面性。其实,读书无用论的思想,在温江以至整个上映乡,都是普遍存在的。上映乡的教育现状主要表现如下:每一年春季学期,上映中学都会有好多学生因为各种各样的因素失学,一部分是家中确实没有钱再继续读下去,一部分是跟亲人去广东打工,还有一部分是受到读书无用论的影响。在这方面,有钱的人不给读书,想读书的人没有钱读,虽然每年都会有一些好心人捐资助学,但是对于贫困的上映乡人来说那毕竟是杯水车薪。因为不读书,因为没有文化知识,因为不知道法律的界限,生性野蛮的温江人就这样在他们的势力范围内成为雄霸一方的地主。没有谁敢惹,没有哪个敢说,"出门不带四两铁就不算男子汉"是他们的口头禅,平时出门,他们青年人必随身携带砍马刀、砂枪,一旦发现情况就会一拥而上,抽出身上的刀直至把对方砍到动弹不得。按照他们打人的惯例,打人必须打残,这样对方以后就没有办法报仇了。同样是教育落后、知识缺乏的上映乡其他村的农民,为什么他们就不沦落为"砍手党"呢?

不思上进+追求享乐="砍手党"形成的意识前提

常常听到去广东打工回来的温江人这样说:"我们去广东都不用进工厂打工,白天睡觉,晚上出来玩的时候就可以找到钱了。"听他们说,城里人特别怕死,一把刀架到对方的脖子上,都不用说什么话,他就乖乖地把身上所有的钱都掏出来了,有时候运气好一个晚上可以弄到成千上万块钱,这总比进工厂打工的好,进工厂一个月才那么几百元,都不够一个晚上的花销。

好多温江人本来是在家挖矿的,后来听到去广东可以不用干活,又可以挣到大钱,出门有车开,去玩有美女陪,生活好过当干部。好多人就这样上了贼船,成为了"砍手党"的一员。他们开的车都不用去买,因为那都是抢来的,而且相隔几天就换新车,好车,平时出门看到有哪辆车比他们开的车好,他们就尽量想办法制造事端,让对方的车碰上自己的车子,然后就叫那个倒霉鬼把那辆车"赔"给他们。正是由于享乐思想占据了他们的整个意识形态,成为他们生活追求的最终目的,再加上温江人特有的凶残本性,才使他们走上了这条不归路。

治安混乱+帮会习气="砍手党"存在的社会背景

因为温江人本来就有打群架的传统,在多年的打架斗殴中形成了一个比较稳定的群体。到深圳这个刚刚兴起的城市,经过各种风气的交汇融合,形成了他们自己的管理体系。

他们以深圳市公明镇为主要活动基地,以抢劫作为经济的主要来源,在深圳市所辖的那几个乡镇都有他们的人员到汽车站、收费站收保护费。2004年3月,我因事去广东深圳,在松岗等车回天等时,有幸见到他们中的一个成员到车站收保护费,看到司机们陪着笑脸小心翼翼地把钱递给那个人的时候,我还不知道是怎么回事,过后才知道他就是来收保护费的温江人。曾经有一年,天等的长途客车都没有去广东,据说就是温江人太厉害了,霸占着车站收费太高,后来天等的客车司机就拉了几车人下去和温江人大干了一场,弄得两败俱伤。深圳市的社会治安不可以说不好,但是那些小

第五章　犯罪化学反应方程式各要素间的作用方式

镇的社会治安却是非常混乱,车子像疯了一样到处乱飞,联防队员抓人根本不管你是好人还是坏人,小偷小摸那不过是小孩子干的事,抢个人、杀个人那都不能算是什么新闻。在这样的社会背景下,外地到深圳谋生的人如果没有一定的势力就无法站住脚,这就促成了温江人结成帮派,于是,"砍手党"便应运而生了。

靠近越南+亲人纵容="砍手党"躲避追捕的捷径

上映乡温江村,地处广西西南地区,距天等县城40公里,离中越边境仅30余公里。因为靠近越南,我们边民和越南边民所说的土语又是非常的相近,还有好多人和越南边民沾亲带故,往返越南一般都不用办理什么出入境手续,就像去娘家一样容易。这样一个特殊的地域环境,给犯罪分子提供了很多外逃的便利条件,我们这里经常有一些在境内犯事的不法分子,跑到境外躲避公安干警的追捕。因为他们在境外有亲人和朋友的庇护,出境后被抓获的几率几乎等于零。

虽然上述两份材料对"砍手党"成员背景的论述有些出入,但我们可以得出如下一些共性的内容：

第一,"砍手党"成员都没有接受过良好教育。几乎没有人上过初中,大多数人只读到小学三四年级。导致此种后果的原因主要是：一是家庭困难,无钱上学；二是受读书无用论影响,不愿上学。

第二,"砍手党"成员经济地位低下,家庭贫困。即使在广东打工,也是微薄的收入。贫困的原因主要是：一是温江村是个"山不长树,地不长粮"的地方；二是由于没有学历,即使外出打工,也要么是低收入,要么找不到工作。

第三,"砍手党"成员有着强悍的山民性格。这主要表现在两个方面：一是温江人自古以来就有打群架的"传统美德",族与族之间、屯与屯之间经常会爆发血腥的故事,打架斗殴、拿刀砍人更是家常便饭；二是温江人总体来说还是很团结的,"特别是在对外打架斗殴的过程中,温江人都能够团结全族乃至全村的人一致对外,如果在村里有哪家不愿意合作的,他们便群起而攻之,用各种非法手段先处理好内部的问题,比如：扒田埂、砍庄稼甚至用石头砸那家房上的瓦片……打架的时候,他们通常是青壮年的拿着武器冲在前面,年老的,妇女的就各自组成担架队,抬着箩筐去救下挂彩的伤员……这时候如果有谁不幸受伤或者被执法机关抓住了,他们全村人都会按人头捐款,去救治伤员,或者派出代表到上级去走关系把被抓的人解救出来。"

第四,"砍手党"成员对城里人持有一种仇恨感。"其实在某种程度上,打工者都会比较看不惯一些不可一世的城里人,有时候很想找个机会报复一下",正如材料中受访对象阿星提到几年前自己因为没有暂住证被关被罚款的事、他的无辜朋友被保安员打残的事、还有城里人在他的年龄可以读书而他必须每天12小时呆在工厂的事,就觉得"有时会让人憋一肚子气"。

第五,社会对"砍手党"成员控制弱化。这主要表现在两个方面:一是主要活动场所(深圳市公明镇)地处城乡结合部,社会治安较为混乱,政府管理难以到位;二是"砍手党"成员远离家乡,缺乏家庭的管教。

可以说,上述每一项因素,缺乏教育、贫困、性格、仇恨、控制弱化等都是促成"砍手党"成员实施犯罪的因素,但是,仅就单一因素而言,并不能解析"砍手党"成员实施犯罪的原因,因为缺乏教育的流动人口很多,为什么绝大多数没有实施犯罪?贫困的流动人口也很多,为什么绝大多数都没有实施犯罪?仇恨城里人的流动人口很多,为什么绝大多数都没有实施犯罪?可见,仅从单一角度分析,并不能科学地解析"砍手党"成员实施犯罪的原因。

根据犯罪化学反应方程式理论,犯罪生成是多因素相互作用的结果。"砍手党"成员实施犯罪行为也是这样。

第一,"带菌个体"。一方面,"砍手党"成员有着强悍的山民性格,自古以来就有打群架的"传统美德",这表明他们具有实施暴力行为的犯罪人格。另一方面,由于家庭、学校教育方面的缺失,"砍手党"成员实施暴力行为的倾向性进一步加剧。另外,这些"砍手党"成员纠合在一起的时候,形成犯罪亚文化群体,以实施暴力犯罪为荣,信仰"打工苦、打工累、不如混个黑社会,又有钱、又有势、晚上抱着美女睡"等不劳而获的享乐主义世界观。总之,"砍手党"成员有着较深的犯罪倾向性,犯罪人格级别高,犯罪危险性大。

当然,"砍手党"成员具有较高级别的犯罪人格,这只表明他们具备了实施暴力犯罪的主体条件,并不意味着他们必然会实施犯罪。除了"带菌个体"因素外,还必须具备"致罪因素"和"催化剂"因素,才可能实施犯罪。实际上,由于不具备相关的"致罪因素"和"催化剂"因素,众多的具有"砍手

第五章 犯罪化学反应方程式各要素间的作用方式

党"成员犯罪人格的温江人并没有实施犯罪。

第二,"致罪因素"。这主要是经济政策失误。经济政策失误表现为失业、贫穷、分配不公等方面。对"砍手党"成员而言,他们离开家乡来到城市后,由于贫穷,由于找不到工作,产生严重的被剥削感,从而"致罪因素"形成。关于"致罪因素"形成方面内容,还可以参阅第三章"致罪因素"经济政策失误的一个实证分析部分对流动人口财产犯罪与暴力犯罪所作的分析。

第三,"催化剂"。社会控制弱化因素是"砍手党"成员实施犯罪的最为重要的"催化剂"因素。这主要表现在以下几方面:一是主要活动场所(深圳市公明镇)地处城乡结合部,社会治安较为混乱,政府管理难以到位。二是上映乡温江村,地处广西西南地区,靠近越南,往返越南非常容易。这样一个特殊的地域环境,给犯罪分子提供了很多外逃的便利条件。三是"砍手党"成员远离家乡,缺乏家庭的管教。

按照犯罪化学反应方程式公式:由于有着强悍的山民性格,加上教育方面的失误,"砍手党"成员形成了级别较严重的犯罪人格,是"带菌个体",他们都是实施暴力犯罪的潜在犯罪人;"砍手党"成员在遇到"致罪因素"情况下(经济政策失误导致的贫穷、失业等),形成犯罪动机,成为危险犯罪人;一旦遇到"催化剂"作用(社会控制弱化),就必然会实施暴力犯罪。在此意义上说,"砍手党"成员实施暴力犯罪具有历史的必然性。

"砍手党"犯罪之生成的犯罪化学反应方程式理论分析有着重要的刑事政策意义:

第一,教育失误、贫穷等并不意味着"砍手党"成员必然会实施暴力犯罪。把"砍手党"犯罪之成因仅归咎于教育失误、贫穷因素是不科学的。

第二,控制"带菌个体"、"致罪因素"及"催化剂"因素中的任何一个因素都可以预防"砍手党"犯罪行为之形成。

第三,从经济学考虑,控制"带菌个体",也即改变"砍手党"成员的强悍的山民性格不仅成本太高,也几乎不可能,正所谓"江山易改,本性难移"。但我们可以加强学校教育(特别是德育),以降低"带菌个体"的级别,减轻"砍手党"成员的犯罪倾向性,这不仅是可行的,而且成本也不太高。

第四,控制"致罪因素"是一项长期工程,是预防"砍手党"犯罪的最为重要的社会条件。因此,完善社会经济政策,解决贫困问题、失业问题,以及由此引发的分配不公问题,是预防"砍手党"犯罪的根本所在,是"治本"之举措。然而,完善社会经济政策,并非一日之功,而是一项长期的系统的工程,人类发展到今天,尚不能完全解决贫困问题、失业问题,以及由此引发的分配不公问题,控制"致罪因素"道路漫长。

　　第五,控制"催化剂"因素,是预防"砍手党"成员实施暴力犯罪的最切实际的和最为有效的手段。加强社会控制力度,特别是加强硬控制,即加强社会治安管理、提高刑罚的必定性,是预防"砍手党"犯罪的最为有效的手段。但是,该手段也有不足之处,即只能"治标"而不能"治本",而且成本大(加强社会控制力度必须投入大量的社会资源特别是司法资源)。

下 篇

犯罪宏观生成模式
——犯罪饱和性生成模式

犯罪是不可避免的,但犯罪生成却不是无限制的。在一定的社会条件下,犯罪量(这里用犯罪率表示)是有限制的,它不可能高不封顶(无穷大),也不可能低至没有(零犯罪率)。在一定的社会条件下,犯罪率总是会围绕着理想犯罪率,在最高犯罪率和最低犯罪率之间波动,处于一种相对"饱和状态"(饱和犯罪率状态)。这就是犯罪饱和性生成模式,即犯罪宏观生成模式。

第六章 犯罪饱和性生成模式导论

任何社会都不可避免地存在犯罪,对于如何看待一定社会中的犯罪现象,笔者通过最低犯罪率、最高犯罪率、理想犯罪率及饱和犯罪率的假设,提出了犯罪饱和性生成模式理论,也即犯罪宏观生成模式理论。

一、基 本 观 点

犯罪是不可避免的,但犯罪生成却不是无限制的。在一定的社会条件下,犯罪量(这里用犯罪率[①]表示)是有限制的,它不可能高不封顶(无穷大),也不可能低至没有(零犯罪率)。在一定的社会条件下,犯罪率总是会围绕着理想犯罪率,在最高犯罪率和最低犯罪率之间波动,处于一种相对"饱和状态"(饱和犯罪率状态),这就是犯罪饱和性生成模式,也即犯罪宏观生成模式。

1. 双重容忍度:社会只能容纳一定量的犯罪率(最高犯罪率)

在一定的社会条件下,社会只能容纳一定量的犯罪率(饱和犯罪率),犯罪率有一个最高值(最高犯罪率)。之所以出现最高犯罪率,是由双重容忍度决定的。所谓双重容忍度,指的是公众对犯罪的容忍程度和政府对犯罪的容忍程度。在对待犯罪问题上,公众和政府的态度是不完全一样的,对公众而言,犯罪率越低越好;对政府而言,虽然其主观上希望出现一个低犯罪

---

① 犯罪率是犯罪统计中的强度(或密度)的相对指标之一,是指一定时空范围内的犯罪人数或刑事案件数与该时空范围内的人口总数对比而计算的比率,通常用百分比或十万分比表示。犯罪率是用来表示犯罪量的最通用方法。理论界也有学者提出"犯罪当量"概念,指的是犯罪统计部门为了认识和比较犯罪严重程度,通过一系列的定量分析方法,用数表示一定时空范围内实际发生的犯罪的社会危害性的等级、规模、程度等量的规定性;认为"犯罪当量可以取代犯罪案件数或犯罪人数,并用一定时间、地点可能犯罪的人数代替人口总数来计算犯罪率,对不同时空条件下的犯罪进行定量的、直观的比较,可以相应地制订、修正或调整预防、控制犯罪的具体措施,为刑事法律的修改完善和刑事司法活动的精确化奠定基础,是推进犯罪原因和犯罪预测研究的重要途径"。刘广三:《论犯罪当量》,载《法学研究》1994年第1期。

率的"太平盛世",但实际上,由于犯罪的不可避免性和预防犯罪的成本性,使得政府又不得不理性地对待犯罪率,出于统治需要,政府会权衡各方面的利益,而容忍犯罪率在一定的范围内存在(肯定不是最低犯罪率)。

如果公众对犯罪的容忍度不足以影响政府的统治,政府不会过多地理会公众对犯罪的态度。但是,当公众对犯罪已经是忍无可忍,或者政府已经感觉到犯罪的大量存在已经威胁到统治的安全,在这两种情况下,出于公众舆论压力或者统治安全需要,政府就会尽最大努力控制犯罪率,这时候的犯罪率就是最高犯罪率,即此种社会条件只能容忍这么多的犯罪率,犯罪已经达到饱和状态。

2. 理想犯罪率:犯罪存在的最佳方式

既然犯罪是不可避免的,那么,在一定的社会条件下,以多大的犯罪率(或称多大的犯罪量)存在为最佳就是理想犯罪率。理想犯罪率是一个较为抽象的概念,其比率的大小也是随着社会条件的变化而变化的。一般来说,理想犯罪率划定要考察以下几项指标:一是容忍度指标:理想犯罪率必须在公众与政府的容忍范围内;二是价值指标:理想犯罪率必须考虑到社会秩序保护与个人权利保障价值间的协调;三是经济指标:理想犯罪率必须反映经济性原则,也即国家控制犯罪率的效益大于控制犯罪率成本投入。

在实际社会中,犯罪率一般是很难停留在理想犯罪率状态的,正如前文"犯罪微观生成模式"所论及的,导致犯罪发生的因素是多元的,这种多元的因素一直处于变动之中,因而一定社会条件下的实际犯罪率(也即饱和犯罪率)也会处在不断变动之中,即围绕着理想犯罪率作上下波动。当犯罪率波动到理想犯罪率以下(接近最低犯罪率)时,国家就可能减少对犯罪的打击预防力度,犯罪率则会在一定程度上上升;当实际犯罪率高于理想犯罪率时,国家就会逐渐加大预防犯罪力度;当实际犯罪率到达最高犯罪率时,国家就会尽最大努力(包括"严打"手段)把犯罪率压下来。

3. 最低犯罪率:犯罪不可避免之结果

由于犯罪的不可避免性,就意味着任何社会条件下都至少会存在着一定量的犯罪(最低犯罪率)。最低犯罪率的比率也应视社会条件的不同而不同,社会追求的是理想犯罪率,而非最低犯罪率,处于最低犯罪率状态的社会未必是最佳的社会。

第六章 犯罪饱和性生成模式导论

4. 饱和犯罪率：一定社会条件下的正常犯罪率

按照犯罪饱和性生成模式，在一定的社会条件下，犯罪率总是会围绕着理想犯罪率，在最高犯罪率和最低犯罪率之间波动，处于一种相对"饱和状态"，笔者把处于"饱和状态"下的犯罪率称为饱和犯罪率。对一定社会来说，饱和犯罪率是正常犯罪率。

根据犯罪化学反应方程式，影响犯罪生成的因素很多，包括"带菌个体"、"致罪因素"及"催化剂"因素等，很显然，在一定的社会条件下，饱和犯罪率的生成也受这些因素的影响。一般来说，随着社会的发展，人口逐渐增多，这就意味着"带菌个体"的数量也在不断增多，而且随着社会的发展，社会矛盾将不断增加，经济政治方面的问题日益突出，从而导致"致罪因素"增加，因而从整体上说，随着社会的发展，饱和犯罪率将呈上升趋势。再者，随着社会的发展变化，社会对犯罪行为的态度（社会反应）也在发生变化，这就影响到饱和犯罪率构成要素（隐形饱和犯罪率与显形饱和犯罪率）的变化，社会对犯罪的反应强烈，显形饱和犯罪率高，隐形饱和犯罪率低；反之，则显形饱和犯罪率低，隐形饱和犯罪率高。

5. 结论

可以通过下图（图 6.1）归纳犯罪饱和性生成模式：

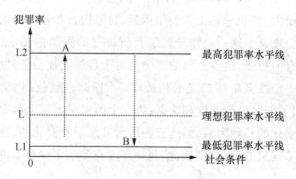

图 6.1 犯罪饱和性生成模式

（说明：L—理想犯罪率水平线；L1—最低犯罪率水平线；L2—最高犯罪率水平线；A—最高犯罪率；B—最低犯罪率）

结合上图，笔者把犯罪饱和性生成模式归纳为：

在任何社会条件下，都存在一定量的犯罪率，犯罪率总是围绕着理想犯罪率水平线（L）作上下波动，当犯罪率到达最低犯罪率水平线（L1）上的 B

点(最低犯罪率)时,政府会减少对犯罪的打击、预防力度,导致犯罪率的自然上升;当犯罪率超过理想犯罪率到达最高犯罪率(L2)水平线上的 A 点(最高犯罪率)时,已超过政府、公众的容忍程度,政府会采取手段把犯罪率压到最高犯罪率水平线以下。如此往复,犯罪处于饱和状态(饱和犯罪率状态)。

二、相 关 理 论

对于犯罪饱和性的研究,最著名的当属意大利著名犯罪学家恩里科·菲利的"犯罪饱和法则"(law of criminal saturation)。"犯罪饱和法则"一经提出,就引起刑法理论界的特别重视。[①]

1. "犯罪饱和法则"内容

"犯罪饱和法则"是菲利在犯罪原因分析的基础上得出的一个重要的结论。通过对犯罪统计资料的研究,菲利认为,导致犯罪的因素有三种:人类学因素(个人因素)、自然因素和社会因素。[②] 任何一种犯罪乃至整个社会的犯罪现象都是上述三种因素相互作用的结果。不过在不同犯罪中,各种因素起作用的程度和方式有很大不同。但总的来说,社会因素在三种因素中起的作用较大。"犯罪是由人类学因素、自然因素和社会因素相互作用而成的一种社会现象。这一规律导致了我所讲过的犯罪饱和论,即每一个社会都有其应有的犯罪,这些犯罪的产生是由于自然及社会条件引起的,其质和量是与每一个社会集体的发展相适应。"[③]据此,菲利在化学饱和定律的启发下,提出了著名的犯罪饱和法则:每一个国家在客观上都存在上述促使犯罪发生和变化的三种因素,但这三种因素又是不断变化的,这些因素的变化引起了犯罪现象的变化。"因此,每一年度犯罪的多少显然都是由不同的

---

① 参见甘雨沛、何鹏:《外国刑法学》,北京大学出版社1984年版,第120页。
② 犯罪人类学因素包括罪犯的生理状况、心理状况和个人状况,如器官异常、智力异常、种族等;犯罪的自然因素是指气候、土壤状况、昼夜的相对长度、四季、平均温度和气象情况及农业状况;犯罪的社会因素包括人口密度、公共舆论、公共态度、宗教、家庭情况、教育制度、工业状况、酗酒情况、经济和政治状况、公共管理、司法警察、一般立法情况、民事和刑事法律制度等。参见〔意〕恩里科·菲利:《犯罪社会学》,郭建安译,中国人民公安大学出版社1990年版,第41—42页。
③ 〔意〕恩里科·菲利:《实证派犯罪学》,郭建安译,中国政法大学出版社1987年版,第43页。

自然和社会环境,按照犯罪饱和法则,与行为人的遗传倾向和偶然冲动相结合而决定的。就像我们发现一定数量的水在一定的温度之下就溶解为一定数量的化学物质但并非原子的增长一样,在一定的自然和社会环境下,我们会发现一定数量的犯罪。"①

犯罪饱和法则的典型表现有两种:②(1)犯罪的周期性波动。菲利认为,随着自然条件和社会环境的变化,犯罪往往表现出下列波动模式:当一类犯罪上升时,另一类犯罪就下降;当与人身、财产等犯罪有关的因素产生急剧变动时,该类犯罪也会产生大幅度波动。在这种情况下,就会产生短暂的"犯罪过度饱和"现象。(2)犯罪的周期性增长。尽管犯罪呈现出周期性波动,但是在大多数国家,由于自然条件特别是由于社会环境的发展和变化,犯罪率趋于上升,从而表现出周期性增长的趋势。这种犯罪的增长在一定程度上是由于出生率增长和移民入境模式的变化引起的。

尽管菲利主张"犯罪饱和法则",但他认为,犯罪也并非像宿命论者预言的那样,是"人类不可改变的命运"。大部分犯罪是可以预防和控制的,其中有一部分主要由于人类学因素——行为人生理和心理方面的原因而导致的犯罪仍将存在。菲利指出:"艾米莉特的古格言是可以坚信的:'犯罪也有年终平衡,其增多与减少比国民经济的收支还带有规律性。'但是,我们实证主义者并不对此进行或多或少的宿命论的解释,因为我们已经证明,尽管我们依据仅有的方案所进行的减少和消灭犯罪的工作开始是徒劳无益的,但犯罪也绝不是我们不可改变的命运。事实上,犯罪的差额是由物质条件和社会条件决定的。通过改变最易改变的社会环境,立法者可以改变自然环境及人的生理和心理状况的影响,控制很大一部分犯罪,并减少相当一部分犯罪。我们深信,一个真正文明的立法者,可以不过多地依赖刑法典,而通过社会生活和立法中潜在的救治措施来减少犯罪的祸患。"③"我从未相信在最近或不远的将来人类能够消灭全部犯罪。甚至于在以彻底消灭改变建立在友谊及社会正义基础之上的未来社会为目标的社会主义社会中,也不能

---

① 〔意〕恩里科·菲利:《犯罪社会学》,郭建安译,中国人民公安大学出版社1990年版,第56页。
② 参见吴宗宪:《西方犯罪学》,法律出版社1999年版,第164—165页。
③ 〔意〕恩里科·菲利:《实证派犯罪学》,郭建安译,中国政法大学出版社1987年版,第43页。

自己天真地绝对深信犯罪、精神病及自杀的某种特有形式将会消失,除了由于创伤及自然等因素的影响而产生的、少见的偶发形式之外,其他任何形式的犯罪、精神病及自杀都将完全消失。"①

2. 简要评价

犯罪饱和法则是人类犯罪学史上的重要成果,从菲利的睿智中,我们至少可以得到以下启示:第一,承认犯罪的不可避免性是我们认识犯罪现象的起点,更是犯罪学研究的起点。"假定犯罪现象可以避免,那么就意味着犯罪是一种社会的偶然现象。反之,认为犯罪现象不可避免,这就承认犯罪是一种正常现象(虽然是有害现象),犹如地震、风暴、洪涝灾害是自然界的必然现象。"②只有承认犯罪的不可避免性,才能制定出科学的犯罪预防对策,才不会陷入幼稚的"消灭犯罪"的论调之中。第二,犯罪的饱和法则告诉我们,"不要指望会有一个绝对无犯罪的'太平盛世',也无须恐惧犯罪浪潮会铺天盖地而来摧毁这个社会;既不应奢望刑罚等手段全然有效,因为倘若全然有效就不会有犯罪的发生,而事实上犯罪一直存在且仍将存在下去,也不必哀叹刑罚等手段全然无效,因为倘若全然无效,则社会早因犯罪而解体了"③。

然而,菲利的犯罪饱和法则也存有不足:其一,菲利只是抽象地提出了犯罪发生的三大原因,至于这些原因在犯罪产生过程中所处地位如何,这些原因又是如何相互作用才导致犯罪发生的,并没有论及;其二,对于犯罪饱和的过程如何形成、犯罪饱和量如何测算等,菲利也没有展开探讨。

三、本课题意义

一是理论意义:其一,可以丰富犯罪学理论研究。犯罪学理论多关注犯罪原因研究,而对犯罪现象的研究则不够重视,笔者提出犯罪饱和性生成模式理论,无疑对深化犯罪现象理论研究有着重要意义;其二,进一步深化犯罪饱和性理论研究。自菲利提出犯罪饱和法则理论后,其观点已被越来

---

① 〔意〕恩里科·菲利:《实证派犯罪学》,郭建安译,中国政法大学出版社1987年版,第56页。
② 储槐植、许章润等:《犯罪学》,法律出版社1997年版,第11页。
③ 同上书,第68页。

多的人赞同,然而如上文提及,犯罪饱和法则并没有揭示出犯罪饱和性的形成过程及犯罪饱和量测算等内容。犯罪饱和性生成模式理论关注了犯罪饱和性的生成过程,在某种程度上弥补了菲利犯罪饱和法则之不足。

二是实践意义:其一,使我们理性地看待犯罪现象。根据犯罪饱和性生成模式理论,我们可以发现,在任何社会犯罪都是不可避免的,犯罪有其存在的"最大量"(最高犯罪率)与"最低量"(最低犯罪率)。因而不要奢望会有一个绝对无犯罪的"真空社会",也无须恐惧这个社会会被犯罪浪潮所摧毁。其二,使我们在制订刑事政策的时候更加理智。既然犯罪是不可避免的,我们在制订刑事政策的时候,就应正确看待刑罚手段:既不要迷信刑罚是万能的,也不要彻底否定刑罚的功能。

第七章 最低犯罪率

一、最低犯罪率生成模式概述

由于犯罪是多种因素相互作用的结果,任何一个社会都不可能消除导致犯罪发生的因素,因而犯罪是不可避免的,也就是说,任何社会都存在一定量的犯罪,笔者把在一定社会条件下存在的犯罪的最低量称为最低犯罪率。最低犯罪率具有以下特点:第一,抽象性。最低犯罪率的抽象性,是指最低犯罪率只是一个理论上的预测,难以用精确的数字表示。之所以如此,主要是因为犯罪是一种社会现象,测量犯罪率的变数太多,不可能,也没有必要给出一个具体的最低犯罪率。第二,多因性。引发最低犯罪率发生的原因是多方面的,按照犯罪化学反应方程式,只要是影响该方程式发生作用的因素都可以是最低犯罪率生成的原因,其中既有个体自身的,也有社会的和自然的因素,但最主要的则是社会的因素。第三,历史性。这主要就纵向而言,指的是同一个国家在不同历史时期,具有不同的最低犯罪率。第四,区域性。这主要就横向而言,指的是在同一历史时期,由于社会条件的不同,不同国家或地区会存在不同的最低犯罪率。

二、最低犯罪率生成前提:犯罪不可避免性

犯罪不可避免性是解释任何社会条件下都存在一定量犯罪的原因,那么,犯罪不可避免性是如何生成的?笔者通过犯罪化学反应方程式予以解释。

在犯罪化学反应方程式中,"带菌个体"、"致罪因素"及"催化剂"是促使犯罪生成的三个因素,其中"带菌个体"和"致罪因素"是基本因素,"催化剂"则是辅助因素。在一个社会中,只要存在方程式中的三个因素,只要这三个因素之间发生作用,那么,该社会就必然会发生犯罪。在该社会中所存在的最少犯罪量就是最低犯罪率。方程式中的三个因素为何会在任何社会

都存在并发生作用？生成最低犯罪率又与哪些因素有关？

(一)"带菌个体"必然存在的原因

任何社会都不可能消灭"带菌个体"，这主要是因为：正如"带菌个体"一章所述，影响"带菌个体"生成，也即犯罪人格形成的原因是多方面的，既有人性方面的因素，也有个体素质方面的因素（如生理、心理方面的因素），也有遗传方面的因素（个体素质的遗传），还有环境方面的因素（如家庭、学校、社会方面的因素）。任何社会都不可能改变人的本性，也不可能消除影响"带菌个体"生成的其他因素。消除"带菌个体"是不现实的，也是徒劳的。

人类历史证明，要想把每个人都改造为"完美之人"（非"带菌个体"）是不可能的。中国自孔孟以来，"一准乎礼"之伦理文化欲把国民培养成"君子"①，可是几千年的中国历史却无奈地告诉人们："小人"依然存在；西方历史虽然未曾有过像中国这样的"一准乎礼"之文化，但宗教与启蒙思想也欲把西方人培养成"仁慈"、"博爱"之人，可遗憾的是，西方人却得出了就连"总统都靠不住的"②结论。

(二)"致罪因素"必然存在的原因

与不能消灭"带菌个体"一样，任何社会也都不能消灭"致罪因素"。首先，任何社会都不可能避免经济政策失误。经济政策主要体现在就业政策、分配政策等方面，任何国家要想彻底避免这些政策方面的失误是不现实的。在阶级社会，政治不平等决定了经济政策上的不平等，就业矛盾、分配不公一直没有消除，即使在许多实行了多年的社会主义制度的国家，也还没能很好地解决这个问题。其次，性禁忌将会永远存在，由于性禁忌是与人类文明相伴而生的，只要人类文明向前发展，就不可能没有性禁忌。再次，与经济政策一样，政治制度弊端也是不可避免的。政治是权力游戏，正如孟德斯鸠在其名著《论法的精神》一书中指出："一切有权力的人都爱滥用权力，这是

---

① 君子，即具有高尚人格的人。仔细考察《易》，特别是《论语》的本意，孔子对君子人格的要求就是仁、义、礼、智、信、温、良、恭、俭、让。而这其中，又以仁为最重要。仁就是爱人，就是己所不欲，勿施于人；已欲立而立人，己欲达而达人。

② 林达：《总统是靠不住的——近距离看美国之二》，三联书店1998年版，第2页。

一条万古不变的经验。防止权力滥用的办法,就是用权力制约权力。权力不受约束必然产生腐败。"[1]不过,人类至今也没有找到权力制约权力的"灵丹妙药"。最后,任何社会也都不能解决人们的信仰问题,信仰缺失不可避免。

(三)"催化剂"因素必然存在的原因

任何社会都不能消除"催化剂"因素,其原因很简单。首先,特定时空因素是一种客观存在,人类社会不可能改变它,更不能消灭它。其次,社会控制弱化是任何社会都存在的社会现象,因为社会控制是人的主观能动性的表现,而人的主观能动性受社会客观存在的制约,其对社会的控制只能是不全面的、相对的,社会控制疏漏难以避免。最后,作为犯罪生成的一个重要因素,被害人在任何社会中都会存在。

总之,按照犯罪化学反应方程式理论,任何社会都不可能消除犯罪生成的各个元素及各元素之间的相互关系,因而犯罪是不可避免的。任何社会都会存在犯罪,犯罪存在的最低量就是最低犯罪率。

三、迪尔凯姆犯罪正常论:犯罪不可避免性的一个理论解读

上文从犯罪化学反应方程式角度分析了犯罪不可避免的原因,这里再结合迪尔凯姆的犯罪正常论,进一步分析犯罪不可避免性问题,以期从更多视角理解最低犯罪率的生成情况。

法国社会学家埃米尔·迪尔凯姆(Emile Durkheim,1858—1917)[2]运用社会学的分析方法,提出了犯罪正常理论。[3] 按照迪尔凯姆的观点,尽管犯罪率的急速增长是个别病态社会的特殊现象,然而通常情况下的犯罪则是

---

[1] 〔法〕孟德斯鸠:《论法的精神》(上册),张雁深译,商务印书馆1993年版,第154页。
[2] 又译为爱弥尔·涂尔干。
[3] 值得注意的是,迪尔凯姆认为犯罪是一种正常社会现象,主要是从方法论角度考虑的,即用科学的态度看待犯罪问题。如果用最常用的思维方式则可能不会得出该结论。"……但常识却从犯罪是丑恶的和令人憎恶的这一事实出发,错误地得出犯罪应该完全消失的结论。"〔法〕埃米尔·迪尔凯姆:《社会学方法的规则》,胡伟译,华夏出版社1999年版,第39、45页。

所有社会的普遍现象。① 之所以说犯罪是普遍现象是因为：②（1）犯罪普遍存在于所有的社会。迪尔凯姆指出：犯罪，在人们看来是一种具有病态特征的现象，这似乎是无可争议的。以往的犯罪学者都接受这一点，虽然各人解释的方法略有不同，但大家都异口同声地称犯罪为病态现象。迪尔凯姆却认为，对于犯罪问题需要仔细分析。应用上述规则考察，犯罪存在于一切社会中，没有一个社会可以例外。犯罪形态、行为在不同社会中有不同的表现，在同一社会中也有不同的表现。但是可以说在任何社会、任何时候，都有这么一些人，他们作出的一些行为举动是要受到惩罚的。把犯罪当做社会病态，就是承认疾病不是某种偶发的东西，反而在一定情况下，是来自于生物的基本体质；同时，这也会抹杀生物学和病理学现象的一切区别。当然，犯罪本身有时是不规则的，例如某一时期犯罪率突然增高。但是犯罪过多不能作为常态的本性，将犯罪过多作为病态的本性是不足为证的。犯罪作为规则现象，只要没有超过一定的限度，就符合规则现象的定义。（2）在任何社会中都不可能不存在犯罪行为。人们没有注意到一种强有力的共同意识往往是从很弱的状况下开始发展起来的，并且不是在一日之内形成的。人们违反这种意识，开始时并不算是什么过错，这种意识强大起来后，再违反它，就会被认为越轨，进而被认为是犯罪。犯罪性质并不是犯罪者个人的本质，而是一种由公共意识认定的性质。如果这种公共意识更加强大，有足够的权威使各种微弱的议论变成一种强有力的议论，那么它就会吹毛求疵地将一些小事变为大罪。③（3）犯罪对社会来说是必需的。犯罪与社会生

---

① 迪尔凯姆认为，人们容易把两种完全不同的现象混淆在一起，一种是应该怎样的现象，可以称为常态的或规则的现象；另一种是应该这样，但它偏偏不是这样的现象，可以称为病态的或者不规则的现象。常态现象是普遍现象，病态现象是特殊现象。普遍现象与特殊现象是社会现象的两种形态。普遍现象普遍存在于同一类现象中，它们的形态或者存在于所有的个体中，或者能在大部分个体中找出来；它们的普遍现象发生变动时，虽然不一定在所有个体中都呈现出同样的形态，但它们变动的程度，彼此之间大致相同。特殊现象不但只存在于少数的个体中，而且在这少数个体中也不会永久存在。它们在时间和空间上都属于例外现象。参见〔法〕埃米尔·迪尔凯姆：《社会学方法的规则》，胡伟译，华夏出版社1999年版，第39、45页。

② 参见张小虎：《转型期中国社会犯罪原因探析》，北京师范大学出版社2002年版，第75—76页。

③ "无论有益与否，犯罪都是正常的，因为犯罪与社会生活的基本状况紧密联系。之所以如此，是因为任何社会中的个体都不可能不与集体类型有所分歧，在这些分歧中，有的分歧必然具有犯罪的特征。""只有普通人组成的民族必然是反常的。根本就不存在没有大量个体反常的社会。因此，每个社会始终存在心理反常的个体，从社会的角度来说，这种说法是正常的。犯罪的正常性只是这一一般命题的特殊例子。"〔法〕爱弥尔·涂尔干：《乱伦禁忌及其起源》，汲喆译，上海人民出版社2003年版，第462—463、466页。

活的基本条件相联系,并且对这些条件来说是有用的。如果社会上没有犯罪,如同建筑没有毁坏,就没有重建的希望,社会也就没有进化了。道德意识的权威不可过分,或者说不能毫无触动,否则它就会在不变的形式下僵硬起来。一个进步的思想家要想超越本世纪的思想而有所表现,就需要在那一时期里,有犯罪的思想。改革与犯罪是相依相伴、不可分离的。(4)犯罪除了间接地有益于社会之外,还能直接有益于社会的进化。犯罪不仅使社会产生改革的需要,而且在某些情况下还能直接地为这些改革作准备。犯罪不仅能使一些旧的集体意识、旧的方法有必要改为新的集体意识、新的方法,有时候它还能够引导一些旧的思想方法演变到新思想方法上去。有些犯罪行为,看起来是触动了现时的道德,实际上它已经预见了将来的道德。①

四、最低犯罪率不是最佳犯罪率

(一) 犯罪率上升是人类社会进入现代化的表现

通过犯罪化学反应方程式可以看出,导致犯罪生成的因素是多方面的,这些因素(特别是其中的"致罪因素"及"催化剂"中的"社会控制弱化"因素)是随着社会的发展而发生变化的,社会形态越复杂,导致犯罪生成的因素也就越多,犯罪率也就越高。可见,犯罪率并非越低越好,在某种意义上,犯罪率上升往往体现了社会的进步。

有关研究表明,世界各国在现代化过程中,犯罪率都有不同程度的增长。在西方国家,随着现代化的进程,犯罪率有明显的增长。恩格斯曾经就英国工业化后的犯罪状况指出:"随着无产阶级人数的增长,英国犯罪的数字也增加了,不列颠民族已成为世界上罪犯最多的民族。从内务部每年公布的'犯罪统计表'中可以看出,犯罪的数字在英国是以不可思议的速度增加着。……在37年中逮捕事件的数字增加了6倍……在苏格兰,犯罪的数字增加得更快。在这里,1819年当事人因刑事罪被捕的只有89件,到1837

---

① "犯罪的存在一般说来具有间接的好处,有时候这种好处还是直接的。说间接的好处,是因为犯罪不可能不存在,除非集体意识通过一种无法避免的权威把自身强加给个体意识,使道德不可能产生任何变化;说直接的好处,是因为有时候,只是有时候,罪犯是未来道德的先行者。"〔法〕爱弥尔·涂尔干:《乱伦禁忌及其起源》,汲喆译,上海人民出版社2003年版,第463页。

年已经有 3176 件,到 1842 年甚至增加到 4189 件。"①美国犯罪学家谢利(Louise Shelley)通过考察工业化时期的法国与德国的犯罪情况,在《犯罪与现代化》一书中指出:随着城市化的发展,无论法国,还是德国,盗窃罪与暴力犯罪都增加了,而且盗窃罪增加的程度高于暴力犯罪。在法国 1931 年至 1939 年盗窃罪的上升比率达 230%。②

在我国,自 20 世纪 80 年代开始,加快了工业化进程,向现代化迈进。与此同时,犯罪率也有了大幅度的上升(见下表)。

表7.1 全国公安机关刑事案件立案统计表

年份	立案(起)	年份	立案(起)
1981	890281	1992	158659
1982	748476	1993	1616879
1983	610478	1994	1660734
1984	514369	1995	1690407
1985	542005	1996	1660716
1986	547115	1997	1613629
1987	570439	1998	1986068
1988	827594	1999	2249319
1989	1971901	2000	3637307
1990	2216997	2001	4457579
1991	2365709		

(资料来源:中国法律年鉴)

为什么人类向现代化迈进过程中,犯罪率会上升?对此西方犯罪学家从多角度进行了解释,如社会失范理论、社会解组理论、紧张理论、文化冲突理论等。

笔者认为,根据犯罪化学反应方程式,在现代化进程中之所以出现犯罪率上升现象,主要是因为:现代化在给人类带来物质方面富裕的同时③,也使

---

① 《马克思恩格斯全集》第 2 卷,人民出版社 1957 年版,第 416—417 页。
② 参见〔美〕路易斯·谢利:《犯罪与现代化》,何秉松译,中信出版社 2002 年版,第 55—56 页。
③ 对绝大多数人而言,现代化代表着美好的社会理想。的确,现代化带来了物质的富裕,方便了生活,提高了生存质量。现代化也改变了人的生存状态,正如马克思所言,伴随现代化而来的"工业才第一次创造了人在其中居主导地位的新存在"即"人类自己真正的社会历史存在"。参见张一宾:《回到马克思》,江苏人民出版社 1999 版,第 447 页。

人类付出了代价①,其中就包括促使犯罪生成的各方面因素的增长(特别是"致罪因素"与"催化剂"中的"社会控制弱化"因素)。正如社会科学家多伊彻、勒纳和布莱克等人认为的,现代化"必然包含着紧张、压力、混乱和骚动"。曼柯·奥尔逊等人认为,"政治不稳定和内乱是经济和社会的现代化与发展的结果"②。所有这些都是引发犯罪生成的"致罪因素"或"催化剂"因素。

以我国现代化进程为例,自20世纪80年代开始,我国开始步入现代化轨道,其集中表现是社会转型。社会转型指的是社会从一种经济形态转向另一种经济形态,本书指的是我国从计划经济向市场经济的转变,这是我国步入现代化轨道的重要标志。"在这种巨变中,中国的社会结构也将得到根本性的改造。"③"先发展国家的市场经济是原生的,其现代化也是原发型的,这种社会转变是一种相对缓慢的社会变化过程。而后发展国家的现代化则是追赶型的,在其体制转轨时期是一种急速的社会变化过程。在这种急速的社会变化过程中出现的问题往往可能迅速地集中和放大,因而蕴涵着巨大的风险……"④在这种急速的社会变化过程中出现的"问题"往往包含了犯罪发生重要因素的增长,巨大的风险就包括犯罪率上升。社会的转型给我国带来了一些突出的问题。

(1)人口流动加剧,城市化进程加快。社会转型使我国的城市化进程加快,一方面表现为更多城市的崛起,另一方面表现为越来越多的人口流入城市(主要是农村人口流入到大城市)。人口的急剧流动,在某种意义上导致了约束人们行为的社会关系解体。⑤在人口流动不太频繁的时期,人们通

---

① 现代化的代价,概括起来,主要是资源、环境和生态的代价,社会的代价(如社会的稳定程度降低)以及人的代价,等等。参见张明琼:《现代化的代价与所有制选择》,载《天府新论》2002年第1期,第8页。

② 塞缪尔·亨廷顿等:《现代化理论与历史经验的再探讨》,罗荣渠译,上海译文出版社1994年版,第334、342页。

③ 陈晏清主编:《当代中国社会转型论》,山西教育出版社1998年版,第1页。

④ 杨桂华:《转型社会控制论》,山西教育出版社1998年版,第2页。这里所说的先发展国家指的是西方主要资本主义国家,它们有着漫长的市场经济的发展过程;后发展国家指的是正朝市场经济发展的发展中国家。

⑤ 在改革开放前的农村,"中国社会基本上是一个缺少流动的乡土性的社会,按费孝通的说法,这是一个'熟悉的社会,没有陌生人的社会。'……在这个熟人的社会中,每一个关系网络结附着一种道德要素,人们接受着同一的道德体系"。参见周光权:《刑法诸问题的新表述》,中国法制出版社1999年版,第49页。

常生活在家庭、学校、邻里的群体之中,以亲属、朋友、邻里等关系为内容的非正式的社会关系对于约束人们的行为的作用很大,地区性的集体发挥着社会监督的功能。而人口的加剧流动则使这种非正式的社会关系解体,使集体作为非正式社会监督单位的作用显著下降,传统集体的习俗规范和理想受到削弱,并逐渐消失。在这种情况下,"家庭生活变得黯淡,一些主要的社会关系显得软弱无力"[1]。

笔者认为,约束人们行为的社会关系解体,主要体现在以下几方面:其一,控制人们追求欲望的最原始的社会关系削弱。控制人们追求欲望的社会手段非常多,道德的、亲情的、友情的、邻里的关系便是最原始、最基本的手段。随着人口加速流动,这些最原始的社会关系日趋削弱,这就在一定程度上纵容了一些为追求欲望而实施的非理性的手段的产生。其二,人们的自制能力削弱。自制能力指的是理性人在追求欲望的时候,同时受到社会的影响,尽量把追求欲望的方式(手段)限制在合法、合乎道德的范围之内。随着人口流动的加剧,影响流动人口自制力的社会关系日趋削弱,如远离家人、单位的流动人员,面对陌生的"城市",都是一张张不熟悉的面孔,在这种情况下,一旦失去自制力,便可能打开犯罪的阀门,变得一发不可收拾。

(2)社会失范状态突出。在我国社会转型过程中,市场经济社会给予了个人足够的发展空间,每个人都享有机会追求物质财富,引来了"众神狂欢"的时代。[2] 虽然市场经济社会给社会的每一个成员都提供了追求财富的机会,但事实上,由于社会成员的能力和社会地位等存在差别,因而在追求财富过程中,便不可避免地会采取不同的方式,有合法的、有偏差的[3]。这种偏差行为的存在,便使得社会处在一种失范状态。

在社会转型的市场经济社会,一个参与经济活动者,假如只以追求合理

---

[1] Frank P. Williams III, Marilyn D. McShane, Criminology Theory: Selected Classic Readings, Anderson Publishing, p.34.

[2] 参见孟繁华:《众神狂欢》,今日中国出版社1997年版。该书作者认为:"……整合社会思想的中心价值观念不再有支配性,偶像失去了光环,权威失去了威严,在市场经济中解放了的众神引来了狂欢的时代。"笔者在这里引用,主要是从社会机会角度予以分析,即现在是一个"众神"(多数人,而不是极少数人)享有机会的时代。

[3] 国外有学者认为,实施偏差行为的主要是那些"危险阶层",如贫穷者、流动者、无技能者。See Stanley D. Eitzen, Doug A. Timmer, Criminology: Crime and Criminal Justice, Prentice Hall College Div, 1985, p.118.

的利润为目的(即合法的目的),本身又具有达成此等目的的能力(包括财力),而且以合法的手段达成目的的可能性又很高,以非法达成目的的可能性又很低,原则上这个参与经济活动者将不会成为罪犯。但是在通常的经济活动中,这种"理想模式"并不多见,因为在市场经济社会里,不乏其例的是个人在"利润至上"与"金钱万能"等观念的支配下,其所凝定的目的,常会追求超越合法与合理限度内的利润(非法的目的与意图)。为达此非法目的,自非其能力所能及者。在这种情况下,自然而然地就会采取非法的手段,完成其非法的构想。如此,则产生了形形色色的以获取经济利益为目的的犯罪。

(3) 文化冲突。文化冲突由文化变迁引起。所谓文化变迁,是指文化内容的增量或者减量所引起的结构性变化。① 在社会转型时期,我国正在进行的社会主义市场经济,与传统的经济模式有着重要的区别。反映传统经济模式的文化观念也必然发生着重大变化,文化变迁导致文化冲突,文化冲突外化为具体的社会规范与行为规范的冲突,进而导致犯罪。比如,长期以来,我国处于城乡分割、差别明显状态下的农业人口,历史地形成了完全不同于城市社会的文化习俗和价值观念。随着社会转型,大量的农村人口流入城市,他们进入城市之后,在认识上、价值观念上不能彻底地、迅速地城市化,而是处于强烈的文化冲突之中。一系列的矛盾和困惑,内心观念的冲突,角色转换的不适应,以及原来在农村中形成的道德作用机制在城市中的不复存在,使得他们感到无所适从,容易受到城市不良文化②的感染和不良行为人的诱导,走上犯罪的道路。又如,在市场经济条件下,个人本位的价值观与传统的集体本位的价值观发生冲突。市场经济条件下的行为趋向难以用传统的文化价值观进行调控,从而引发犯罪;文化变迁与社会变迁的规模、强度成正比,所引发的社会动荡和无序与其所促成的犯罪率之间也成正比。

现代化(社会转型)是人类历史发展的一般趋势,也是后发展国家强盛

---

① 参见储槐植等:《犯罪学》,法律出版社 1997 年版,第 222 页。
② 城市不良文化有多种解读,一般都把黄色文化、流氓文化包含其中。

的必经之途。① 然而,由于"社会转型实质上也就是这一过程中新旧模式之间的根本性转变,在这种转变的过程中必然存在新旧模式之间的激烈冲突,代价的付出难以避免"②。这种代价最明显地表现在前文所述的"风险"上,最后量化为治安形势的严峻、犯罪率剧增。③

值得一提的是,犯罪率上升是人类社会进入现代化的表现,但这并意味着在现代化过程中人们追求犯罪率的上升,因为犯罪率上升毕竟给社会带来了损失。我们所要做的是应该理性地看待这种犯罪率上升现象,即在现代化过程中犯罪率上升有一定必然性,有其发生的内在原因。犯罪率上升表明越轨行为增加,而越轨行为对社会发展不仅有负功能,也有一定的正功能。

(二) 低犯罪率的一个典范:中国五六十年代的"低层次"稳定

在中国五六十年代,犯罪率非常低,据资料显示:1964年至1966年平均发案率为万分之三,不少地区形成"路不拾遗,夜不闭户"的盛世景象。④ 可以说,该历史时期的犯罪率已经达到"最低犯罪率"。不过,这种近乎最低犯罪率的"盛世景象"是以牺牲社会生产力为代价的,是一种以阻碍整个社会发展为代价的"低层次"稳定,是当时物质匮乏、政治禁锢和无休止政治运动的产物。其本身便是一种畸形、变态的社会形态,无法保持久远。⑤

正如作家陆文夫所言:五六十年代实行的是单一的计划经济,统一管理,没有人东窜西跑地做生意,农民也不能进城,没有介绍信你哪里也不能去。再说,那时又有什么东西可偷呢?谁也没有巨额现金,没有钻戒,没有项链,没有黄金……没有一切可以移动的财富,各种诱人的玩意儿全没有;

---

① 美国学者艾恺对后发国家选择现代化道路的原因和背景作了一语中的揭示:"现代化一旦在某一国家或地区出现,其他国家或地区为了生存和自保,必然采用现代化之道。……换言之,现代化本身具有一种侵略能力,而针对这一侵略力量能做的最有效的自卫,则是以其矛攻其盾,即尽快地实现现代化。"〔美〕艾恺:《世界范围内的反现代化思潮》,唐长庚译,贵州人民出版社1991年版,第3页。
② 陈晏清主编:《当代中国社会转型论》,山西教育出版社1998年版,第296页。
③ 不仅是中国,其他进行社会转型的国家也是这样。例如1991年,苏联解体后,开始进行政治、经济体制改革,其转型的力度比中国大得多,结果带来了犯罪率的急剧上升。参见〔俄〕谢尔盖·博斯霍洛夫:《刑事政策的基础》,刘向文译,郑州大学出版社2002年版,第9页。
④ 参见曹凤:《第五次高峰》,今日中国出版社1997年版,第10页。
⑤ 参见汪明亮:《"严打"的理性评价》,北京大学出版社2004年版,第55页。

有的是几斤粮票,几尺布票,还有各式各样的票证。强盗或小偷抢了或偷了钱财,总是要花掉的,或是买各种物品,或是大鱼大肉猛吃痛饮,这就被人看出来了,叫做生活情况不正常。什么叫生活情况正常?正常的生活情况就是大家都一样,什么样的人有几斤粮票,几尺布票,几包香烟,大体是什么牌子,都是有规定的。那位平头老百姓,怎么会一下子抽上中华牌香烟?唔,肯定有问题……这就会受到怀疑,被人调查。①

著名作家张贤亮更是用"数字化生存"描写当时的社会。② 在"数字化生存"环境下,国家"将人的衣、食、住、行各个方面的必需品的供应数量限制在最低限度,就形成对人的行为与思想最严厉的钳制,根本不另需别的什么法律条文来约束了"③。这种数字化生存很自然地使每一个中国人都成为过自己小日子的专家,而不可能有太多时间和精力实施犯罪。

---

① 转引自曹凤:《第五次高峰》,今日中国出版社1997年版,第11页。
② 这里的"数字化生存"不同于现代电脑联网、卫星播送、传真通讯、移动电话等数码技术形成的"数字化"生存环境。参见张贤亮:《小说中国》,经济日报、陕西旅游出版社1997年版,第6—10页。具体说,吃:每人每月25市斤即12.5公斤食粮,1市两即50克植物油,2市两即100克肉类,2市两即100克食糖,它们一一登记在居民的"供应证"上。但人是流动的,这些数字有时又不得不随人的流动从"证"上转移出来采取一种物理形式的存在,也就是变成"票"。于是一时间花花绿绿的"粮票"、"油票"、"肉票"、"糖票"满天飞。穿:每人每年棉布10市尺即3.3公尺,棉花(这是居住在北纬28度以北的中国人的必需品)8市两即400克,要说明的是,在"穿"的供应数量里,居民不仅要维持身上衣着的体面,还要兼顾夜晚的保暖,就是说床上用品也包括在内。年轻人结婚,首先要向亲友收集一定数量的"布票",不然便布置不出一个"家"来。有的地方买布鞋也要布票(买皮鞋则需另一种"工业品券")。用:包括家具、炉具、肥皂、棉线、锅碗瓢盆等等直到火柴香烟(有的地方香烟另有"烟票"),凡正常人在人世间手之所及及目之所视的东西,都要凭政府("文革"中称"革委会")发的"供应证"或配给的上述"工业品券"才可到商店买。买一筒牙膏,除了证和钞票还要外加一个空牙膏筒(俗称"牙膏皮"),这是回收废旧物质的好办法,是唯一值得我们现在继续实行的,可惜没有继承下来。城市居民生活不可或缺的燃料,另有一种票,或是凭证购买,老百姓将这种证俗称"煤本儿"。"工业品券"简称工业券,以"张"为计算单位,每种商品需要多少张券各有不同。要买一件在市场上紧俏的工业品则须积累好几年的"工业品券"。行:且不说在"行"上的人身限制,每位旅客需持有当地政府开出的外出旅行证明才可购买车船票,即使是农村公社出村讨饭也需"逃荒证",那是另一种形式的"证"。这里主要是谈消费的分配。公共交通费用,在当时倒是很低廉的,但和西方人需要汽车一样,中国人需要自行车,那时只有三种牌号:"飞鸽"、"永久"、"凤凰",按地区居民人口的百分比分配,大约是每300人一年能分到一张"自行车票",有的地方积蓄到一定数字的"工业品券"也可购买自行车。住:除少数被照顾的特殊人士和华侨,已基本上取消了城市住房的私有制。到"文革",被照顾的少数人士和华侨也不再照顾了,私有房全被侵占没收。中国所有的城市干部、工人、居民的住房,完全仰仗国家分配。据1978年的统计资料显示,全国城市平均每人居住面积只有3.6平方米,北京、上海等大城市市民每人平均住房不到2平方米。
③ 张贤亮:《小说中国》,经济日报、陕西旅游出版社1997年版,第11页。

也有学者从犯罪成本[①]角度对我国五六十年代的低犯罪率进行了论证,认为:当时的低犯罪率是以极高的"社会惩处"成本为条件的,而在法治社会中,"犯罪成本中所包含的法律惩处占的比重较大,社会惩处只占较少的一部分。即使是社会惩处那一部分,也大都以明文规定的形式公布于众"。显然,依靠"社会惩处"成本实现低犯罪率目标,不是法治的表现,而是"以牺牲人们一定程度上的自由为代价,来换取相对稳定的社会局面。在当今世界社会现代化的潮流中,这种做法显然是不可取的,历史也不可能倒转"[②]。

(三)经济学分析:最低犯罪率并非最佳犯罪率

根据犯罪化学反应方程式,我们可以发现,欲把犯罪率控制在最低限度内,一方面必须控制"带菌个体"、"致罪因素"、"催化剂"因素的数量及程度;另一方面,还必须控制"带菌个体"、"致罪因素"及"催化剂"等因素相互间作用方式,而这些控制都是要付出代价(成本)的,控制的力度越大,付出的代价也就越大。

经济学家认为,"经济分析是一种统一的方法,适用于解释全部人类行为"[③]。此断言虽然有些绝对,但并非毫无道理,因为人们奋斗所争取的一

---

① 该学者认为,根据 $C=(L+S) \cdot H \cdot P$ 公式(C 表示犯罪成本,L 表示社会惩处,H 表示良心惩处,P 表示定罪概率),犯罪成本越大,实施犯罪的可能性越小。在我国计划经济体制下,犯罪的社会惩处成本极高。这主要是源于当时社会的高度组织化,人们的自由流动受到限制。限制措施主要有两条:一是户籍制,二是人事档案制。户籍制限制人们作地域流动,城市与城市之间的流动,城市与农村之间的流动,都受到十分严格的限制。人事档案制限制人们作组织与组织之间的流动,即使是同一地域内的流动也是十分困难的。在户籍制与人事档案制的双重作用下,人们的活动空间被压缩在一个十分狭小的领域,人们之间的交往是相当"透明"的,不仅仅知道你现在在干什么,也知道你过去干过些什么。一个人一旦触犯社会规范(不仅仅是法律),人事档案里将会有完整的记载,单位同事会知道,左邻右舍也会知道。在这种体制下,犯罪成本是极高的。被判刑关进监狱只是很小的一部分,更为严重的是他将受到严厉的社会惩处。这种社会惩处如被开除公职(如厂籍、干籍等),刑满释放后,他将失去稳定的就业机会,经济收入会下降很多,甚至有可能陷入生活困境。如果原籍在农村,有可能会被取消城市户口,遣送回原籍;他将失去许多人生的机遇。由于他有过"前科",被提干、晋级、升职的可能性几乎等于零;他将承受沉重的社会压力,这种压力来自家庭,也来自他生活圈子中的人,被人议论、遭人白眼,因此对他本人来说,实际上已很难谈得上做人的尊严和健全的人格;他的家人会因此而受到牵连,他的儿女因此而遭人歧视,他的近亲会因此而在"主要社会关系"一栏中留下不光彩的一笔。参见郑杭生、郭星华:《当代中国犯罪现象的一种社会学探讨》,载《社会科学战线》1996 年第 4 期。

② 郑杭生、郭星华:《当代中国犯罪现象的一种社会学探讨》,载《社会科学战线》1996 年第 4 期。

③ 〔美〕贝克尔:《人类行为的经济分析》,王业宇、陈琪译,三联书店 1995 年版,第 11 页。

切都同他们的利益有关。经济学的一个基本判断是资源是稀缺的,在稀缺资源的约束之下,任何资源都是有价值的。经济学通用的分析模式为"成本—效益"比较——以耗费资源与生产的"产品"的价值量化(在现代经济生活中,以货币价值量完成)对比,解释人们经济行为实际发生的基本理由,并指导人们对于经济活动的选择或决策,提炼出具体经济生活中的"成本—效益"分析规则,衍生出一套经济行为的指南。① 从人们经济行为的人性规定和动机出发,到"成本—效益"分析后的基本行为模式的形成,人们经济行为的终极性目标何在? 经济学给出的答案是"个人利益最大化",它解释人们经济行为的目标性;反过来,从如此个人最大化的目标又透视出人们经济行为的"强弱"程度。国家对犯罪率的控制,也少不了经济学的分析。国家从某种意义上说,也是一种经济人,其控制犯罪的时候,也必然会对控制收益与成本进行比较,以期"利益最大化"。

　　国家对犯罪化学反应方程式的各因素及其相互间作用方式的控制,也必须付出成本。这些成本主要表现在:一是对"带菌个体"控制所付出的成本,这主要体现在控制后天环境对犯罪人格生成的影响;二是对"致罪因素"控制所付出的成本,这主要表现在减少经济政策失误与政治弊端,以及强化公民信仰等方面;三是对"催化剂"控制所付出的成本,这主要表现在对被害人的教育与加强社会控制等方面。除了控制犯罪生成因素外,对已经生成的犯罪进行打击也需要付出巨大的成本。以我国为例,据有关统计,仅关押一个犯人,每年就需花费 1 万元以上,一个犯人每年给国家造成的耗费超过 3 万元;而建一所监狱的钱,至少可以建 10 所学校。② 虽然这些投入与西方发达国家相比还是不多的。③

---

① 参见陈彩虹:《经济学的视界》,中国发展出版社 2002 年版,第 8 页。
② 参见毛磊:《中国刑事犯罪走势前瞻》,载《时代潮》2002 年第 1 期。
③ 据报道,犯罪每年给美国造成的经济损失高达 4500 亿美元,加上监狱关押犯人和警方假释犯人等方面的 400 亿美元开支,每年因犯罪而遭受的经济损失近 5000 亿美元。美国每调查一个凶杀案,警方的平均开支为 1400 美元。曾经轰动全美的辛普森案,更是投入巨额成本,该案共耗资 9214522 美元,其中起诉和调查费用为 4048111 美元;辛普森关押狱中 472 天花去警方 3068040 美元(6500 美元/日);法院为此案有关办案人员支付薪水和开支共计 2098371 美元。参见李正信:《美国:犯罪年损失 5000 亿》,载《中国青年报》1996 年 4 月 30 日第 3 版。

五、犯罪具有一定的积极功能：最低犯罪率有其存在价值

1. 犯罪对文化的促进功能

有学者从文化角度论证了犯罪的积极功能：①第一，犯罪的存在有助于社会规范的建构和修正。② 犯罪制造了道德和法律，犯罪的存在使人感到了秩序的必要性，感到了制订规范的重要性。因越轨犯罪出现，人们先是创造了禁忌、习俗、道德，当人们发现习俗和道德对犯罪缺乏约束力和强制性的时候，就制订了法律。每一种新的犯罪产生之后，新的法条也就随之产生了。新的犯罪行为丰富了文化的内容，禁止这些行为的规范及处罚方式同样也成为文化的重要组成部分。第二，犯罪的存在有助于揭示社会发展变化规律和社会失衡状况，促进文化整合。犯罪的存在明示或暗示某种社会失衡现象的存在和社会变革的进行。犯罪率的涨落、犯罪形态的发展，可提示人类有意识地审视社会的结构、功能是否合理，社会运行机制是否正常。犯罪是社会变迁的寒暑表。当然，犯罪率上升并不一定必然反映社会弊端的增多和社会控制的衰减，二者的对应关系只是相对的。犯罪率低的社会，其社会弊端并不一定少。犯罪率高的社会，则可能是经济发展的结果。在此意义上说，我们并不希望犯罪率持续升高，也不奢望犯罪率越低越好。第三，犯罪的存在强化了人们对规范的遵从意识。遵从行为总是从被动到主动，正面提倡遵从的意义，效果不一定好。当人们没有看到不遵从有什么危害的时候，不会自觉遵从。诚然，犯罪本身并不直接带给人们遵从意识，因为人们往往看到的是行为不轨反而获取更大的实惠。关键在于对犯罪行为疏而不漏的惩戒和犯罪的得不偿失，唯此，人们才会更坚定地遵从规范的限制，而打消图谋不轨的非分之想。第四，犯罪的存在从反向促进人类文明的

---

① 参见肖剑鸣、皮艺军主编：《犯罪学引论——C·C系列讲座文选》，警官教育出版社1992年版，第155—159页。

② 也有学者从对旧规范反叛与新规范产生角度分析了犯罪的功能：第一，越轨行为既是对旧规范的反叛，也是对新规范的挑战，越轨行为的大量发生毕竟对社会秩序不利，在尽量减少越轨行为发生的同时也就完善了新的社会规范，因此越轨行为对社会转型有一定促进作用。第二，新的社会规范并不是凭空产生的，它既是人们理性的产物，也是社会生活的自然产物，某些越轨行为也是新规范的来源之一。因此，某些越轨行为对新规范的形成有一定的促进作用。参见郭星华：《社会失范与越轨行为》，载《淮阴师范学院学报》2002年第1期，第38页。

发展。犯罪不仅促进了法制,犯罪文化还创造了警察文化、法制文化、探案文化,甚至创造了犯罪学及其研究机构。

2. 犯罪对生产力的推动功能

《马克思恩格斯全集》曾经提到:[①]"哲学家生产观念,诗人生产诗,牧师生产说教,教授生产讲授提纲,等等。罪犯生产罪行。如果我们仔细考察一下最后这个生产部门同整个社会的联系,那就可以摆脱许多偏见。罪犯不仅生产罪行,而且还生产刑法,因而还生产讲授刑法的教授,以及这个教授用来把自己的讲课作为'商品'投到一般商品市场上去的必不可少的讲授提纲。据说这就会使国民财富增加,更不用说象权威证人罗雪尔教授先生所说的,这种讲授提纲的手稿给作者本人带来的个人快乐了。其次,罪犯生产全体警察和全部刑事司法、侦探、法官、刽子手、陪审官等等,而在所有这些不同职业中,每一种职业都是社会分工中的一定部门,这些不同职业发展着不同的人类精神能力,创造新的需要和满足新需要的新方式。单是刑讯一项就推动了最巧妙的机械的发明,并保证使大量从事刑具生产的可敬的手工业者有工可做。……罪犯打破了资产阶级生活的单调和日常的太平景况。这样,他就防止了资产阶级生活的停滞,造成了令人不安的紧张和动荡,而没有这些东西,连竞争的刺激都会减弱。因此,他就推动了生产力。一方面,犯罪使劳动市场去掉了一部分过剩人口,从而减少了工人之间的竞争,在一定程度上阻止工资降到某种最低额以下;另一方面,反对犯罪的斗争又会吸收另一部分过剩人口。这样一来,罪犯成了一种自然'平衡器',它可以建立适当的水平并为一系列'有用'职业开辟场所。罪犯对生产力的发展的影响,可以研究得很细致。如果没有小偷,锁是否能达到今天的完善程度?如果没有伪造钞票的人,银行券的印制是否能象现在这样完善?如果商业中没有欺骗,显微镜是否会应用于通常的商业领域(见拜比吉的书)?

---

① 《马克思恩格斯全集》(第 26 卷 I),人民出版社 1972 年版,第 415—417 页。这段话出自《马克思恩格斯全集》,但究竟是否属于马克思思想,理论上存在截然不同的看法,有学者认为,这是马克思的观点。参见梁根林:《从绝对主义到相对主义——犯罪功能别议》,载《法学家》2001 年第 2 期。也有学者认为,这不是马克思本人的观点,而是"资产阶级庸俗经济学家的话"。参见毛信庄:《"罪犯生产"说是马克思的观点吗》,载《法学杂志》1986 年第 2 期;张庆旭、陈海燕:《再为马克思辩护——"犯罪功能说"质疑》,载《西南政法大学学报》2003 年第 6 期;邱国梁《马克思主义犯罪学》,上海社会科学出版社 1998 年版。笔者认为,这段话谁说的并不重要(没有考证的意义),重要的是这段话阐明了犯罪确实存在着促进生产力发展的功能。

应用化学不是也应当把自己取得的成就,象归功于诚实生产者的热情那样,归功于商品的伪造和为发现这种伪造所作的努力吗?犯罪使侵夺财产的手段不断翻新,从而也使保护财产的手段日益更新,这就象罢工推动机器的发明一样,促进了生产。而且,离开私人犯罪的领域来说,如果没有国家的犯罪,能不能产生世界市场?如果没有国家的犯罪,能不能产生民族本身?难道从亚当的时候起,罪恶树不同时就是知善恶树吗?……'我们在这个世界上称之为恶的东西,不论道德上的恶,还是身体上的恶,都是使我们成为社会生物的伟大的原则,是毫无例外的一切职业和事业的牢固基础、生命力和支柱;我们应当在这里寻找一切艺术和科学的真正源泉;一旦不再有恶,社会即使不完全毁灭,也一定要衰落。'"

第八章 最高犯罪率

一、最高犯罪率生成模式概述

犯罪是不可避免的,但犯罪生成却不是无限制的,在一定的社会条件下,犯罪有其存在的最大量。笔者把在一定社会条件下存在的犯罪最大量称为最高犯罪率。与最低犯罪率一样,最高犯罪率也具有抽象性、多因性、历史性、区域性等特点。

在一定的社会条件下,社会只能容纳一定量的犯罪率(饱和犯罪率),即犯罪率有一个最高值(最高犯罪率)。之所以出现最高犯罪率,是由双重容忍度决定的。所谓双重容忍度,指的是公众对犯罪的容忍程度和政府对犯罪的容忍程度。在对待犯罪问题上,公众和政府的态度是不完全一样的,对公众而言,犯罪率越低越好;对政府而言,虽然其主观上希望出现一个低犯罪率的"太平盛世",但实际上,由于犯罪的不可避免性和预防犯罪的成本性,又使得政府不得不理性地对待犯罪率,出于统治需要,政府会权衡各方面的利益,而容忍犯罪率在一定的范围内存在。

如果公众对犯罪的容忍度不足以影响政府的统治,政府不会过多地理会公众对犯罪的态度。但是,当公众对犯罪已经是忍无可忍,或者政府感觉到犯罪的大量存在已经威胁到统治的安全,在这两种情况下,出于公众舆论压力或者统治安全需要,政府就会不惜一切手段(直至"严打"手段)把犯罪率控制住,这时候的犯罪率就是最高犯罪率,即此种社会条件下社会只能容忍这么多的犯罪率,犯罪已经达到饱和状态。

二、最高犯罪率生成前提:双重容忍度

如上文所述,双重容忍度决定了一定社会条件下的最高犯罪率,那么双重容忍度与最高犯罪率的关系究竟如何?笔者认为,最高犯罪率是一个较

为抽象的概念,其犯罪率比值随着社会条件的变化而变化,但在一定的社会条件下,其比值一般是确定的。具体说,最高犯罪率应该由公众容忍度和政府容忍度的极限确定,当一个社会的公众、政府容忍度达到忍无可忍时,该时的实际犯罪率就为最高犯罪率。至于公众的容忍度,可以通过官方的或民间的调查机构调查确定,而政府的容忍度,则可以由官方的相关部门评估。笔者认为,确定最高犯罪率,可以从以下几方面着手:①

(一) 一个公式②

$$最高犯罪率(G) = \frac{极限政府容忍度(Z)}{极限公众容忍度(F)} = 实际犯罪率(S)$$

该公式的基本含义是:当政府容忍度与公众容忍度都达到极限时,这时的实际犯罪率(F)就等于最高犯罪率(G)。

政府容忍度和公众容忍度是不完全一样的:公众容忍度往往倾向于非理性,而政府容忍度则往往倾向于理性;公众容忍度一般都会小于政府容忍度,这正是其非理性的表现;公众容忍度可以影响政府容忍度,但最终决定最高犯罪率的还是政府容忍度;仅有公众容忍度达到极限时,尚不能确定最高犯罪率,只有政府容忍度与公众容忍度都达到极限时,这时的实际犯罪率才是最高犯罪率。如图 8.1 所示。③

由图可见:

第一,政府容忍度高于公众容忍度,极限政府容忍度高于极限公众容忍度;

第二,当公众容忍度达到极限,而政府容忍度未达到极限,这时的实际犯罪率 S1 不代表最高犯罪率;

第三,当公众容忍度和政府容忍度都达到极限时,这时的实际犯罪率 S2 就是最高犯罪率。

---

① 参见汪明亮:《"严打"的理性评价》,北京大学出版社 2004 年版,第 94—98 页。
② 该公式不同于数学上的等式,这里主要强调的是"最高犯罪率"与"政府容忍度"和"公众容忍度",以及实际犯罪率的关系,而并非完全指数值上的相等。
③ 为了更好地说明笔者的观点,本坐标图有一定的特殊性,表现在:纵坐标(容忍度)是递增单位表示,即越靠近箭头,单位值越大;而横坐标(实际犯罪率)则不是递增单位表示,而是不确定单位表示,即靠近箭头方向的犯罪率未必高于横坐标起点的实际犯罪率。

犯罪生成模式研究

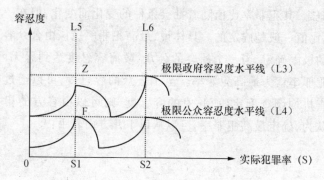

图 8.1 双重容忍度与最高犯罪率关系

L3—极限政府容忍度水平线；L4—极限公众容忍度水平线；L5—政府容忍度与公众容忍度交叉线；L6—极限政府容忍度与极限公众容忍度交叉线；Z—极限政府容忍度；F—极限公众容忍度；S1—实际犯罪率1；S2—实际犯罪率2

（二）政府容忍度

（1）影响政府容忍度的主要变量

$$政府容忍度(a) = 立案率(b) \cdot 公众对犯罪态度(c) \cdot 政权稳定程度(d) \cdot 经济发展程度(e)$$

我们把政府容忍度及相关变量都分为四级：

四级政府容忍度：一级(a_1)、二级(a_2)、三级(a_3)、极限(Z)

四级立案率：正常(b_1)、较不正常(b_2)、不正常(b_3)、太不正常(b_4)

四级公众对犯罪态度：容忍(c_1)、可容忍(c_2)、不能容忍(c_3)、忍无可忍(c_4)

四级政权稳定程度：稳定(d_1)、较稳定(d_2)、不稳定(d_3)、危机(d_4)

四级经济发展程度：发达(e_1)、较发达(e_2)、不发达(e_3)、经济危机(e_4)

按各变量的级别，笔者认为，在下列组合条件下，都可视政府容忍度达到极限（Z）：

$$Z = (b_3) / (b_4) \cdot (c_3) / (c_4) \cdot (d_3) / (d_4) \cdot (e_3) / (e_4) ①$$

---

① 这里的"/"，意指"或者"。详言之，只要(b_3)或(b_4)、(c_3)或(c_4)、(d_3)或(d_4)、(e_3)或(e_4)四组中，出现任何一项，都可以使政府容忍度达到极限。

（2）政府容忍度的评估

影响政府容忍度的变量可由政府的相应部门测定,具体说:"立案率"由公安机关、检察机关评估;"公众对犯罪态度"由司法行政机关或由司法行政机关委托民间权威部门调查评估;"政权稳定程度"由政府部门直接评估;"经济发展程度"由政府经济职能部门评估。

（三）公众容忍度

公众容忍度,即公众对犯罪的容忍程度。公众对犯罪的态度可以分为四种情况:容忍、一般容忍、难以容忍、忍无可忍。① 按公众人数(接受调查人数)②比例,可以把公众容忍度分为四级:

一级:0—20%的公众忍无可忍

二级:21%—50%的公众忍无可忍

三级:51%—80%的公众忍无可忍

极限:81%—100%的公众忍无可忍

可见,当超过81%以上的被调查人数对犯罪表现出忍无可忍态度时,我们就可以认定公众的容忍度已达到极限(F)。

三、最高犯罪率生成条件:"严打"手段

当公众、政府容忍度达到忍无可忍时,这时的实际犯罪率就为最高犯罪率,那么,在此情况下,政府会采取什么手段控制实际犯罪率,不让实际犯罪率突破最高犯罪率? 笔者认为,政府只有采取"严打"手段,才能实现控制最高犯罪率目标。③

---

① 公众容忍度往往与公众安全感相关。所谓公众安全感,就是社会公众对自己的人身安全、财产安全、环境安全状况和水平的综合心理评价。一般而言,公众安全感高,其对犯罪的容忍度也高,反之,容忍度则低。公众容忍度与公众安全感成正比。影响公众安全感的因素是多方面的,主要可归纳为五点:第一,社会背景因素。国富民强,政治稳定,民族团结,公众安全感水平就较高;相反,社会动荡,经济衰退,公众安全感就会降低。第二,违法犯罪的数量、规模、种类及犯罪控制保障。第三,公众自身的心理素质。第四,公众自我防范能力。第五,公民活动的时空范围和行为方式。参见康树华等主编:《犯罪学大辞书》,甘肃人民出版社1995年版,第7—8页。

② 由于我国人口众多,公众对犯罪的态度只能通过抽样调查方式获得,而难以通过"全民公决"方式获得。

③ 参见汪明亮:《"严打"的理性评价》,北京大学出版社2004年版,第13—158页。

(一) 何谓"严打"手段①

笔者这里所称"严打",是指当犯罪率已达最高犯罪率水平线(超过公众、政府的容忍度),政府在法治范围内,最大限度地调动司法资源,把犯罪率压到最高犯罪率水平线以下的刑事政策手段。

发动"严打"必须具备以下几个要件:

第一,时间要件:"严打"只能在实际犯罪率已达最高犯罪率,公众、政府忍无可忍时才能发动。如果犯罪率已经较高,但还没有达到最高犯罪率时,就不能发动严打,否则,就是"严打"不适时。

第二,目的要件:"严打"的目的是把犯罪率压到最高犯罪率水平线以下。"严打"作为一种事后预防手段,具有一定的预防犯罪功能,但是,如果过于夸大"严打"的作用,把"严打"作为控制犯罪的唯一手段,则是危险的、有害的。

第三,行为要件:"严打"只能是政府在法治范围内,以最大限度地调动司法资源方式,打击犯罪。(1)"严打"必须在法治范围内进行,也就是说,"严打"必须严格按《刑法》、《刑事诉讼法》的规定进行,既不能脱离《刑法》"从重",也不能脱离《刑事诉讼法》"从快","严打"不是"法外之法"。(2)

---

① 此处所称的"严打"有别于我国自 20 世纪 80 年代以来所发动的"严打",包括 1983 年"严打"、1996 年"严打"和 2001 年"严打"。1983 年"严打"的时间跨度较长,从 1983 年 8 月一直延续到 1987 年 1 月。1983 年"严打"的做法是"在三年内组织一次、二次、三次战役,一个大城市,一网打尽,一次打他一大批",即"从重从快"。详言之,就是在组织上采取公、检、法等有关部门联合办公,"并得到人民解放军的支援"。在形式上采取发动群众方式,以战役的方法大张旗鼓地进行,使犯罪分子成为"人人喊打的过街老鼠"。1996 年"严打"的主要做法是,在党中央的决策和领导下,各级党政领导亲自挂帅,迅速动员各方面力量投入到这场"严打"斗争中,在 4 月到 7 月间,接连组织了三个战役。具体说:第一,各级党委、政府高度重视,组织领导坚强有力。在这场斗争中,中央先后两次听取"严打"斗争情况汇报,始终把"严打"斗争作为全党的一件大事抓住不放。各省、自治区、直辖市党委和政府,认真传达和贯彻中央指示精神,把开展"严打"作为一项重要政治任务来抓。第二,公安政法部门精心组织,突出重点,全力以赴,发挥了主力军作用。政法部门之间密切配合,检察院、法院对重大案件提前介入,快批捕、快起诉、快审判。第三,加强舆论导向,形成强大的舆论声势。这次"严打"的宣传工作是在中央宣传部和中央政法委的统一部署下协调进行的,各新闻媒体单位密切配合,坚持正确的导向,形成强大的声势。另外,为了加强枪支管理,1996 年第八届人民代表大会通过了《枪支管理法》,在全国范围内全面收缴枪支弹药。在 2001 年"严打"中,除了强调"从重从快"以外,还强调"稳、准、狠"及"依法"原则。同时,强调"打防"结合,治标与治本结合,主要表现在:一是采取"严打"与整顿市场经济秩序相结合;二是"严打"与反腐败相结合,坚决打掉隐藏在黑恶势力背后的"保护伞"。我国自 1983 年以来所发动的"严打",对控制最高犯罪率起到了重要作用,但也存在一些不足,主要在于科学性不够和法治化不足。

"严打"就是最大限度地调动司法资源,打击犯罪。"严打"是要成本投入的,而社会资源总是有限的,政府对司法资源的投入也是有限的,为了对付犯罪,政府必须权衡利弊得失,当用较小的资源投入就能把犯罪控制在最高犯罪率以内,政府就不会投入过大的司法资源。但犯罪率急剧上升,达到最高犯罪率时,政府为了维护自己的统治,就必须投入更多的司法资源,从而"迅速"地把犯罪率压下来。最大限度地调动司法资源,主要体现在以下几方面:第一,加强对警察的投入。一是增加警察编制,特别是增加犯罪高发区的警察人数;二是增加对警察装备的投入,以提高警察的办案效率;三是加大对警察的培训,以提高警察的素质。第二,加强对检察机关、审判机关的投入,以提高公诉、审判效率。第三,加强对监狱的投入,一是建设更多的监狱,以便关押更多的罪犯;二是加强对监狱看守人员的培训,以提高改造罪犯的效果。

(二)"严打"何以成为控制最高犯罪率的手段

当犯罪率到达最高犯罪率水平线时,犯罪量已经达到了公众、政府所能忍受的极限,在这种情况下,政府若不作出特殊反应或反应不及时,就会带来统治危机,甚至政权更替。于是,"严打"就成了政府企图把犯罪率控制在饱和状态内的必要手段。

笔者认为,"严打"之所以成为把犯罪率控制在饱和状态内的必要手段,就在于其具有"速效性",即"严打"能在最短的时间内发生功效,把犯罪率压下,使公众与政府对之都能容忍。① 按犯罪化学反应方程式,虽然预防犯罪生成的手段有很多,既可以是对"带菌个体"的预防,也可以是对"致罪因

---

① 如我国2001年"严打"发动以后,通过对2002年全国群众安全感抽样调查,公众安全感和对社会治安的评价有所提高。据《人民日报》(2003年3月3日第2版)报道:据国家统计局日前公布的2002年全国群众安全感调查结果显示:目前我国公众的安全感和对社会治安的评价有所提高,刑事犯罪、公共秩序混乱和交通事故是最影响人们安全感的因素。这次调查是国家统计局继2001年首次开展全国群众安全感调查之后的第二次,共抽取全国31个省、自治区、直辖市年满16周岁以上的101988人进行了问卷调查。在调查中,对于"在目前的社会治安环境下,您感觉安全吗"这一问题,有6.9%的被调查人员回答"很安全",比2001年的调查结果提高0.7个百分点;有35.6%的回答"安全",同比提高4个百分点;41.6%的人回答"基本安全",同比降低2个百分点;12.4%的人回答"不太安全",同比降低2.1个百分点;3.5%的人回答"不安全",同比降低0.6个百分点。群众对所在区、县的社会治安状况的评价,有8.8%的人回答"很好",比2001年调查结果提高1.1个百分点;34.5%的人回答"较好",同比提高1.6个百分点;49%的人回答"一般",同比降低1.7个百分点;有6.2%和1.5%的人分别回答"较差"和"很差"。

素"的预防,还可以是对"催化剂"的控制,但在这些手段中,政府所采取的最便捷、最有效的方式就是堵塞"催化剂"因素中的社会控制疏漏,即加强社会控制。而"严打",通过最大限度地调动司法资源方式打击犯罪,能很快地把犯罪率压下去,不失为一种速效的社会控制手段。

为了说明"严打"的速效性,我们可以通过两个范例证明:

范例一:中国"83 年严打"

发生背景: 从 1978 年开始,中国的犯罪率开始上升,1979 年刑事立案 636222 起,犯罪率为万分之 6.60;1980 年刑事立案 757104 起,犯罪率为万分之 7.75;1981 年刑事立案 890281 起,犯罪率为万分之 9.00;1982 年刑事立案 748476 起,犯罪率为万分之 7.46。① 在这种严峻情况下,公众反映强烈,严重的犯罪形势影响到改革开放的进程,在这种背景下,1983 年 8 月,中国开始了第一轮严打。

严打对策:②(1) 对几类严重危害社会治安的犯罪分子,可以在刑法规定的最高刑以上处刑,直至判处死刑;(2) 增加传授犯罪方法罪,最高可以处无期徒刑或者死刑;(3) 采用从新原则,《关于严惩严重危害社会治安的犯罪分子的决定》溯及既往;(4) 对几类重要的犯罪上诉期由 10 天改为 3 天。

速效表现:(1) 1983 年刑事立案 610478 起,比 1982 年少立案 137998 起;(2) 1983 年犯罪率为万分之 6.01,比 1982 年下降万分之 1.45。

---

① 参见杨焕宁:《犯罪发生机理研究》,法律出版社 2001 年版,第 19 页。
② 主要是全国人大常委会作出了《关于严惩严重危害社会治安的犯罪分子的决定》,该决定的主要内容是:为了维护社会治安,保护人民生命、财产的安全,保障社会主义建设的顺利进行,对严重危害社会治安的犯罪分子必须予以严惩。为此决定:"一、对下列严重危害社会治安的犯罪分子,可以在刑法规定的最高刑以上处刑,直至判处死刑:1.流氓犯罪集团的首要分子或者携带凶器进行流氓犯罪活动,情节严重的,或者进行流氓犯罪活动危害特别严重的;2.故意伤害他人身体,致人重伤或者死亡,情节恶劣的,或者对检举、揭发、拘捕犯罪分子和制止犯罪行为的国家工作人员和公民行凶伤害的;3.拐卖人口集团的首要分子,或者拐卖人口情节特别严重的;4.非法制造、买卖、运输或者盗窃、抢夺枪支、弹药、爆炸物,情节特别严重的,或者造成严重后果的;5.组织反动会道门,利用封建迷信,进行反革命活动,严重危害社会治安的;6.引诱、容留、强迫妇女卖淫,情节特别严重的。二、传授犯罪方法,情节较轻的,处五年以下有期徒刑;情节严重的,处五年以上有期徒刑;情节特别严重的,处无期徒刑或者死刑。三、本决定公布后审判上述犯罪案件,适用本决定。"

范例二:美国"里根政府的'严打'"

发生背景:里根政府上台后,面临着严重的刑事犯罪问题,其中有几种严重犯罪的犯罪率在1980年达到了美国自1960年以来的最高峰:严重伤害犯罪率约为十万分之276,强奸犯罪率约为十万分之42,杀人犯罪率约为十万分之12,盗窃犯罪率约为十万分之3100,夜盗犯罪率约为十万分之1650等。①

"严打"对策:(1) 废除"例外规则";(2) 设立"预防性拘留"措施;(3) 限制被州法院判决有罪的人通过人身保护程序向联邦法院上诉的权利;(4) 恢复联邦死刑;(5) 提高多数犯罪的最高刑期;(6) 废除联邦假释等。②

速效表现:1981年严重伤害犯罪率约下降到十万分之273,1982年约下降到十万分之273;1981年强奸犯罪率约下降到十万分之40,1982年强奸犯罪率约下降到十万分之34;1981年杀人犯罪率约下降到十万分之11,1982年杀人犯罪率约下降到十万分之9;1981年盗窃犯罪率约下降到十万分之3080,1982年盗窃犯罪率约下降到十万分之3000;1981年夜盗犯罪率约下降到十万分之1620,1982年夜盗犯罪率约下降到十万分之1480等。③

(三)"严打"手段之评价

正因为严打具有"速效性"功能,因而它成了政府试图把犯罪率控制在饱和状态内的一种必要手段。笔者认为,"严打"作为一种必要手段,只是政府控制犯罪的无奈之举,而非长久之计。也就是说,"严打"只是政府在特殊情况下对付犯罪的一种手段,而非对付犯罪的一贯手段。

首先,严打"速效性"带来的往往是效果上的短暂性。"严打"靠的是通过最大限度地调动司法资源方式打击犯罪,往往是以"多抓、多判、多关"等手段强行降低犯罪率,把犯罪气焰"压下去",使犯罪率回落到最高犯罪率水

---

① 以上数据根据美国 FBI 提供的犯罪图表归纳,See Stanley D. Eitzen, Doug A. Timmer, Criminology, John Wiley & Sons, Inc., 1985, pp.92—93.
② See Stanley D. Eitzen, Doug A. Timmer, Criminology, John Wiley & Sons, Inc., 1985, p.566.
③ 以上数据根据美国 FBI 提供的犯罪图表归纳,See Stanley D. Eitzen, Doug A. Timmer, Criminology, John Wiley & Sons, Inc., 1985, pp.92—93.

平线以下。但是这种速效方法,只能转移犯罪化学方程式反应后的结果(犯罪行为),而不能改变犯罪化学方程式结构("带菌个体"、"致罪因素"和"催化剂"),只能治标不能治本。"罪如韭,割复生","严打"的效果是短暂的,①并不是长久之计。

其次,一轮"严打"结束往往意味着下一轮"严打"即将到来,"严打"把自己推向了"不归路"。每一轮"严打"的最终结局是把更多的罪犯关进监狱,使监狱人满为患,②社会暂时趋于平静,犯罪率暂时下降。但是,罪犯被关进监狱,并不意味着万事大吉,监狱的改造功能是有限的,相当一部分罪犯不能被改造,迟早会被释放,一旦他们回归社会,社会上的"带菌个体"急剧增加,犯罪率急剧上升,③"增加监狱关押人数,最终结果只能是,培养更多的罪犯返回社会"④。为了把急剧上升的犯罪率压到最高犯罪率水平线以下,政府不得不又发动新一轮"严打"。

再次,"严打"会消耗大量的社会资源,成本很大。"严打"成本,是指国家发动严打所付出的代价,主要体现在:(1)成本之一:刑罚适用成本。"严打"的最根本之处在于最大限度地调动司法资源打击犯罪,对犯罪分子"从快"适用刑罚,而刑罚的适用是需要付出代价的,该代价就是"严打"的刑罚适用成本。这种成本包含在刑事程序的四个方面:侦查成本、起诉成本、审判成本和行刑成本。在"严打"期间,国家为了加强刑罚适用,投入的成本是

---

① 我国 1983 年严打、1996 年严打后犯罪率很快又回升都说明了这一点。据有关资料显示,从 1985 年到 1991 年,犯罪年平均增长 32%,重大案件增长 40%。参见魏平雄等:《市场经济条件下犯罪与对策》,群众出版社 1995 年版,第 58 页。

② 在美国里根政府"严打"期间,监狱一度人满为患,1981 年在州和联邦监狱关押的人数增长了 12.1%,1982 年关押的人数增加了 11.6%。监狱关押人数的过度增长使州监狱的一个牢房要关押 2—3 人,或将他们关在帐篷、小屋或军事禁闭室中。See Stanley D. Eitzen, Doug A. Timmer, Criminology, John Wiley &Sons, Inc., 1985, p.568.

③ 据统计,1996 年底,全国在押犯中,剩余刑期在四年以下的有 80 万人,按 1996 年的重新犯罪率 10 左右计算,在 2000 年前将有 8 万人左右重新犯罪。在每年新收押的 30—40 万罪犯中,约有 50% 左右的刑期在五年以下,在未来四年中也将陆续释放,其中,还有约 7 万左右的人可能重新犯罪。两项合计,在 2000 年以前,将有 15 万左右的刑释人员重新犯罪。其中,重大刑事犯罪的比例为 24.2%,即将有 33000 余人重新犯大、要案,危害社会。参见李均仁等:《转换观念,预防控制重新犯罪的上升趋势》,载《犯罪与改造研究》1998 年第 6 期,第 5 页。

④ Stanley D. Eitzen, Doug A. Timmer, Criminology, John Wiley & Sons, Inc., 1985, p.571.

第八章　最高犯罪率

巨大的,而且是可以计量的。①（2）成本之二:严打机会成本。经济学中所说的机会成本,也叫选择成本,②是指为了多生产一单位产品或服务而必须放弃的其他产品和服务的价值,即"作出某一决策而不作出另一种决策时所放弃的东西"③。"严打"的机会成本,则是指"严打"自身成本的存在从而导致其他可供选择政策适用机会的丧失。对于居高不下的严重刑事犯罪率,国家可以通过不同的手段予以调控,一旦国家在主观上判断认为必须运用"严打"控制犯罪率,即使用"严打"手段时,则必然意味着排除其他政策同时对付严重刑事犯罪率的可能性(因为社会资源是有限的)。这种其他政策手段的适用因"严打"的存在而成为不可能即机会的丧失,便构成"严打"成本的机会成本。当其他政策手段也有效地适用时,"严打"的机会成本便将增加。国家打击犯罪当然机会成本越低越好,同样的投入,如果投入在其他政策领域而更能降低严重刑事犯罪率,那么就不应当采取"严打"手段。从资源的稀缺性看,由于某种决策或选择把有限的资源用于某种用途后,就不能用于其他用途,从而放弃了用于其他用途的机会。因而从计量上考虑,机会成本就是某种决策的成本用于其他方面的收益。"严打"主要靠的是通过刑罚手段"事后"打击犯罪,那么如果把"严打"刑罚适用成本用于其他对付犯罪手段,如"事前"预防手段,效益又如何? 据报道,在美国,犯罪给社会造成严重损失,国家打击犯罪要投入巨额的资金。据美国司法部 1996 年以量化形式完成的一份题为《受害者的损失及其后果:新的观察视角》的研究报告称:预防犯罪既有社会效益又有经济效益,如果能及时改造好一个出生在缺少父母关心教育的家庭、又有较大犯罪倾向的青年,就可以减少 150—200 万美元损失。④ 英国的一项研究显示:对于一名犯罪青少年,国家的刑事司法部门每年需平均花费 10542 美元用于取证、拘捕、审判、监禁和矫正。然而,如果对这些违法犯罪危险性高的青少年提前采取防范和教育措施,进而

---

① 以我国为例,如 2001 年 4 月份以来,重庆市巴南区在财力十分困难的情况下,拨出了 226 万元专项经费用于"严打"整治斗争;又如昆明市 2001 年度地方财政决算中决定划拨"严打"工作经费 1000 万元。
② See Posner, Economic Analysis of law, Little Brown and Company, 1986, p.6.
③ 〔美〕保罗·A.萨缪尔森、威廉·D.诺德豪斯著:《经济学》(下),高鸿业等译,中国发展出版社 1992 年版,第 773 页。
④ 参见李正信:《美国:犯罪年损失 5000 亿》,载《中国青年报》1996 年 4 月 30 日第 3 版。

防止他们违法犯罪,那么国家相应的花费将会减少 1/5。① 可见,预防犯罪成本投入,带来的效益是可观的,这也从另一方面说明刑罚适用的机会成本是巨大的。正因为如此,1994 年,荷兰政府批准了向致力于减弱导致犯罪的各种危险性因素的基层预防犯罪措施拨付 100 万美元经费的年度预算。这一决定是根据荷兰司法部完成的科学研究结果作出的。荷兰司法部的研究发现,增加警力措施的开支较大,但减少犯罪的成效较小;另一方面,加强基层的预防犯罪措施费用较小,但减少犯罪的成效较大。因此,有必要对致力于减弱导致犯罪的各种危险性因素的基层预防犯罪措施增加投入。②

(3) 成本之三:不必要代价。不必要代价,指的是在"严打"成本投入过程中,由于运行不当所造成的不必要损失。不必要代价是由于"严打"运用不当造成的,"严打"运用得越得当,不必要代价就越小;反之,则越大。"严打"不必要代价主要表现为对法治造成的破坏。因为"严打"强调的是最大限度地动用司法资源打击犯罪,在实践中出于急于把最高犯罪率"压下来"的需要,往往会出现一些违反刑事法律规定的做法,如"法外从重"、"法外从快"等。

四、最高犯罪率测算:构建"严打"指标分析体系

如上文述及,"严打"只能在当实际犯罪率已达最高犯罪率,公众、政府忍无可忍时才能发动。虽然犯罪率已经较高,但还没有达到最高犯罪率时,就不能发动"严打",否则,就是"严打"不适时。那么如何测定"严打"的发动时间,也即如何确定最高犯罪率?笔者认为,构建"严打"指标分析体系是科学发动"严打"的重要途径。

1. 内涵及意义

"严打"指标分析体系,是指通过相关分析犯罪指标确定是否启动"严打"刑事政策。指标分析是进行各种决策的重要参数。指标可以分为总量指标、相对指标、平均指标和变异指标。③ "严打"指标分析体系主要以犯罪

---

① 参见郭建安、周勇:《论犯罪耗费》,载《中国刑事法杂志》2001 年第 5 期。
② 同上。
③ 参见黄良文、陈仁恩主编:《统计学原理》,中央广播电视大学出版社 1992 年版,第 123 页。

平均指标为分析手段。犯罪平均指标,指的是用以反映社会犯罪现象总体各单位某一数量标志在一定时空下所达到的一般水平。在社会犯罪现象同质总体中,每个单位都有许多数量标志表明它们的特征,这些数量的取值有大有小,差异很大。但在同质总体内的各个具体犯罪现象又具有共同的质的规定性,把数量上的差异制约在一定的范围中,这样就有可能利用一定的量代表总体单位数量标志的一般水平。例如,犯罪的严峻程度取决于刑事犯罪率、重大刑事案件犯罪率、破案率、公众对犯罪的容忍度等多种因素,但是,我们依然可以通过犯罪平均指标计算出一年内的平均犯罪严峻程度。

通过犯罪平均指标确立的"严打"指标分析体系是决定是否启动"严打"的重要参数,只有当犯罪平均指标达到一定程度时,才能启动"严打"。过早或过迟启动"严打"都是不科学的。当犯罪平均指标尚未达到相应程度时,启动"严打"会造成司法资源的浪费,甚至刑罚的滥用;当犯罪平均指标超过相应程度时,启动"严打"又可能为时已晚,已经难以弥补犯罪对社会所造成的损失。

2. 可行性

构建"严打"指标分析体系,不仅是启动"严打"的重要依据,而且具有可行性。首先,构建"严打"指标分析体系的理论基础。"社会指标运动"与现代社会统计学的建立为构建"严打"指标分析奠定了理论基础。1966年,美国雷蒙德·A.鲍尔(Raymond A. Bauer)等人编辑出版了《社会指标》(Social Indicators)一书,立足于"大社会"角度,试图建立一套社会指标体系,以定量形式探测社会的各种变化,并试图建立一种全面的社会系统的核算模型,评估整个国情。《社会指标》在美国学术界产生了深刻影响,引起了各领域专家学者们的极大兴趣,随后在全世界掀起了对社会指标(尤其是非经济社会指标)的研究热潮,被称为"社会指标运动"。[1] 在该运动的影响下,现代统计学应运而生,由此还派生出运筹学、决策学等新兴学科。可见,利用非经济社会指标研究犯罪现象,并以此作为启动严打的数据根据,是有其理论基础的。其次,构建"严打"指标分析体系的技术基础。现代计算机信息处理技术的高速发展和广泛应用,为科学高效地处理犯罪各项复杂数据提供了技术上的支持。正如美国社会学家艾尔·巴比(Earl Babbie)所言:"电

---

[1] 参见袁方主编:《社会统计学》,中国统计出版社1988年版,第9页。

脑在定量社会研究中具有非常重要的作用,就好比显微镜之于生物学,望远镜之于天文学一样。"①最后,构建"严打"指标分析体系的法律基础。我国《统计法》第 5 条规定:"国家加强对统计指标的科学研究,不断改进统计调查方法,提高统计的科学性、真实性。"

3. 具体设想

在操作层面,"严打"指标分析体系的构建包括犯罪指标选定、数学计算模型和平均指标示意图三部分内容。

(1)犯罪指标。在"严打"指标分析体系中,犯罪指标至少包括下列内容:

A. 刑事案件案发率(每一百人口中刑事案件数):案发数/人口总数·100%;

B. 重大恶性案件案发率(每一百人口中重大恶性案件案发数):重大恶性案件案发数/人口总数·100%;

C. 未破案率(每一百起刑事案件中未破获数):未破获案件/案发数·100%;

D. 重大恶性案件未破获率(每一百起重大恶性案件中未破获数):未破获重大恶性案件/重大恶性案件案发数·100%;

E. 公众不能容忍率(每一百人口中对刑事案件的不能容忍数):不能容忍人口/人口总数·100%;

F. 重大恶性案件不能容忍率(每一百人口中对重大恶性案件的不能容忍数):不能容忍人口/人口总数·100%;

G. 受害率(每一百人口中受到犯罪侵害的人数):受害人数/人口总数·100%。

(2)计算方法。由于不同指标在总体平均指标中所占的比例(系数)不同,犯罪平均指标数学计算方法可以使用加权算术计算法。②

在计算之前,笔者假定 A、B、C、D、E、F、G 各项指标的权数(系数)分别

---

① 〔美〕艾尔·巴比:《社会研究方法》,邱泽奇译,华夏出版社 2000 年版,第 17 页。
② 平均指标有多种计算方法,如算术平均数、调和平均数、众数和中位数等,它们都用来反映现象的一般水平。其中算术平均数是统计研究中最常用的指标计算方法,它又包括简单算术平均数和加权算术平均数两种计算方法。

为 f1、f2、f3、f4、f5、f6、f7。① 具体计算参照"犯罪指标统计表":

表 8.1 犯罪指标统计表②

指标	单位	数量(x)	系数(f)
A(刑事案件案发率)	%(百分比)	X1	F1
B(重大恶性案件案发率)	%(百分比)	X2	F2
C(未破案率)	%(百分比)	X3	F3
D(重大恶性案件未破获率)	%(百分比)	X4	F4
E(公众不能容忍率)	%(百分比)	X5	F5
F(重大恶性案件不能容忍率)	%(百分比)	X6	F6
G(受害率)	%(百分比)	X7	F7

根据以上统计表,笔者得出平均犯罪指标的计算公式:

$$平均犯罪指标(x') = x1 \cdot \frac{f1}{\sum f} + x2 \cdot \frac{f2}{\sum f} + \cdots + x7 \cdot \frac{f7}{\sum f}$$

$$= \sum x \cdot \frac{f}{\sum f}$$

(3)平均指标示意图。在计算出每年平均犯罪指标的基础上,我们可以绘制出犯罪平均指标示意图,并在该示意图上找到启动"严打"的"点",只有在犯罪平均指标突破该"点"的时候,才能发动"严打"。

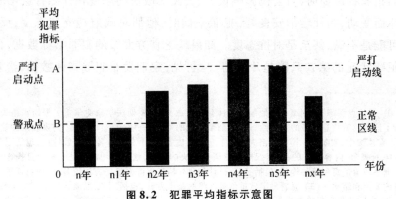

图 8.2 犯罪平均指标示意图

---

① 系数的确定是一项重要工作,其确定方法有两两比较法、层次分析法、"德尔菲"法等。系数的确定要顾及多方面因素,需要进行大量的实证研究,限于篇幅,本书对各指标的系数不作具体论证。

② 本统计表以年为单位,以全国为分析范围。

在上图中,只有当某年的平均犯罪指标达到 A 点("严打"启动点),超出"严打"启动线时,才能启动"严打"。

4. 配套措施

为了提高"严打"指标分析体系的准确度,使"严打"科学性真正得以实现,我们还必须建立和完善相关配套措施。

(1)严格制定和实施犯罪指标统计制度。这是实现"严打"发动的信息保障。① 其一,要设立相应的统计机构。考虑到犯罪指标统计的特殊性,其统计机构的设置应区别于一般的统计机构,笔者建议犯罪指标统计机构可以由司法部、厅、局三级部门设置,并直接领导。其二,要严格按照我国《统计法》的规定对犯罪指标进行科学的统计,对那些违反统计法的规定而虚报、瞒报、拒报、迟报,甚至篡改、伪造犯罪指标的直接责任人员应该追究其相应的法律责任。

(2)建立犯罪指标发布制度。建立犯罪指标发布制度具有非常重要的意义:首先,这是国家发动"严打"的直接根据,是测定最高犯罪率的必要手段。国家发动"严打"不能仅凭"民愤",更不能只凭某领导人的"远见",而应该建立在科学的犯罪指标分析基础之上。只有当犯罪平均指标达到"严打"启动点时,国家才能(也必须)发动严打。其次,可以稳定人心。某个阶段的犯罪状况如何,对公民影响很大,公民对政府的态度往往随社会治安的好坏而变动,当社会治安良好,犯罪率低时,他们对政府持支持态度;反之,则可能是不满,甚至是对抗态度。如果缺乏官方发布的犯罪指标数据,公民对犯罪状况的感知只能是片面的。② 可见,定期发布犯罪指标数据,给公民

---

① "信息保障"在刑事政策的制订中具有重要意义,俄罗斯法学家谢尔盖·博斯霍洛夫首先强调了刑事政策信息保障的重要性,他在《刑事政策的基础》一书中,专设一编"刑事政策的信息保障"。在该编中,谢尔盖·博斯霍洛夫论述了三方面内容:(1)信息保障的一般特点,包括三节:信息保障的概念、内容和目的;信息保障需要研究解决的问题;法律适用活动是一种信息操作进程。(2)刑事政策信息保障的构想,包括三节:设计和建立信息保障系统的方法论基础;信息需求;信息保障的要素和结构。(3)完善刑事政策信息保障的基本方针,包括三节:发展和完善信息保障的趋势和远景;完善信息保障的法律基础和组织基础;完善信息保障的技术和资源基础。参见〔俄〕谢尔盖·博斯霍洛夫:《刑事政策的基础》,刘向文译,郑州大学出版社 2002 年版,目录部分。

② 特别是在小道消息盛行的当代中国,更是如此。由于对犯罪状况发布的主渠道不畅通,小道消息就过于泛滥。例如,据中新网北京 2001 年 9 月 3 日消息:"据报载,某市公安局在最近 3 个月内破获各类刑事案件 1228 起、打掉公安部挂牌的黑社会性质的犯罪集团 4 个、黑恶犯罪集团 21 个、抓捕逃犯 41 名,重大案件破案率 100%。"结果引起媒体质疑该公安机关的功过问题。笔者认为,如果官方能够及时客观地公布当地的"犯罪数据",媒体就不会就所谓的"100%"予以质疑了。

一个明白的"说法",就会使小道消息不攻自破,这对稳定人心有着重要意义。最后,可以为犯罪学理论研究提供素材。国家刑事政策的制订离不开犯罪学理论的支撑,而犯罪学又必须建立在实证的基础之上。如果缺乏客观、权威的犯罪数据,犯罪学研究只能是"纸上谈兵"。美国的犯罪学之所以高度发达,与其犯罪数据发布制度是密不可分的。[①]

[①] 在每年的九月份,美国的 FBI 都会向公众公布该年的一系列犯罪数据。这在美国被媒体称为"犯罪钟"(crime clock)。由于"犯罪钟"代表美国最全面犯罪数据,其计算必须相当仔细。See Stanley D. Eitzen, Doug A. Timmer, Criminology, John Wiley & Sons, Inc., 1985, pp.88—91.

第九章 理想犯罪率

一、理想犯罪率生成模式概述

犯罪是不可避免的,在一定的社会条件下,以多大的犯罪率存在为最佳就是理想犯罪率。理想犯罪率是一个较为抽象的概念,与最低犯罪率、最高犯罪率一样,其比率的大小也是随着社会条件的变化而变化的。

在实际社会中,犯罪率一般很难停留在理想犯罪率状态,正如前文犯罪化学反应方程式所论及,导致犯罪发生的因素是多元的,这种多元的因素一直处于变动之中,因而一定社会条件下的实际犯罪率也是处在不断变动之中,即围绕着理想犯罪率上下波动。当犯罪率波动到理想犯罪率以下(接近最低犯罪率)时,国家就可能会减少对犯罪的打击预防力度,犯罪率则会在一定程度上上升;当实际犯罪率高于理想犯罪率时,国家就会逐渐加大预防犯罪力度;当实际犯罪率到达最高犯罪率时,国家就会不择手段(直至"严打"手段)把犯罪率压下来。

虽然理想犯罪率是一个抽象概念,难以给出一个确切的量,但还是可以通过一系列的指标进行考察的。笔者认为,一定社会条件下的犯罪率如果满足了以下各项指标要求,该犯罪率就可以被看做理想犯罪率。这些指标体现在三个方面:一是容忍度指标:理想犯罪率必须在公众与政府的容忍范围内;二是价值指标:理想犯罪率必须考虑到社会秩序保护与个人权利保障价值间的协调;三是经济指标:理想犯罪率必须反映经济性原则,也即国家控制犯罪率的效益大于控制犯罪率成本投入。

在公众的容忍范围内与在政府容忍的范围内,是考察理想犯罪率的基本指标,如果一定社会条件下的犯罪率不在公众与政府的容忍范围内,则不存在理想犯罪率问题。然而,在公众的容忍范围内与在政府容忍的范围内,除考察理想犯罪率的基本指标外,还必须考察社会秩序保护与个人权利保障相协调和国家控制犯罪率的效益大于控制犯罪率成本投入这两个指标。由于后两个指标的认定比较复杂,笔者对其展开论述。

二、价值指标:理想犯罪率必须考虑到社会秩序保护与个人权利价值保障间的协调

社会秩序保护与个人权利保障是法律追求的两大价值目标。社会秩序保护与个人权利保障价值间的协调,是指理想犯罪率一方面反映了国家对社会秩序的保护,同时又体现了国家对个人权利的保障。一般而言,犯罪率越低,表明国家对社会秩序保护越有力,对个人权利的保障则相对放松;犯罪率越高,则表明国家对社会秩序保护越无力,对个人权利的保障则相对加强。可见,犯罪率的高低与社会秩序保护力度成反比,与人权保障的力度成正比。当一定社会条件下的犯罪率既体现了国家对社会秩序的保护,同时又体现了对人权的保障,使两者达到协调,这时的犯罪率为理想犯罪率。

(一)犯罪率的高低与社会秩序保护力度成反比,与人权保障力度成正比

之所以说犯罪率的高低与社会秩序保护力度成反比,与人权保障的力度成正比,是因为当国家过于注重社会秩序保护的时候,势必加强限制个人权利的社会规范的制定,如制定关于限制自由迁移的法律规范、限制政治权利(如游行、示威、言论等权利)的法律规范、限制自由经济行为的法律规范等。通过制定过多地限制个人权利的法律规范,使个体处于相对"禁止"状态,犯罪化学反应方程式中的"致罪因素"与"催化剂"因素受到控制,难以促成犯罪行为的生成,故犯罪率较低,在此情形下社会秩序得到较好的保护。相反,如果国家过于注重对个人权利的保障,势必会出台一些有利于个体自由的法律规范,从而使个体能够从法律规范的禁锢中解脱出来,享受更多的个人权利,处于相对"活跃"状态,犯罪化学反应方程式中的"致罪因素"与"催化剂"因素难以控制,易于促成犯罪行为的生成,故犯罪率较高。对此,可以用下列事实予以说明:

1. 事实一:中国古代社会过于注重社会秩序保护,犯罪率较低,但不是理想犯罪率

在中国古代社会,追求"社会秩序"价值,注重对社会秩序的保护,而忽

视对个人权利的保障。① 对此,翟中东博士作了归纳,主要表现在:②第一,通过构建礼制而完成对引发行为人犯罪的外在因素与关系的基本控制。礼制在中国古代社会具有重要价值,正如《礼记》中所说:"道德仁义,非礼不成;教训正俗,非礼不备;力争辨讼,非礼不决;君臣、上下、父子、兄弟,非礼不定;宦学事师,非礼不亲;班朝治事,莅官行法,非礼威严不行;祷祠、祭祀,供给鬼神,非礼不诚不庄。"由于礼制涵盖了人与国家、人与父母、人与夫妻、人与亲友、人与乡里的关系,及于人的婚姻、养育、居住、农桑、生老病死,将人情事理纳入"君君臣臣,父父子子"的框架,所以,在中国古代社会,礼制将每个人内心以外的世界高度有序化。因而,礼制世界没有刺激人实施犯罪行为的因素,人们也没有实施犯罪行为的理由。第二,推行一元文化,控制人的思想。自秦始皇"焚书坑儒",推行一元文化开始,虽然黄老思想有过短暂的兴盛,但是随着汉武帝对儒学的重视,儒学一跃而成为正统。儒学的独尊也促使中国的"礼"文化由一家之文化倾向转变为全社会的文化倾向,使其制度化与世俗化。从重法到尊儒的转向是中国社会发生的一次很大的文化转向,然而,这次中国文化的大转向仅由法家独尊转为儒独尊,而非由一元文化回归至多元文化。一元文化不仅赋予专制统治以独有的、全面的文化支持,更重要的是框定了人们的思维模式,进而减少了犯罪行为的发生。第三,设立户籍制、什伍编制与缘坐制,控制人的行动。户籍制、什伍编制与缘坐制在控制人的行动方面,有着重要功能。这三种制度的适用,使得每个人的行为不仅受到官府的监督,而且受到乡邻及亲友的监督,这就大大降低了个体实施犯罪的可能性。

由于中国古代统治者采取多种措施限制个人自由,维护社会秩序,因而中国古代的犯罪率是比较低的。正如在"最低犯罪率"一章所论及的,低犯罪率未必是最佳犯罪率,也就不一定是理想犯罪率。虽然中国古代社会犯罪率较低,但这是以牺牲个人权利为代价的,这种低犯罪率最终带来了诸多

---

① 中国古代社会将维持社会秩序视为首要价值,这主要源于中国高度君主独裁统治是建立在家产制的政治框架中的,它以宗法家族和自业经济为基础,因而追求超稳定的社会秩序。
② 参见翟中东:《犯罪控制——动态平衡论的见解》,中国政法大学出版社 2004 年版,第 108—113 页。

恶果:不仅严重阻碍了社会生产力的发展,更是造成了周期性的社会大动荡。① 在此意义上说,只体现注重社会秩序保护,而忽视个人权利保障的低犯罪率,并不是理想犯罪率。理想犯罪率必须同时体现对社会秩序的保护和对个人权利的保障。

2. 事实二:从注重社会秩序转向注重个人权利:中国改革开放前后的犯罪率也不是理想犯罪率

在中国改革开放前的很长一段时间,由于过于注重对社会秩序保护的追求,而忽视对个人权利的保障,犯罪率一度非常低,但这并不是理想犯罪率。

改革开放后,中国开始注重对个人权利的保障,这主要体现在两个方面:一是赋予公民较大的"行动自由权"。改革开放前,无数个"单位"约束了公民的"行动自由",外出经商、旅游对大多数中国人来说,几乎不可能。改革开放后,人口开始流动,成千上万农村人口涌进城市。二是淡化意识形态的一元化,公民在意识形态领域逐渐走向"多元"。改革开放前,与单一的公有制经济和僵硬的行政模式相适应,中国社会意识形态一元化,在价值领域一统追求"重义轻利"。改革开放后,与多元市场经济相适应,人们的意识形态也逐渐多元化。改革开放以后,由于个人权利逐渐受到重视,人们不仅身体上有了"行动权",更重要的是意识上也有了"自由权",在此背景下,"带菌个体"开始活跃起来,再加上外在因素的作用,犯罪率一路攀升。

可见,理想犯罪率必须同时反映国家对社会秩序的保护与个人权利的保障,只注重其中的任何一方面而体现出来的犯罪率绝不是理想犯罪率。

(二) 理想犯罪率难以实现:从法律价值考察

从理论上说,理想犯罪率必须同时反映国家对社会秩序的保护与个人权利的保障,但在实践中,这很难实现。这实际上涉及法律的价值问题。理论上一般把法律对社会秩序的保护称为法律的功利价值,把法律对个人权利的保障称为公正价值。一般来说,如果国家强调追求法律的功利价值,那

---

① 虽然中国古代历朝统治者都将社会秩序稳定作为其在位的基本政治目标,希望把犯罪率控制在低水平线上,但从历史看,每隔两三百年(有时才几十年)中国社会就会发生一次强烈的震动:改朝换代。

么犯罪率就可能偏低;反之,如果强调追求法律的公正价值,犯罪率就可能偏高。

公正又称正义,对此经典的定义有:"正义乃是使每个人获得其应得的东西的永恒不变的意志。"①"人公认每个人得到他应得的东西为公道;也公认每个人得到他不应得到的福利或遭受他不应得到的祸害为不公道。"②"正义是给每个人——包括给予者本人——应得的本分。"③可见,法律的公正价值,就是指法律应该保障公民获得其所应有的权利,即个人权利保障。

汉语中的"功利",是英语"utility"的对译词。"utility"是"useness"、"effect",即用途、功能、功效、功用等的近义词。功利主义思想,自古有之,但作为一种系统的伦理学说,则是英国著名的道德学家和法学家耶利米·边沁(Jeremy Benthan,1748—1832)首创的,他认为,"所谓功利,意指一种外物给当事者求福避祸的那种特性,由于这种特性,该外物就趋向于产生福泽、利益、快乐、善或幸福(所有这些,在目前情况下,都是一回事),或者防止对利益攸关之当事者的祸患、痛苦、恶或不幸(这些也都是一回事)。假如这里的当事者是泛指整个社会,那么幸福就是社会的幸福;假如是指某一个人,那么幸福是那个人的幸福"④。而著名的伦理学家约翰·斯图亚特·穆勒((John Stuart Mill,1806—1873 年),则将边沁的功利主义推向了一个更高、更深的阶段,并且对功利主义的伦理学说作了充分的论证。对于什么是功利主义,穆勒在其伦理学名著《功用主义》一书中就有明确的论述:功利主义就是"承认功用为道德基础的信条,换言之,最大幸福主义,主张行为的是与它增进幸福的倾向为比例;行为的非与它产生不幸福的倾向为比例。幸福是指快乐与免除痛苦;不幸福是痛苦和丧失掉快乐"⑤。可见,对国家而言,功利在法律上主要体现为对社会秩序的追求,只有社会秩序稳定了,国家才会获得"最大幸福"。

公正与功利作为法律的两大价值,已成为共识。然而,由于公正追求的

---

① 〔美〕博登海默:《法理学——法哲学及其方法》,邓正来译,华夏出版社1987年版,第253页。
② 〔英〕穆勒:《功用主义》,唐钺译,商务印书馆1957年版,第48页。
③ 〔美〕麦金太尔:《谁之正义?何种合理性?》,万俊人译,当代中国出版社1996年版,第56页。
④ 转引自周辅成编:《西方伦理学名著选辑》(下卷),商务印书馆1987年版,第212页。
⑤ 〔英〕穆勒:《功用主义》,唐钺译,商务印书馆1957年版,第7页。

是"个人权利保障",而功利强调的则是"社会秩序保护"。对于公正与功利的关系,理论界有三种观点:一是公正优先说。以美国著名学者约翰·罗尔斯为代表,认为"正义是社会制度(包括法律制度——笔者注)的首要价值,正像真理是思想体系的首要价值一样。一种理论,无论它多么精致和简洁,只要它不真实,就必须加以拒绝或修正;同样,某种法律和制度,不管它们如何有效率和有条理,只要它们不正义,就必须加以改造或废除"①。二是功利优先说。如储槐植先生认为,"功利优先,兼顾公正。这是刑法的功利与公正相结合的可能实现的唯一最佳方案……在刑法领域,功利与公正是不可能各自独立的伙伴关系,只能是以功利为基础,同时功利受公正制约的矛盾关系"②。三是公正功利一体说。该学说认为,公正与功利观念是内在一致的。其代表人物为约翰·斯图亚特·穆勒,穆勒通过找出正义(公正)观念的共有特征,然后指出这种特征的正义(公正)观念或正义感是与功利观念内在一致的。③ 我国青年学者陈正云博士则从功利与公正动态纵向或本原意义上认定公正和功利是一体的。④ 四是公正功利协调说,即权衡考虑公正与功利的关系。如美国经济学家阿瑟·奥肯(Arth Okun)曾给公正与功利的协调关系作出了这样一种规定:"恰到好处地增进公平,直到公平之所得正和降低效率之所失相抵。"⑤也有学者从中庸原则出发,提出协调公正与功利的对策,认为"任何涉及公平与效率两个方面的决策,都应以保障最低限度的公平和最低限度的效率为前提。最低限度的公平是效率增长的极限,最低限度的效率则是公平增长的极限。无论是追求公平,还是追求效率,都要在

---

① 〔美〕约翰·罗尔斯:《正义论》,何怀宏等译,中国社会科学出版社1988年版,第1页。
② 储槐植:《刑事一体化与关系刑法论》,北京大学出版社1997年版,第258—259页。
③ 穆勒的研究是先列举与公正或不公正相关的一些具体情形,然后再从公正的起源等方面考察公正的内在根本原则。首先,通过列举运用五种正义概念的情形,穆勒得出了公正概念内在隐含着一个权利的概念(平等权);其次,通过消极意义方面考察,穆勒认为正义的情感起源于所有的动物都具有的对于自己或自己所同情的同类受伤害而想要抵抗或报复的感情,以及人类所特有的明哲利己的观念。穆勒最终得出了一个公正概念内蕴涵着的根本原则:平等权利与公平报偿。于是,如果一个社会实现了对于一切应受同等待遇的人给予同等好的待遇,也就实现了最大多数人的最大幸福(功利)。参见龚群:《当代西方道义论与功利主义研究》,中国人民大学出版社2002年版,第332—337页。
④ 陈正云认为,在动态,或本原意义上,或理想意义上说,效益(功利)与公正是一体的,即两者是同一种状态的体现和反映,本质上是代表同一种事物的,也即所谓公正就意味着效益(功利);所谓效益(功利),就意味着公正。参见陈正云:《刑法的精神》,中国方正出版社1999年版,第193页。
⑤ 〔美〕阿瑟·奥肯:《平等与效率》,王忠民、黄清译,四川人民出版社1988年版,第124页。

对立面所设定的极限之内寻求平衡和协调的方案"①。

笔者认为,由于公正与功利指向的目标不一,在法律中,正如国家意志与个人意志之间的冲突不可避免,公正与功利之间的冲突也是不可避免的。② 当然,从应然角度考虑则可能例外。③

既然在价值追求上,法律不能保证公正与功利兼得,那也就意味着社会秩序保护与人权保障难以兼顾,在此层面上说,理想犯罪率也就难以实现。

三、经济指标:国家控制犯罪率的效益大于控制犯罪率成本投入

理想犯罪率的另一个考察指标是经济指标,也即国家控制犯罪率的效益大于控制犯罪率成本投入。这就需要从经济学角度对理想犯罪率的设定进行分析。在"最低犯罪率"一章,笔者从经济学角度对最低犯罪率作过简要分析,结合该章的分析,笔者在此就理想犯罪率的设定进行探讨。根据

---

① 谢鹏程:《基本法律价值》,山东人民出版社 2000 年版,第 256 页。
② 如有学者把裁决中(刑事诉讼中也是如此——笔者注)的公正界定为:"裁决者确保冲突决定于内在而非外在因素的心理态度,这意味着案件取决于当事人提出的在法律上相关的信息,而不是决定于种族、宗教、政治信仰、出生或任何在法律上外在于案件的因素。因此,公正是裁决者对其所面临的问题所持的特定的心理态度。这个态度可以从两个方面来分析:第一,根据严格的内在因素裁决案件,表明裁决者没有明显的偏见;第二,裁决者具备考虑当事人提供的所有信息的能力。在后一种场合,无疑要求裁决者尽可能长时间地不作裁决,因为不匆于裁决实际上就是愿意接受所有信息。"(卜思天·M. 儒攀基奇:《刑法——刑罚理念批判》,何慧新等译,中国政法大学出版社 2002 年版,第 130 页。)公正与功利之冲突尽显其中。
③ 如博登海默从应然角度(健全的法律制度中)论述公正与功利的兼容性,即"一个法律制度若要恰当地完成其职责,就不仅要力求实现正义(意指公正——笔者注),而且还须致力于创造秩序(意指功利——笔者注)。这一论断可能会受到质疑,因为任何人为的制度都不可能同时实现两种价值,即一仆不能同侍二主。当这二主所追求的是截然不同的目标,发布的是互不一致的命令,而且几乎每从事一定的行动他们就发现其目的相左时,这种质疑便可能是正确的。但是从另一方面来看,当这二主为共同的主要目标奋斗并在追求这些目标中相互合作,而只在相对较少的情形下才分道扬镳时,对这二主中任何一位的服务就显然不会排斥对另一位的服务。在一个健全的法律制度中,秩序与正义这两个价值通常不会发生冲突,相反,它们往往会在一较高的层面上紧密相连、融洽一致。一个法律制度若不能满足正义的要求,那么从长远的角度来看,它就无力为政治实体提供秩序与和平。但在另一方面,如果没有一个有序的司法执行制度来确保相同情况相同待遇,那么正义也就不可能实现。因此,秩序的维护在某种程度上是以存在着一个合理的健全的法律制度为条件的,而正义则需要秩序的帮助才能发挥它的一些基本作用。为人们所要求的这两个价值的综合体,可以用一句话加以概括,即法律旨在创设一种正义的社会秩序(just social order)"。〔美〕博登海默:《法理学——法哲学及其方法》,邓正来译,中国政法大学出版社 1999 年版,第 318 页。

"成本——效益"分析模式、理性人"利益最大化"原则,笔者认为,理想犯罪率应设定在如下水平:控制犯罪率成本(特别是刑罚适用成本)投入是最佳的最小量,同时控制犯罪率效益是可获得的最佳的最大量。在具体设定理想犯罪率时,我们应遵循如下规则:其一,理想犯罪率必须使控制犯罪率成本投入所获得的收益大于(包含等于)其投入的成本。其二,理想犯罪率必须能使控制犯罪率的边际成本产生边际效益,直到边际成本等于边际效益。

(一)理想犯罪率设定

我们可以借助图9.1抽象地确定理想犯罪率。

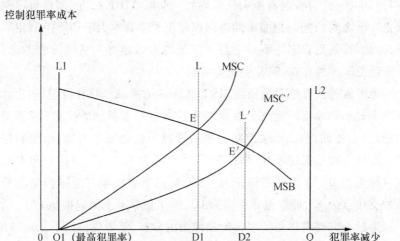

图9.1 理想犯罪率设定示意图

(说明:纵坐标—控制犯罪率成本;横坐标—犯罪率减少;L1—最高犯罪率水平线;L2—最低犯罪率水平线;L—理想犯罪率水平线之一;L′—理想犯罪率水平线之二;MSB—边际控制犯罪率收益;MSC—边际控制犯罪率成本之一;MSC′—边际控制犯罪率成本之二;Q1—最高犯罪率;Q—最低犯罪率;D1—理想犯罪率之一;D2—理想犯罪率之二;E—边际控制犯罪率效益与边际控制犯罪率成本交接点一;E′—边际控制犯罪率效益与边际控制犯罪率成本交接点二)

在图9.1上,横轴表示犯罪率减少,Q1点表示犯罪率达到了最高犯罪率,依序排列,到Q点表示犯罪已达到最低犯罪率。纵轴表示控制犯罪成本投入。曲线MSC代表在一定程度上减少犯罪的控制犯罪率边际成本,它向上倾斜表示边际控制犯罪率成本逐渐加码,直至达到一定程度的犯罪量减少。

MSB 曲线可以计算达到各种程度的犯罪率减少的边际控制犯罪率收益。该曲线向下倾斜,表示边际控制犯罪率收益随着犯罪率的减少而下降。

理想犯罪率应发生在削减犯罪率的边际控制犯罪率成本等于边际控制犯罪率收益这一点,即图中的 D1 点(理想犯罪率),该点与边际控制犯罪率成本等于边际控制犯罪率收益的交接点 E 相对称,D1、E 组成的水平线 L,就是理想犯罪率水平线。值得注意的是,低于 D1 值的任一程度的犯罪率减量(即在 D1 左边,最高犯罪率与理想犯罪率之间),进一步减少犯罪率的边际控制犯罪率收益大于边际控制犯罪率成本,这意味着进一步减少犯罪率,将有利于社会(符合利益最大化原则)。同样,在 D1 右边(理想犯罪率与最低犯罪率之间),削减犯罪率的边际控制犯罪率成本大于边际控制犯罪率收益,因此,控制犯罪率并不是把犯罪率压得越低越好。从经济学考虑,放任一定量犯罪率的存在,对社会更为有利。

笔者虽然没有绝对地描绘 MSC 和 MSB 的准确形状和位置,但边际控制犯罪率成本和收益的变化显然会影响控制犯罪率目标的确定(理想犯罪率的确定)。比如,假如用来控制犯罪的资源的机会成本下降,而控制犯罪率的边际社会收益保持不变,那么 MSC 将下降为 MSC′,同时控制犯罪率的最优目标增为 D2,在这种情形下,边际控制犯罪率成本与边际控制犯罪率收益的交接点为 E′,理想犯罪率降为 D2,理想犯罪率水平线推至 L′。

通过上文对理想犯罪率设定曲线图的分析,笔者提出以下几点结论:

第一,既不能把理想犯罪率设定得过高,造成控制犯罪率成本尤其是刑罚适用成本投入不足,造成可预期减少犯罪率的效益丧失;也不能将理想犯罪率设定得过低,追求得不偿失的所谓的"低"犯罪率,造成控制犯罪率成本尤其是刑罚适用成本的投入过量。

第二,从控制犯罪率投入成本看,实现犯罪率的初步减少(把最高犯罪率减少到理想犯罪率)的成本并不高,但在理想犯罪率和最低犯罪率这一区间,犯罪率的减少需要投入较高的控制犯罪率成本。需要注意的是,MSC 以递增的比率上升,表示边际控制犯罪率成本随犯罪率的大幅度削减而递增。发生这一现象的一个重要原因在于当社会实现大幅度的犯罪率削减时,用于制止犯罪的资源的机会成本也随之增加,这些资源或许可以用在其他有价值的公共目标上,诸如增加就业机会、改革教育制度等。

第三,从控制犯罪率收益看,第一个犯罪率削减幅度(从最高犯罪率至理想犯罪率)的收益大,但在理想犯罪率至最低犯罪率这一区间,削减犯罪率的收益相对较小。

(二)"边际效用递减原理"与理想犯罪率的生成

如上文所述,理想犯罪率应发生在削减犯罪率的边际控制犯罪率成本等于边际控制犯罪率收益这一点。那么,如何理解边际原理在理想犯罪率生成中的运用?边际(margin),原指事物在时间或空间上的边缘或界限,它是反映事物数量的一个概念。自1914年约翰·霍布森在《工业与财富》一书中首创"边际主义"一词以来,边际成本、边际收益、边际替代率以及边际消费倾向等概念逐渐被广泛使用。边际思想的核心是指在两个相关变量中,一个变量的单位增量,所导致的另一个变量单位的增量(或正或负),在其他情况不变的条件下,达到了这一经济活动变化过程不能或不值得再继续进行的边沿或限度。运用边际思想说明的最著名的经济关系之一是"收益递减规律"(边际递减原理),即"当我们连续地把同单位的可变投入量(例如劳动)增加到一定数量的某种其他投入量(例如土地)上时,我们所得到的增加的产出量是递减的"[1]。

我们用图9.2解释"边际效用递减原理"带来的后果。

笔者对图9.2的分析是:(1)当控制犯罪率成本C增加时,犯罪率X降低。(2)当控制犯罪率成本增加到一定量Z1时,犯罪率下降曲线与理想犯罪率曲线相交于E点,犯罪率达到理想犯罪率。此时的控制犯罪率成本量为最佳控制犯罪率成本量。(3)当控制犯罪率成本超过最佳成本量后,犯罪率又会逐渐上升,当控制犯罪率成本上升到一定量时,犯罪率又会达到最高犯罪率。

之所以能用"边际效用递减原理"解释控制犯罪率成本与犯罪率之间的关系,简单的解释是:当控制犯罪率成本处于最低值,接近极限时(这时,国家往往结束了控制犯罪率斗争),犯罪成本也处于最低值,基于行为人的"利益最大化"选择,犯罪率必将逐渐达到最高犯罪率。在这种情况下,出于统

---

[1] 〔美〕保罗·A.萨缪尔森、威廉·D.诺德豪斯:《经济学》(上),高鸿业等译,中国发展出版社1992年版,第54页。

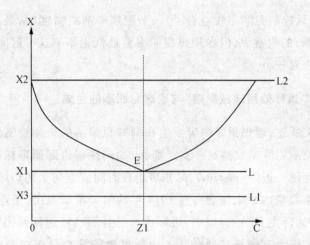

图 9.2 控制犯罪率边际效益递减示意图

（说明：X—犯罪率；X1—理想犯罪率；X2—最高犯罪率；X3—最低犯罪率；C—控制犯罪率成本；Z1——定量的控制犯罪率成本；L—理想犯罪率水平线；L1—最低犯罪率水平线；L2—最高犯罪率水平线）

治的需要，国家必须作出反应，投入一定量控制犯罪率成本（甚至包括"严打"成本），从而使犯罪率降低。当犯罪率降低至理想犯罪率时，边际控制犯罪率效益与边际控制犯罪率相等，犯罪率不再下降。相反，随着控制犯罪率成本的增加，犯罪率反而会上升。

第十章 饱和犯罪率

一、饱和犯罪率及其生成模式概述

按照犯罪饱和性生成模式,在一定的社会条件下,犯罪率总是会围绕着理想犯罪率,在最高犯罪率和最低犯罪率之间波动,处于一种相对"饱和状态",笔者把处于"饱和状态"下的犯罪率称为饱和犯罪率。

与最低犯罪率、最高犯罪率及理想犯罪率不同的是,在一定的社会条件下,饱和犯罪率始终处于变动之中,以变量的方式存在,其最大值不可能超过最高犯罪率,最小值不会小于最低犯罪率,正常情况下,饱和犯罪率总是围绕理想犯罪率上下波动。对一定社会来说,饱和犯罪率是正常犯罪率。

根据犯罪化学反应方程式,影响犯罪生成的因素很多,包括"带菌个体"、"致罪因素"及"催化剂"因素等,很显然,在一定的社会条件下,饱和犯罪率的生成也受这些因素影响。一般来说,随着社会的发展,人口逐渐增多,这就意味着"带菌个体"的数量也在不断增多,而且随着社会的发展,社会矛盾将不断增加,经济政治方面的问题日益突出,从而导致"致罪因素"增加,因而从整体上说,随着社会的发展,饱和犯罪率将呈上升趋势。但是,随着社会的发展变化,社会对犯罪行为的态度(社会反应)也发生着变化,这就影响到饱和犯罪率构成要素(隐形饱和犯罪率与显形饱和犯罪率)的变化,社会对犯罪的反应强烈,显形饱和犯罪率高,隐形饱和犯罪率低;反之,则显形饱和犯罪率低,隐形饱和犯罪率高。

二、社会反应对饱和犯罪率构成要素的影响

(一)饱和犯罪率的构成要素

饱和犯罪率由两部分组成,即显形饱和犯罪率和隐形饱和犯罪率。这主要是基于如下原因:其一,犯罪定义的多样性。从犯罪学角度与刑法学角

度对犯罪所下的定义是不同的,一般认为,犯罪学角度所定义的犯罪是指"严重危害社会的行为";而刑法学角度所定义的犯罪则是指"违反刑法规定的严重危害社会的行为"。显然,犯罪学角度所定义的犯罪外延要大于刑法学角度所定义的犯罪的外延。① 其二,犯罪黑数的存在。所谓犯罪黑数,是指由于各种原因而没有记载在官方刑事统计中的具体犯罪数据,即指已经发生的而没有被官方刑事统计的刑法学所定义的犯罪数据。②

犯罪定义的多样性与犯罪黑数的存在,必然会导致饱和犯罪率存在显形与隐形之分。所谓显形饱和犯罪率,指的是官方刑事统计中的犯罪率(刑事法所定义的犯罪)。所谓隐形饱和犯罪率,则是指实际发生的犯罪学所定义的犯罪率(犯罪学所定义的犯罪),包括未被官方刑事统计的犯罪黑数所引起的犯罪率和其他未被刑法学所定义的犯罪学定义的犯罪数所引起的犯罪率。

---

① 有学者把犯罪学角度所定义的犯罪分为两类:一类是狭义犯罪(即刑法学角度所定义的犯罪),另一类是社会越轨行为。其中,社会越轨行为由尚未达到《刑法》规定的狭义犯罪程度的严重违法行为(以下简称为严重违法行为)和社会病态行为构成。社会病态行为与严重违法行为存在如下区别:首先,二者在违法程度及后果方面不同。严重违法行为侵害了被害者的权利,是一种广义的侵权行为。它不仅包括民法中针对公民人身、财产的侵权行为,还包括对社会秩序、国家利益的侵害行为。虽然严重违法行为尚未达到《刑法》规定的犯罪数额或情节而不构成狭义的犯罪,但却十分接近狭义犯罪,处于罪与非罪的边缘。一旦国家修改《刑法》,那么就可能会有一些严重违法行为被提升为狭义犯罪。另外,严重违法行为也可以因行为次数的增加、情节的严重而转化为狭义犯罪。而社会病态行为最鲜明的特点就是与社会生活的常态相对应的病态生活方式。病态行为虽然在根本上也违逆"义务道德",但并不必然随着违法程度的提高(如经常吸毒)向狭义犯罪转化。其次,二者在被害者方面有所不同。严重违法行为是侵害被害者权利的行为,而且违法者和被害者往往是对立的关系,不具有同一性。与严重违法行为不同,社会病态行为的行为人同时也是该行为的被害者。社会病态行为通常被社会主流价值观念看做一种自己戕害自己、危害他人和社会的行为。所以,除了社会是当然的被害者外,社会病态行为的行为人同时也是被害者。而且病态行为者生活方式的病态也易遭受他人攻击,成为其他犯罪的被害者。最后,二者对社会道德的影响不同。严重违法行为虽然也会对一个社会的道德准则产生冲击,对社会风气产生影响,但其对社会道德的影响相对来说不直接、不明显。特别是在严重违反"人定"规范的情况下,道德上的可谴责性更弱。而社会病态行为对社会道德准则的冲击是直接的、明显的和长期的。同时,其对社会风气也具有毒化作用,并在较深层次上产生恶劣影响。将严重违法行为与社会越轨行为区别开来,有助于我们全面认识犯罪学中的犯罪及其特点,进而为犯罪产生原因的分析和犯罪预防对策的选择提供理论基础。参见张旭、单勇:《犯罪学研究范式论纲》,载《法学评论》2005年第4期,第19—20页。

② 日本学者大谷实认为,产生犯罪黑数的原因主要有犯罪未被发觉的情况大量存在、居民对犯罪所持的态度、被害人的态度、警察的取缔方针、记录上的误差等。(参见〔日〕大谷实:《刑事政策学》,黎宏译,法律出版社2000年版,第27页。)笔者认为,在我国目前条件下产生犯罪黑数的原因主要是:各地政法部门为了显示自己的"政绩",故意隐瞒犯罪数据,少报犯罪数据;公民(含被害人)缺乏必要的法治观念,对一些刑事案件予以"私了";犯罪分子的"职业技巧"(特别是贪污贿赂犯罪)和反侦查能力的提高。

可见,隐形饱和犯罪率远远高于显形饱和犯罪率。由于隐形饱和犯罪率具有抽象性(犯罪学所定义的犯罪具有抽象性①),难以直观地反映饱和犯罪率的发展变化,而显形饱和犯罪率则具有可测性,因而能够较好地反映饱和犯罪率的变化,所以,我们只能通过显形犯罪率探讨饱和犯罪率的变化趋势。

既然只能通过显形饱和犯罪率说明饱和犯罪率的发展趋势,那么影响显形饱和犯罪率生成的因素就显得非常重要。笔者认为,社会反应是影响饱和犯罪率的构成要素,即影响显形饱和犯罪率生成的最为重要的因素。

(二)社会反应对显形饱和犯罪率与隐形饱和犯罪率的影响

所谓社会反应,是指国家立法机关把犯罪学定义的犯罪行为规定为刑法学定义的犯罪行为,社会群体把已经发生的刑法学定义的犯罪行为向司法机关告发,以及司法机关把已经发生的刑法学定义的犯罪行为判定为犯罪行为的过程。根据社会反应的主体不同,可以把其分为立法反应、社会群体反应及司法反应。社会反应直接影响着饱和犯罪率的构成要素,影响着显形饱和犯罪率的大小。

1. 立法反应对显形饱和犯罪率的影响

立法反应是一种正式社会反应,它对显形饱和犯罪率的影响主要体现在两个方面:犯罪化与非犯罪化。前者把更多的犯罪学定义的犯罪行为规定为刑法学定义的犯罪行为,从立法上促成了显形饱和犯罪率的上升;后者则相反,从立法上促成了显形饱和犯罪率的下降。

所谓犯罪化,是指立法机关通过立法的方式把犯罪学定义的犯罪行为规定为刑法学定义的犯罪行为的过程。一般说来,对哪些犯罪学定义的犯罪行为予以犯罪化,取决于立法机关对该历史时期犯罪学定义的犯罪行为危害大小的估计和现实评价,受现存的政治组织形式、经济运作方式以及社会大多数成员的价值观念和对于该犯罪学定义的犯罪行为的承受力等制约。一般认为,应该把下列行为排除在犯罪化之外:②(1)纯粹思想领域的

---

① 与刑法学角度对犯罪所下定义不同,犯罪学角度对犯罪所下定义更具有价值判断色彩。因而,犯罪学角度的犯罪定义取决于群体的理解、伦理和价值观念。参见王牧:《犯罪学》,吉林大学出版社1992年版,第37页。

② 参见梁根林:《论犯罪化及其限制》,载《中外法学》1998年第3期,第52—56页。

活动不得宣布为犯罪；(2)纯粹私人之间的行为不得宣布为犯罪；(3)行使宪法权利的行为不得宣布为犯罪；(4)身份和状态不得宣布为犯罪；(5)没有罪过的行为不得宣布为犯罪；(6)对不具常态性和普遍性的危害行为应当慎重犯罪化；(7)对利害交织的模糊状行为应慎重犯罪化。

所谓非犯罪化，是指立法机关通过立法的方式把刑法学定义的犯罪行为予以非犯罪化处理的过程。对那些轻微刑法学定义的犯罪行为非犯罪化，不仅可以节约司法资源、缓解案件积压状况，而且可以避免监禁刑弊端，减轻监狱压力。"刑法体系的发展是无止境的。人们要想保障该体系的完好性和有效性，就应该针对扩张刑法体系的定罪化作用力，保持一种非刑事化的反作用力，把所有不再具有重大社会意义的行为放到次要位置上去。"① 支撑非犯罪化刑事政策的法律思想主要是刑法谦抑思想。该思想又称为刑法最后手段性思想，认为将一个不法行为规定为犯罪，并动用刑罚加以制裁时，必须十分慎重，倘若某一不法行为用民事的或行政的方法能抗制并维护社会的公平正义，就不能将其规定为犯罪，动用刑罚。非犯罪化思想，对迄今为止的国家从国家的道义观或家父式统治的立场出发，以刑罚手段强制推行道德等过剩犯罪化的倾向进行批判，认为在以法和道德的严格区分为前提的多种价值观共存的宽容社会中，在具体侵犯了个人利益的场合，换言之，只有在认可了某种被害的场合，犯罪和刑罚才能被正当化。② 在西方国家，非犯罪化是刑事政策发展的一种趋势。③

---

① 转引自黄风：《论意大利的非刑事化立法》，载《外国法学研究》1987年第4期，第43页。
② 参见〔日〕大谷实：《刑事政策学》，黎宏译，法律出版社2000年版，第89页。
③ 在西方国家主要发展状况是：在欧美国家，对宽松刑事政策的考虑始于第二次世界大战之后，尤其是以1957年在英国所发表的吴尔芬登报告（Wolfenden Report）为契机。此报告在评介有关同性恋及娼妓的法律之后，提出一项建议，认为同性恋是当事人在相互同意的状况下所发生的私人同性恋行为，不应当科处刑罚。该报告认为，法律的目的纵然是维持公正秩序及美德，然而除非基于社会要求为了弭平犯罪，保护个人免受非法侵害及避免堕落和腐化，才能借由法律的规定达此目的。至于属于私人道德与不道德问题，并非法律的问题。在美国，从20世纪60年代开始，伴随着犯罪率的增高与治安形势的恶化，刑事政策发生了较大的变化，即两极化的刑事政策开始出现。一方面，对于严重的犯罪，尤其是有组织犯罪、暴力犯罪、恐怖主义犯罪等严重危及社会与民众的犯罪施行严格的刑事政策。另一方面，鉴于实际的犯罪调查统计，虽然曾经使用众多的人力、物力，但结果显示各种防止与对抗犯罪及促进人犯再社会化的措施，成效仍是不彰，因此在理论上不得不务实地检讨并寻求另外的途径，从而出现了适用具体犯罪与犯罪人的宽松的刑事政策理论。非犯罪化运动在美国的真正风靡以"美国总统执法与司法委员会"于1967年在《自由社会犯罪之挑战》的报告中主张除罪化与对少年裁判制度的批评相结合为标志。1970年"美国总统猥亵与色情委员会"的调

2. 社会群体反应对显形饱和犯罪率的影响

社会群体反应是一种非正式社会反应,它指的是社会群体(包括家庭、学校、单位、媒体等)对已经发生的刑法学定义的犯罪行为所持的态度,如告发、纵容等。某一刑法学定义犯罪行为发生后,并不能自发引发司法反应的介入。在现实生活中,除了"告诉才处理的"犯罪的追诉权归属于被害人外,"绝大多数犯罪发生的信息均来自于各种非正式社会反应,如被害人的控诉、公众或社会组织的告发以及新闻媒体的披露等"[①]。所以,如果没有社会群体反应,已经发生的犯罪行为就难以进入司法反应阶段,从而成为犯罪黑数。可见,社会群体反应影响着官方刑事统计的犯罪数量,从而影响着显形饱和犯罪率。

社会群体反应对显形饱和犯罪率的影响主要表现在两个方面:一是减少犯罪黑数,提高显形饱和犯罪率;二是增加犯罪黑数,降低显形饱和犯罪率。在第一种情形下,社会群体对已经发生的刑法学定义的犯罪行为采取积极的反应形式,被害人或第三人主动向司法机关就其认为已经构成犯罪的行为进行控告,从而引发司法机关的反应。[②]

查报告建议"应该废止对成人非公然性猥亵罪"。著名的社会学家史尔(Edwin M. Schure)提出"不干预理论"的看法:对国家以强制制裁的方式,干预个人人格的发展的可行性提出质疑,从而发展出"少年刑法"的理论体系及刑事政策的新转向。少年刑法对青少年的处罚,以教育措施代替管束措施,主张"非机构化"之处罚,使其成为"非干预之处分"。此谓"转向处分"(Diversion),就是对轻微犯罪之少年,不予审判,更不予处罚,而代以教育性辅助措施,也即"以辅助代替刑罚"的措施。在欧洲国家,如丹麦于1967年废除处罚猥亵文学罪。瑞典亦废除了轻微财产盗窃罪的刑罚规定。此外,欧洲不少国家对赌博采取事实上的除罪化的态度。德国于1973年第四次修改刑法时,其政府提案理由书序言中指出:"应该注意到,刑法只是保护社会上态度的外部秩序。在今日社会,有关于婚姻、家庭及性等价值观具有极大的多样化。因而在此领域中,人们的态度、动机及表现具有极大个别化的性质,导致常常无法正确的判断。所以立法者,在此非谦抑不可。"而刑法保护的乃是重大侵害"性的自主决定自由"以及"青少年性的健全发展及性观念",因而将刑法分则第13章改称为"妨害性自由之罪",强调该章乃是保护个人性自主决定权以及青少年健全发展的个人法益,且将伦理意味强烈的"猥亵行为"及"猥亵文学"等字眼,改采价值中立的"性行为"及"色情文学"。在当今德国,在轻微犯罪方面,刑法的非犯罪化要求进一步得到实现。众多轻微违法行为不再受刑法处罚,而是根据1987年的违反秩序法的规定科处非刑罚性质的罚款。参见蔡道通:《论"放小"的刑事政策》,载《南京师大学报(社会科学版)》2002年第1期。

① 张远煌:《犯罪学原理》,法律出版社2001年版,第271页。
② 这又包括两种情形:一是对明显构成刑法学定义的犯罪行为,司法机关会对此予以确认;二是对不明显构成刑法学定义的犯罪行为(可以定罪,也可以不定罪),如果社会群体反应强烈,司法机关也会作出有罪裁决。

在第二种情形下,社会群体对已经发生的刑法学定义的犯罪行为采取消极的反应形式,被害人或第三人对应予追究的犯罪行为不进行告发,从而阻却了司法机关对该类犯罪行为的反应,使事实上已经发生的犯罪行为纳入不了官方刑事统计数据中,从而增加了犯罪黑数,降低了显形饱和犯罪率。实践中,社会群体对已经发生的犯罪行为采取消极反应方式主要表现在三个方面:①其一,保持沉默,指被害方对已经受到的犯罪侵害不予向司法机关告发。② 其二,"私了",即加害方通过给予被害方一定形式的补偿,获得被害方不对其进行控告的承诺,以此化解具有犯罪性质的冲突。其三,"转移命名",主要表现在社会组织对其成员实施的、应当交由司法机关处理的犯罪行为,根据非刑事规范或乡规民俗擅自作出处理。③

3. 司法反应对显形饱和犯罪率的影响

立法反应为官方刑事统计提供了可能,社会群体反应为官方刑事统计创造了条件,司法反应则是官方刑事统计的关键。可见,立法反应、社会群体反应及司法反应对显形饱和犯罪率的影响是不同的,其中最为关键的是司法反应。

司法反应对显形饱和犯罪率的影响主要体现在:第一,司法反应的强度因实际发生的刑法学定义的犯罪行为的性质不同而有所不同。一般而言,"司法机关对直接危及日常生活秩序和严重影响社会安全感的犯罪行为以及为一定时期刑事政策所强调的犯罪行为的反应比较积极,相应地从法律上正式追究和认定这些犯罪行为的比例会提高,而对某些领域或者某些种类的犯罪,如偷税漏税、环境污染方面的犯罪,法人(单位)犯罪、权力阶层的犯罪和一般性盗窃犯罪等,司法机关往往难以作出强有力的反应或无力作

---

① 参见张远煌:《犯罪学原理》,法律出版社 2001 年版,第 272 页。
② 被害人保持沉默的原因主要有:被害人可能不知道某种犯罪已经发生;被害人由于种种原因而不可能报告犯罪,例如,受到了威胁;被害人可能认为,犯罪太轻微而不值得报案;被害人可能不想把时间花在报案活动上;被害人可能无法确定报案的结果,担心报案的结果更甚于犯罪造成的损害,例如,在性犯罪中,被害人可能担心遭受耻辱,害怕遭受出庭的痛苦折磨;被害人可能知道犯罪人,可能不想看到犯罪人遭受惩罚;被害人可能不相信刑事司法机关;被害人可能害怕有关犯罪的宣传,可能不想让别人关注自己;被害人可能想自己处理这件事情;被害人在报告遭受盗窃之前,发现被盗财物已经回来。参见〔英〕韦恩·莫里森:《理论犯罪学——从现代到后现代》,刘仁文等译,法律出版社 2004 年版,第 160 页。
③ 在我国广大农村,此类消极反应形式经常发生。

出应有的积极反应"①。在此种情形下,无疑增加了犯罪黑数,降低了显形饱和犯罪率。② 第二,由于立法机关对犯罪定义的界定具有抽象性,刑法规范不可避免地存在"瑕疵",③在相同社会条件下,由于主观认识能力及评价标准不一样,不同司法机关可能对于同一事实是否归入刑法学定义的犯罪行为作出不同的判断,这也在一定程度上影响到显形饱和犯罪率的生成。④

三、饱和犯罪率的发展趋势

由于隐形饱和犯罪率具有不可测性,因此笔者只能通过显形饱和犯罪

---

① 张远煌:《犯罪学原理》,法律出版社2001年版,第269页。
② 一些研究表明,个别警察使用他们的自由裁量权决定应当记录哪些犯罪。正如西克里尔在少年司法中所观察到的,许多犯罪成了"可以协商的问题";对夜盗或者抢劫的记录,也是可以灵活协商的。其他的评论者发现,警察记录大量的犯罪,其中的许多犯罪在犯罪统计中并没有得到反映,除非这些犯罪被起诉到法庭;此外,警察局并不是监管可以被当做犯罪的某些领域的唯一部门。逃税往往由国内税务局管辖,而走私则由关税与消费税局负责。参见〔英〕韦恩·莫里森:《理论犯罪学——从现代到后现代》,刘仁文等译,法律出版社2004年版,第160—161页。
③ 笔者把不能完全体现罪刑法定原则要求的、不确定性的刑法条款称为"瑕疵"刑法规范。"瑕疵"刑法规范存在的主要原因有:第一,刑法的功利价值使然。在专制社会,刑法的价值在于其功利性。罪刑无须法定,奉行罪刑擅断主义。随着人类社会的发展,刑法作为社会的产物,其价值内涵也随着社会变化而演进。现代刑法在追求功利价值的同时,更强调了对公正价值的追求。罪刑法定原则的确立,正是刑法公正价值的必然要求。然而,罪刑法定原则的理想化成分远远超过现实的可能。现实生活中,罪刑法定原则不可能完全实现其追求的公正价值,不可能完全实现对国家刑罚权的制约。于是,在刑法中设定一些基于功利性考虑的条款(如概括性条款等"瑕疵"刑法规范),也就不可避免了。第二,认识的局限性使然。从认识论考虑,人类知识的获得"向来有两个不同的理路争执。一个是理性主义,一个是经验主义"。理性主义认为,仅用理性的力量,人们就能发现一个理想的法律体系,自然地,他们都力图系统地规划出各种各样的自然法规则和原则,并将它们全部纳入一部法典之中。然而,刑法规范存在着理性和经验的根本冲突。理性的部可以由立法作出明确规定,而经验部分只能在刑法适用过程中由法官进行解释。通过理性认识,一些被公众所认知的概念、范畴,如行为、结果、故意、过失等,可以明确地在刑法规范中体现。但同时,这些范畴、定义背后又存在着不明确的因素,需要刑法适用过程中被法官根据经验知识去认识。参见汪明亮:《审判中的智慧:多维视野中的定罪量刑问题》,法律出版社2006年版,第27—47页。
④ 如对于婚内强奸行为,由于我国法律上没有明文确定其性质,因而在实践中,不同地区的法院对此有着截然不同的看法,有的法院把婚内强奸行为定性为强奸罪,有的法院则认为该行为不构成犯罪。如辽宁省义县法院于1997年宣告在协议离婚阶段强奸妻子的丈夫无罪,上海市青浦县法院于1999年判决强奸妻子的丈夫构成强奸罪,2000年四川省南汇县法院对一起类似上海青浦的"婚内强奸"案作出了被告人被指控的罪名不成立的一审判决,2001年山西壶关法院、陕西安康法院参照上海青浦"婚内强奸"案的判决分别对在离婚诉讼期间强奸妻子的丈夫作出了有罪判决。

率的发展趋势研究饱和犯罪率的发展趋势(下文所提到的饱和犯罪率为显形饱和犯罪率)。

(一)宏观:饱和犯罪率在波动中呈现上升趋势

如前文所述,一般而言,随着社会的发展,"带菌个体"和"致罪因素"都会相应增加,因此,就宏观而言,饱和犯罪率在波动中呈上升趋势,当然也不排除在个别时期饱和犯罪率呈平稳甚至下降趋势(这种例外趋势只是暂时的、局部的),这正是饱和犯罪率的波动性表现。笔者通过几组相关实证数据资料论证饱和犯罪率(下文以犯罪率表示)的宏观发展趋势。

1. 实证数据资料一:我国改革开放前后的犯罪率[1]发展趋势[2]

表 10.1 改革开放前的犯罪率数据

年份	1950	1951	1952	1953	1954	1955	1956	1957	1958	1959
犯罪率	93.02	59.10	42.27	49.71	65.08	53.01	28.66	46.09	31.98	31.25
年份	1960	1961	1962	1963	1964	1965	1972	1973	1974	1975
犯罪率	33.64	64.07	48.24	36.32	30.55	29.79	46.42	60.37	57.12	51.69
年份	1976	1977	1978	1979						
犯罪率	52.41	58.02	55.91	65.53						

表 10.2 改革开放后的犯罪率数据

年份	1980	1981	1982	1983	1984	1985	1986	1987	1988	1989
犯罪率	77.05	89.40	73.70	60.00	49.90	52.10	51.90	54.12	77.41	181.49
年份	1990	1991	1992	1993	1994	1995	1996	1997	1998	
犯罪率	200.90	209.71	138.64	140.41	142.88	143.87	135.15	133.98	164.68	

---

[1] 表 10.1、表 10.2 中的犯罪率为每十万人立案数。
[2] 转引自张小虎:《转型期中国社会犯罪原因探析》,北京师范大学出版社 2002 年版,第 215—216 页。

第十章 饱和犯罪率

笔者根据上述数据,设计出我国改革开放前后犯罪率发展趋势图,①如下:

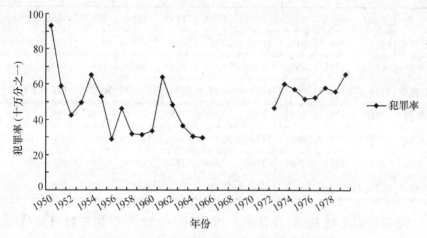

图 10.1 我国改革开放前犯罪率发展趋势

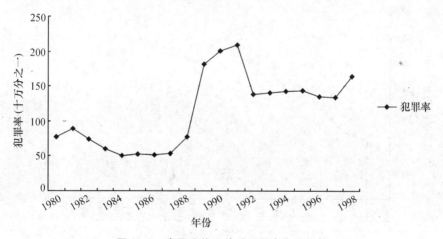

图 10.2 我国改革开放后犯罪率发展趋势

---

① 由于历史原因,尚无法掌握 1965—1971 年的数据。

2. 实证数据资料二:1960—1998 年美国犯罪率[①]发展趋势[②]

表 10.3 1960—1998 年美国犯罪率数据

年份	1960	1961	1962	1963	1964	1965	1966	1967	1968	1969
犯罪率	1887.2	1906.1	2019.8	2180.3	2388.1	2449.0	2670.8	2989.7	3370.2	3680.0
年份	1970	1971	1972	1973	1974	1975	1976	1977	1978	1979
犯罪率	3984.5	4164.7	3961.4	4154.4	4850.4	5298.5	5287.3	5077.6	5140.4	5565.5
年份	1980	1981	1982	1983	1984	1985	1986	1987	1988	1989
犯罪率	5950.0	5858.2	5603.7	5175.0	5031.3	5207.1	5480.4	5550.0	5664.2	5741.0
年份	1990	1991	1992	1993	1994	1995	1996	1997	1998	
犯罪率	5820.3	5897.8	5660.2	5484.4	5373.5	5275.9	5086.6	4922.7	4615.5	

笔者根据上述数据,设计出美国 1960—1998 年犯罪率发展趋势图,如下:

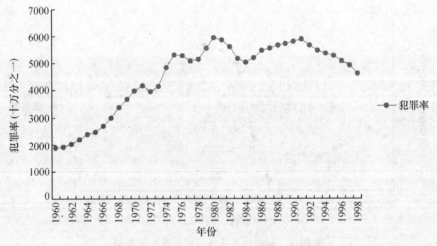

图 10.3 美国 1960—1998 年犯罪率发展趋势

---

① 表 10.3 中的犯罪率为每十万人发案数。
② 转引自张小虎:《转型期中国社会犯罪原因探析》,北京师范大学出版社 2002 年版,第 222—223 页。

第十章 饱和犯罪率

通过上述三个犯罪率发展趋势图的分析,可以得出以下结论:

第一,从宏观上看,我国在改革开放前后,美国在20世纪60年代至90年代,犯罪率都是在波动中呈上升趋势。由于显形犯罪率是饱和犯罪率的重要组成部分,这就说明饱和犯罪率也是在波动中呈上升趋势。之所以如此,主要是基于如下原因:(1)人口呈现增长趋势。人口的增长势必引起"带菌个体"的增长,以我国为例,1950年为55196万人,1951年为56300万人,1952年为57482万人,1998年则达到120601万人,人口一直呈上涨趋势①;再看美国,1960年人口为17932.3万人,1961年为18299.2万人,1998年则达到27029.6万人。(2)"致罪因素"不断增多。"致罪因素"增多必然导致危险犯罪人增加,犯罪生成的可能性加大。以我国改革开放后为例,自1980年以来,"致罪因素"不断增多,表现在经济领域为矛盾众多,失业率增加,贫富差距拉大②;在政治领域为权利寻租盛行,腐败严重;在信仰领域为价值呈多元化趋势,信仰缺失严重等。(3)"催化剂"因素不断增多。这主要表现在两个方面:一是随着经济的发展,财富日益增加,人们对财富的管理疏漏也日益增多,成为被害人的机会增加;二是随着社会的发展,硬控制与软控制都呈现弱化趋势。

第二,在有些年份,犯罪率处于非常低或非常高的状态,当犯罪率处于非常低的状态时,该犯罪率就可以看做最低犯罪率,当犯罪率处于非常高的状态时,该犯罪率就可以看做最高犯罪率。

(二)微观:不同类型犯罪呈不同发展趋势

就宏观而言,饱和犯罪率在波动中呈上升趋势。但从微观上看,由于不同类型犯罪生成的原因是不同的,随着社会的发展,引发不同类型犯罪发生

---

① 人口的增加不仅导致了"带菌个体"的增长,同时也会导致失业率的上升,从而成为一个"致罪因素"。另外,人口的不断增加还会成为某些针对人口犯罪发生的"催化剂",杜润琼投毒案便说明了这一点。转引自何清涟:《现代化的陷阱》,今日中国出版社1998年版,第272—273页。

② 国际上衡量贫富差距(收入差距)的方法主要是基尼系数。基尼系数越大,表明收入分配不均程度越大。国际上通常认为,基尼系数在0.2以下为收入绝对平均,0.2—0.3之间为比较平均,0.3—0.4之间为基本合理,0.4—0.5之间为差距较大,0.5以上为差距悬殊。我国居民个人收入的基尼系数呈增长趋势。从基尼系数的具体数值看,1987年以前诸年份基尼系数还基本保持在0.2—0.3之间(收入比较平均);而自1988年起,基尼系数基本超过0.3(收入基本合理);到1992年,基尼系数已突破0.4(收入差距较大);1995年全国基尼系数则达0.445。参见张小虎:《转型期中国社会犯罪原因探析》,北京师范大学出版社2002年版,第241—242页。

的"带菌个体"、"致罪因素"及"催化剂"因素也会发生变化,这种变化必然会影响到不同类型犯罪的饱和犯罪率。笔者通过一组实证数据分析饱和犯罪率的微观发展趋势。

表 10.4 我国改革开放后的不同类型犯罪率[1]数据[2]

年份	1980	1981	1982	1983	1984	1985	1986	1987	1988	1989
犯罪率	77.05	89.40	73.70	60.00	49.90	52.10	51.90	54.12	77.41	181.49
杀人罪犯罪率		0.96	0.92		0.88	1.00	1.09	1.25	1.49	1.80
强奸罪犯罪率		3.09	3.48		4.33	3.63	3.71	3.53	3.19	3.77
抢劫罪犯罪率		2.24	1.63		0.71	0.85	1.15	1.78	3.40	6.71
盗窃罪犯罪率		74.75	60.01		38.35	41.46	40.40	41.30	61.61	154.00
年份	1990	1991	1992	1993	1994	1995	1996	1997	1998	
犯罪率	200.90	209.71	138.64	140.41	142.88	143.87	135.15	133.98	164.68	
杀人罪犯罪率	1.92	2.06	2.11	2.20	2.28	2.33	2.15	2.16	2.29	
强奸罪犯罪率	4.33	4.46	4.36	4.08	3.80	3.56	3.62	3.38	3.40	
抢劫罪犯罪率	7.46	9.32	10.96	13.21	13.70	14.00	12.76	11.75	14.52	
盗窃罪犯罪率	168.62	170.43	100.08	97.44	97.54	96.41	88.15	87.86	107.54	

笔者根据上述数据,设计出我国改革开放前后犯罪率发展趋势图。(由于杀人罪、强奸罪与抢劫罪的比例太低,为了便于说明,笔者分两个图予以说明:图 10.4 说明杀人犯罪、强奸犯罪、抢劫犯罪及盗窃犯罪的犯罪率发展趋势;图 10.5 则通过放大比例说明杀人犯罪、强奸犯罪、抢劫犯罪的犯罪率发展趋势。)

---

[1] 表中的犯罪率为每十万人立案数。
[2] 转引自张小虎:《转型期中国社会犯罪原因探析》,北京师范大学出版社 2002 年版,第 215—216 页。

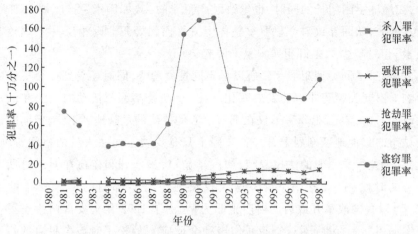

图 10.4　我国改革开放后不同类型犯罪率发展趋势

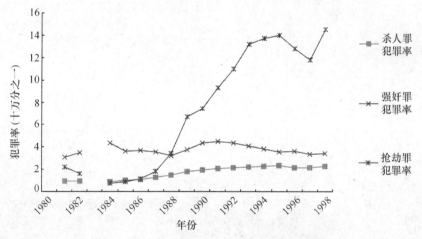

图 10.5　我国改革开放后不同类型犯罪率发展趋势

通过分析不同类型犯罪率的发展趋势图,可以得出如下结论:

第一,总体而言,不同类型犯罪饱和犯罪率的发展趋势是不一致的,有些犯罪呈上升趋势,有些犯罪则发展平稳,有些犯罪则出现下降趋势。以我国改革开放后的不同类型犯罪率发展趋势为例:总体而言,盗窃罪和抢劫罪呈上升趋势,杀人罪则呈平稳发展趋势,而强奸罪则呈下降发展趋势。

第二,不同类型犯罪率之所以呈不同发展趋势,主要受犯罪化学反应方程式影响。以我国改革开放后的财产犯罪为例,随着改革开放的进一步深化,在经济不断增长的同时,也导致财产犯罪的"致罪因素"①与"催化剂"②因素增多,从而导致财产犯罪率整体上升。而强奸犯罪则相反,由于"致罪因素"相对减少③,强奸犯罪率呈下降趋势。

  第三,不同类型犯罪率之所以呈不同发展趋势,同时还受到社会反应的影响。不同类型犯罪率的发展变化往往"反映警察部门活动的方法和活动的改变"。"首先,犯罪率不仅在都市中心的传统的危险地区下降,但同时却在城市的其他地区剧烈上升。这实际上只是反映了司法人员的空间排列。其次,一种特殊犯罪的法律范畴,如汽车偷窃,当强奸和盗窃在同一时期占优势的时候,它就急剧下降。这仅仅反映了警察部门的工作安排的重点。"④以我国改革开放后的财产犯罪为例,由于1992年公安部门修正了盗窃案刑事立案标准(对该类犯罪作出社会反应),放松了对该类犯罪的打击力度,从而降低了盗窃罪的显形饱和犯罪率。

---

  ① 这主要表现在两个方面:一是经济政策失误增多,失业、贫困严重,贫富悬殊拉大;二是信仰缺失,对金钱的追求空前高涨。
  ② 如人口流动加剧,社会控制相对弱化;财富日益增多,受侵害的可能性增大。
  ③ 这里主要是指:随着社会的发展,客观上化解"性禁忌"的渠道日益增多,虽然法律禁止卖淫嫖娼等性交易,但在实际社会中,一个庞大的"性产业"已经兴起。据有关统计,北京市1999年的强奸犯罪明显减少,这和卖淫现象的存在有一定关系(当年处罚的组织卖淫罪明显增加),强奸罪较少发生在城区,而是多发生于较少有性服务的偏远地区。参见刘守芬、孙晓芳、汪明亮:《二十世纪末中国城市严重刑事犯罪的特征、原因与对策》,载《犯罪研究》2001年第1期。
  ④ 〔美〕里查德·昆尼等:《新犯罪学》,陈兴良等译,中国国际广播出版社1988年版,第105页。

参考文献

一、中文部分

1. 马克昌主编:《近代西方刑法学说史略》,中国检察出版社 1999 年版。
2. 吴宗宪:《西方犯罪学》,法律出版社 1999 年版。
3. 罗大华、何为民:《犯罪心理学》,浙江教育出版社 2002 年版。
4. 陈绍彬:《简明犯罪心理学》,中山大学出版社 1991 年版。
5. 肖剑鸣、皮艺军主编:《犯罪学引论》,警官教育出版社 1992 年版。
6. 储槐植:《刑事一体化》,法律出版社 2004 年版。
7. 张远煌:《犯罪学原理》,法律出版社 2001 年版。
8. 梅传强:《犯罪心理生成机制》,中国检察出版社 2004 年版。
9. 〔日〕西原春夫:《刑法的根基与哲学》,顾肖荣等译,法律出版社 2004 年版。
10. 蔡墩铭:《刑法基本理论问题研究》,汉林出版社 1988 年版。
11. 周晓虹:《现代社会心理学》,上海人民出版社 1997 年版。
12. 〔美〕K.T.斯托曼:《情绪心理学》,安宗升、韦乔治等译,五洲出版社 1987 年版。
13. 彭聃龄:《普通心理学》,北京师范大学出版社 2001 年版。
14. 〔美〕诺尔曼·丹森:《情感论》,魏中军、孙安迹译,辽宁人民出版社 1986 年版。
15. 康树华主编:《犯罪学通论》,北京大学出版社 1996 年版。
16. 张甘妹:《犯罪学原理》,汉林出版社 1985 年版。
17. 〔意〕加罗法洛:《犯罪学》,耿伟、王新译,中国大百科全书出版社 1996 年版。
18. 张爱卿:《动机论:迈向二十一世纪的动机心理学研究》,华中师范大学出版社 1999 年版。
19. 〔美〕马斯洛:《马斯洛人本哲学》,成明编译,九州出版社 2003 年版。
20. 邱泽奇:《社会学是什么?》,北京大学出版社 2002 年版。
21. 〔日〕森武夫:《犯罪心理学》,邵道生等译,知识出版社 1982 年版。
22. 〔美〕约翰·列维斯·齐林:《犯罪学及刑罚学》,查良鉴译,中国政法大学出版社 2003 年版。
23. 黄希庭:《人格心理学》,浙江教育出版社 2002 年版。
24. 邱国梁:《犯罪学》,上海社会科学院出版社 1989 年版。
25. 张小虎:《转型期中国社会犯罪原因探析》,北京师范大学出版社 2002 年版。

26. 康树华:《犯罪学——历史·现状·未来》,群众出版社1998年版。
27. 何清涟:《现代化的陷阱》,今日中国出版社1998年版。
28. 〔日〕菊田幸一:《犯罪学》,海沫等译,群众出版社1989年版。
29. 陈明华等:《比较犯罪学》,中国人民公安大学出版社1992年版。
30. 陈兴良:《走向哲学的刑法学》,法律出版社1999年版。
31. 〔美〕O. A. 魏勒:《性崇拜》,历频译,中国文联出版公司1988年版。
32. 〔法〕爱弥尔·涂尔干:《乱伦禁忌及其起源》,汲喆等译,上海人民出版社2003年版。
33. 庞兴华:《性变态犯罪及其对策》,警官教育出版社1999年版。
34. 〔美〕怀特:《文化科学——人和文明的研究》,曹锦清译,浙江人民出版社1988年版。
35. 楚云:《乱伦与禁忌》,上海文艺出版社2002年版。
36. 〔苏〕谢苗诺夫:《婚姻和家庭的起源》,蔡俊生译,中国社会科学出版社1983年版。
37. 〔美〕尤金等:《文化人类学基础》,李富强编译,中国民间文艺出版社1987年版。
38. 〔美〕罗伯特·西蒙:《好人·坏人:透视人性的阴暗面》,韩斌等译,新华出版社2001年版。
39. 王凌虚主编:《人性苍茫》,上海社会科学院出版社1993年版。
40. 曹凤:《第五次高峰——当代中国的犯罪问题》,今日中国出版社1997年版。
41. 〔美〕里查德·昆尼等:《新犯罪学》,陈兴良等译,中国国际广播出版社1988年版。
42. 〔瑞士〕荣格:《心理类型学》,吴康译,华岳文艺出版社1989年版。
43. 〔美〕伯尔曼:《法律与宗教》,梁治平译,三联书店1991年版。
44. 〔德〕康德:《纯粹理性批判》,蓝公武译,商务印书馆1960年版。
45. 李德顺:《价值学大词典》,中国人民大学出版社1995年版。
46. 魏英敏主编:《新伦理学教程》,北京大学出版社1993年版。
47. 孙尚扬:《宗教社会学》,北京大学出版社2001年版。
48. 〔美〕梅多、卡霍:《宗教心理学》,陈麟书译,四川人民出版社1990年版。
49. 〔英〕米歇尔·基恩:《信仰的疆国:漫谈世界宗教》,张兴明译,北京大学出版社2004年版。
50. 春梅、张庆捷:《世俗迷信与中国社会》,宗教文化出版社2001年版。
51. 戴康生:《当代新兴宗教》,社会科学文献出版社2000年版。
52. 王国强、胡凡:《国际恐怖与反恐怖斗争》,国防大学出版社1999年版。
53. 〔美〕弗洛姆:《自为的人》,万俊人译,中国国际文化出版公司1988年版。
54. 〔英〕维特根斯坦:《文化与价值》,黄正东、唐少杰译,清华大学出版社1987年版。
55. 〔英〕韦恩·莫里森:《理论犯罪学》,刘仁文等译,法律出版社2004年版。

56. 周路主编:《当代实证犯罪学新编》,人民法院出版社 2004 年版。
57. 徐久生:《德语国家的犯罪学研究》,中国法制出版社 1999 年版。
58. 〔意〕贝卡利亚:《论犯罪与刑罚》,黄风译,中国大百科全书出版社 1993 年版。
59. 〔美〕特拉维斯·赫希:《少年犯罪原因》,吴宗宪等译,中国国际广播出版社 1997 年版。
60. 郭建安主编:《犯罪被害人学》,北京大学出版社 1997 年版。
61. 任克勤主编:《被害人心理学》,警官教育出版社 1998 年版。
62. 康树华、张小虎主编:《犯罪学》,北京大学出版社 2004 年版。
63. 〔美〕理查德·霍金斯、杰弗里·P.阿尔珀特:《美国监狱制度——刑罚与正义》,林遐、孙晓雳译,中国人民公安大学出版社 1991 年版。
64. 〔英〕达尔文:《人类的由来》,潘光旦、胡寿文译,商务印书馆 1983 年版。
65. 郭星华:《当代中国社会转型与犯罪研究》,文物出版社 1999 年版。
66. 〔美〕贝克尔:《人类行为的经济分析》,王业宇、陈琪译,上海三联书店 1995 年版。
67. 汪明亮:《"严打"的理性评价》,北京大学出版社 2004 年版。
68. 甘雨沛、何鹏:《外国刑法学》,北京大学出版社 1984 年版。
69. 〔意〕恩里科·菲利:《犯罪社会学》,郭建安译,中国人民公安大学出版社 1990 年版。
70. 储槐植、许章润等:《犯罪学》,法律出版社 1997 年版。
71. 林达:《总统是靠不住的——近距离看美国之二》,三联书店 1998 年版。
72. 〔法〕孟德斯鸠:《论法的精神》(上册),张雁深译,商务印书馆 1961 年版。
73. 〔法〕埃米尔·迪尔凯姆:《社会学方法的规则》,胡伟译,华夏出版社 1999 年版。
74. 〔美〕路易斯·谢利:《犯罪与现代化》,何秉松译,中信出版社 2002 年版。
75. 张一宾:《回到马克思》,江苏人民出版社 1999 年版。
76. 〔美〕塞缪尔·亨廷顿等:《现代化理论与历史经验的再探讨》,罗荣渠编译,上海译文出版社 1994 年版。
77. 陈晏清主编:《当代中国社会转型论》,山西教育出版社 1998 年版。
78. 杨桂华:《转型社会控制论》,山西教育出版社 1998 年版。
79. 周光权:《刑法诸问题的新表述》,中国法制出版社 1999 年版。
80. 〔美〕艾恺:《世界范围内的反现代化思潮——论文化守成主义》,唐长庚等译,贵州人民出版社 1991 年版。
81. 〔俄〕谢尔盖·博斯霍洛夫:《刑事政策的基础》,刘向文译,郑州大学出版社 2002 年版。
82. 张贤亮:《小说中国》,经济日报、陕西旅游出版社 1997 年版。
83. 陈彩虹:《经济学的视界》,中国发展出版社 2002 年版。

84. 肖剑鸣、皮艺军主编:《犯罪学引论——C·C系列讲座文选》,警官教育出版社1992年版。

85. 杨焕宁:《犯罪发生机理研究》,法律出版社2001年版。

86. 魏平雄等:《市场经济条件下犯罪与对策》,群众出版社1995年版。

87. 〔美〕保罗·A.萨缪尔森、威廉·D.诺德豪斯:《经济学》(下),高鸿业译,中国发展出版社1992年版。

88. 黄良文、陈仁恩主编:《统计学原理》,中央广播电视大学出版社1992年版。

89. 袁方主编:《社会统计学》,中国统计出版社1988年版。

90. 〔美〕艾尔·巴比:《社会研究方法》,邱泽奇译,华夏出版社2000年版。

91. 翟中东:《犯罪控制——动态平衡论的见解》,中国政法大学出版社2004年版。

92. 〔美〕博登海默:《法理学——法哲学及其方法》,邓正来译,华夏出版社1987年版。

93. 〔英〕穆勒:《功用主义》,唐钺译,商务印书馆1957年版。

94. 〔美〕麦金太尔:《谁之正义?何种合理性?》,万俊人译,当代中国出版社1996年版。

95. 周辅成编:《西方伦理学名著选辑》(下卷),商务印书馆1987年版。

96. 〔美〕约翰·罗尔斯:《正义论》,何怀宏等译,中国社会科学出版社1988年版。

97. 龚群:《当代西方道义论与功利主义研究》,中国人民大学出版社2002年版。

98. 陈正云:《刑法的精神》,中国方正出版社1999年版。

99. 〔美〕阿瑟·奥肯:《平等与效率》,王忠民、黄清译,四川人民出版社1988年版。

100. 谢鹏程:《基本法律价值》,山东人民出版社2000年版。

101. 〔斯洛文尼亚〕卜思天·M.儒攀基奇:《刑法——刑罚理念批判》,何慧新等译,中国政法大学出版社2002年版。

102. 〔日〕大谷实:《刑事政策学》,黎宏译,法律出版社2000年版。

103. 张文、刘艳红:《犯罪人理论的追问与重建——以犯罪人格为主线的思考》,载《中外法学》2000年第4期。

104. 梅传强:《犯罪心理学研究的核心问题——刑事责任的心理基础》,载《现代法学》2003年第2期。

105. 郭建安、周勇:《论犯罪耗费》,载《中国刑事法杂志》2001年第5期。

106. 李晓明:《犯罪本源论》,载《山东公安专科学校学报》2000年第2期。

107. 吴光辉:《试论人性的特点》,载《求索》2002年第5期。

108. 陈忠林:《自由、人权、法治——人性的解读》,载《现代法学》2001年第3期。

109. 张庆旭、陈海燕:《再为马克思辩护——"犯罪功能说"质疑》,载《西南政法大学学报》2003年第6期。

110. 毛信庄:《"罪犯生产"说是马克思的观点吗?》,载《法学杂志》1986年第2期。

111. 梁根林:《从绝对主义到相对主义——犯罪功能别议》,载《法学家》2001年第2期。

112. 代春萍：《试论社会因素对婚姻家庭的作用》，载《安徽警官职业学院学报》2003年第2期。

113. 龙井仁：《论一夫一妻制的历史地位和发展趋势》，载《郴州师范高等专科学校学报》2001年第1期。

114. 郭建民、毛家强：《寻租理论与反腐败分析》，载《西北工业大学学报》（社会科学版）2003年第4期。

115. 唐代喜：《权力寻租成因的多维透析》，载《湖南科技大学学报》（社会科学版）2004年第1期。

116. 夏鑫：《试析政治信仰产生的社会原因》，载《周口师范学院学报》2003年第4期。

117. 刘旺红：《法律信仰与法制现代化》，载《法制现代化研究》，南京大学出版社1996年版。

118. 魏长领：《论道德信仰及其功能》，载《道德与文明》2003年第6期。

119. 高新民：《宗教本质新解》，载《学术论坛》2004年第1期。

120. 张纯：《论邪教》，载《山西警官高等专科学校学报》2003年第2期。

121. 夏明星、许大强：《当代恐怖主义活动浅析》，载《武警学院学报》2002年第6期。

122. 王书道：《社会转型中的信仰迷失问题》，载《西安政治学院学报》2004年第2期。

123. 蒋传光：《对我国社会控制模式选择的法社会学思考》，载《政法论坛》1993年第3期。

124. 杨桂华：《社会控制理论的三大历史阶段》，载《北京社会科学》1998年第3期。

125. 朱俊强：《论犯罪控制结构》，载《广西政法管理干部学院学报》2000年第2期。

126. 江锡华：《刑罚威慑犯罪控制》，载《江西公安专科学校学报》1999年第3期。

127. 赵喜平：《舆论监督与法治建设》，载《江西行政学院学报》2004年第6期。

128. 吴宗宪：《论犯罪动机的形成模式》，载《青少年犯罪问题》1999年第5期。

129. 张明琼：《现代化的代价与所有制选择》，载《天府新论》2002年第1期。

130. 郑杭生、郭星华：《当代中国犯罪现象的一种社会学探讨》，载《社会科学战线》1996年第4期。

131. 毛磊：《中国刑事犯罪走势前瞻》，载《时代潮》2002年第1期。

132. 郭星华：《社会失范与越轨行为》，载《淮阴师范学院学报》2002年第1期。

133. 刘守芬、孙晓芳、汪明亮：《二十世纪末中国城市严重刑事犯罪的特征、原因与对策》，载《犯罪研究》2001年第1期。

134. 李均仁等：《转换观念，预防控制重新犯罪的上升趋势》，载《犯罪与改造研究》1998年第6期。

135. 梁根林：《论犯罪化及其限制》，载《中外法学》1998年第3期。

136. 黄风：《论意大利的非刑事化立法》，载《外国法学研究》1987年第4期。

137. 蔡道通:《论"放小"的刑事政策》,载《南京师范大学学报》(社会科学版)2002年第1期。

138. 汪明亮:《论法官解释——兼论"瑕疵"刑法规范的适用》,载《中国刑法学年会文集》,中国人民公安大学出版社2003年版。

二、外文部分

139. Stanley D. Eitzen, Doug A. Timmer, Criminology, John Wiley &Sons, Inc., 1985.

140. Thomas Bernard, The Distinction between Conflict and Radical Criminology, The Journal of Criminal and Criminology, Vol. 72, No. 1(1981).

141. Robert Merton, Social Structure and Anomie, in Glencoe Ⅲ., Social Theory and Social Structure, Free Press, 1957.

142. Frank P. Williams Ⅲ, Marilyn D. McShane, Criminology Theory: Selected Classic Readings, Anderson Publishing Co., 1993.

143. Schafer, Sstephen, Theories in Criminology: Past and Present Philosophies of the Crime Problem, New York: Random House, 1969.

144. Izard C, Human Emotion, New York: Plenum Press, 1977.

145. Willian Dudley, Crime and Criminals: Opposing Viewpoints, Greenhaven Press, 1989.

146. Robert J. Sampson, John H. Laub, Crime in the Making: Pathways and Turning Points through Life, Harvard University, 1995.

147. Dannefer, Dale, Adult Development and Social Theory: A Paradigmatic Reappraisal, American Sociological Review 49:106, 1984.

148. Walter R. Gove, The Effect of Age and Gender on Deviant Behavior: A Biopsychosocial Perspective, p. 123 in Alice S. Rossi, Gender and Life Course, Aldine, 1985.

149. Joan McCord, Patterns of Deviance, p. 158, in S. B. Sells, Rick Crandall, Merrill Roff, John S. Strauss, and Willian Pollin, Human Functioning in Longitudinal Perspective, Williams and Wilkins, 1980.

150. Hugh F. Cline, Criminal Behavior over the Life Span, pp. 669—670, in Orville G. Brim, Jr., and Jerome Kagan, Constancy and Change in Human Development, Harvard University Press, 1980.

151. Donald J. West, Delinquency: Its Roots, Careers, and Prospects, Heinemann, 1982.

152. T. C. N. Gibbens, Borstal Boys after 25 Years, British Journal of Criminology 24: 61, 1984.

153. Ruth Kornhauser, Social Sources of Delinquency, University of Chicago Press, 1978.

154. James S. Coleman, Social Capital in the Creation of Human Capital, American Journal

of Sociology S94:98, 1988.
155. John Braithwaite, Crime, Shame, and Reintegration, Cambridge University Press, 1989.
156. Robert D. Crutchfield, Labor Stratification and Violent Crime, Social Forces 68: 495, 1989.
157. Richard E. Johnson, Juvenile Delinquency and Its Origins: An Integrated Theretical Approach, Cambridge University Press, 1979.
158. Kyle Kercher, Criminology, p.304, in Edgar F. Borgatta and Karen S. Cook, Beverly Hills, The Future of Sociology, Sage, 1988.

后　记

本书为 2005 年上海社科规划一般项目"犯罪生成模式与犯罪饱和性生成模式"的最终成果。

自 2000 年在北京大学攻读博士学位涉足犯罪学开始，笔者便对犯罪学理论产生了浓厚兴趣，在阅读中西方犯罪学论著，品尝先哲们对犯罪原因及其现象的睿智解读的同时，自己也试图参与思考这一复杂、难以定性的难题。2003 年，笔者以《"严打"的理性评价》为博士论文选题（论文已于 2004 年由北京大学出版社出版），开始博士论文写作，在论文第三章"'严打'的犯罪学解读"部分，笔者第一次提出了"犯罪生成模式与犯罪饱和性生成模式"概念，并作了简要的论证。在博士论文答辩过程中，储槐植教授、刘守芬教授、张文教授、陈兴良教授等对"犯罪生成模式与犯罪饱和性生成模式"给予了较高的评价，并鼓励笔者对此作进一步的研究。2004 年，在博士论文基础上，笔者撰写了"犯罪生成模式与犯罪饱和性生成模式"一文（后发表在《法学杂志》2004 年第 2 期）。

之后，笔者便打算对该论文进行扩充。2005 年以"犯罪生成模式与犯罪饱和性生成模式"为题申报上海社科规划一般项目，有幸入选，这就加快了笔者写作的进度。2005 年上半年，初稿完成。初稿完成后，陈兴良教授在百忙之中看了书稿，在对书稿内容给予肯定之后，高屋建瓴地提出了几点修改意见：一是认为"犯罪生成模式与犯罪饱和性生成模式"这一提法不是很符合逻辑，建议改为"犯罪生成模式"；二是建议对犯罪生成模式的作用机制作进一步研究。在陈教授的指点下，笔者对书稿进行了较大幅度的修改，主要体现在两个方面：一是把犯罪生成模式分成两类，即犯罪微观生成模式和犯罪宏观生成模式，前者以犯罪化学反应方程式表示，后者以犯罪饱和性生成模式表示。二是加强了对犯罪生成模式的作用机制的研究力度。

在本书的写作过程中，陈兴良教授不仅在学术上给予指导，而且在精神上予以鼓励，这不仅提高了笔者学术研究的质量，更激发了笔者学术研究的兴趣；在人大做博士后期间，赵秉志教授、卢建平教授在学术上的指导和提携使笔者的学术研究水平有了较大的提高;博士生导师刘守芬教授、硕士生导师王昌学教授则一直关注着笔者的学术成长。本书的写成凝聚了诸多恩师的心血,在此表示衷心的感谢。

在本书写作和出版过程中,还要感谢复旦大学法学院为笔者提供的较好的科研条件;感谢岳母大人为笔者照顾小儿所付出的心血;感谢妻子顾婷女士的理解和支持;感谢北京大学出版社杨立范副总编为本书出版所提供的帮助。

汪明亮

2006年6月于复旦大学